Eine Buchreihe
aus dem Copress-Verlag
Herausgegeben
von Karl-Heinz Huba

Die Welt des Sports

Münchner Buchgewerbehaus GmbH
Schellingstraße 39–41
8000 München 40

Gesamtherstellung:
Münchner Buchgewerbehaus GmbH
Redaktion: Karl-Heinz Huba
Schutzumschlag: Franz Hornauer
ISBN 3-7679-0106-4

Lexikon berühmter Fußballspieler

COPRESS-VERLAG MÜNCHEN

Andre „Trello“ Abegglen, Schweiz, Innenstürmer; geb. 7. März 1909, gest. 8. November 1944. Clubs: Etoile Rouge, Cantonal, Grasshoppers Zürich, FC Sochaux, Servette Genf, FC La Chaux-de-Fonds. 52 Länderspiele (27–43), 30 Tore für die Schweiz; WM-Teilnehmer 1938. Dreimal Schweizer Meister mit Grasshoppers (27, 31) und Servette (40), dreimal Pokalsieger mit Grasshoppers (27, 32, 34); je einmal algerischer Meister und Pokalsieger.

Max „Xam“ Abegglen, Schweiz, Innenstürmer; geb. 11. April 1902, gest. 1970. Clubs: Lausanne Sports, Grasshoppers Zürich; 68 Länderspiele (23–37). WM-Teilnehmer 1934, Olympia-Teilnehmer 1924 (Torschützenkönig und Silbermedaillengewinner) und 1928. 33 Tore für die Schweiz. Mit Grasshoppers fünfmal Schweizer Meister (27, 28, 31, 37, 39), sechsmal Pokalsieger (26, 27, 32, 37, 38, 40).

Jovan Acimovic, Jugoslawien, Innenstürmer; geb. 21. Juni 1948. Clubs: Roter Stern Belgrad, 1. FC Saarbrücken. 55 Länderspiele (68–78), WM-Teilnehmer 1974, EM-Endrundenteilnehmer 1976.

Ademir, Brasilien, Halbstürmer; bürgerlicher Name: Ademir Marques de Menezes; geb. 8. November 1922. Clubs: FC Recife, Vasco da Gama, Fluminense, Vasco da Gama. 39 Länderspiele (45–53); WM-Teilnehmer 1950 (Torschützenkönig mit 9 Treffern). 32 Tore für Brasilien.

Florian Albert, Ungarn, Mittel- und Halbstürmer; geb. 15. September 1941. Club: Ferencvaros Budapest. 75 Länderspiele (59–71); WM-Teilnehmer 1962, 1966. Mit Ferencvaros 1963, 1964, 1967, 1968 ungarischer Meister; 1958 Pokalsieger. 1967 europäischer Fußballspieler des Jahres. Mit der Weltelf 1968 gegen Brasilien.

Torres Carlos Alberto, Brasilien, Verteidiger; geb. 17. Juli 1944. Clubs: Fluminense, Santos; 72 Länderspiele (64–74); Weltmeister 1970.

Enrico Albertosi, Italien, Torhüter; geb. 2. Februar 1939. Clubs: Fiorentina (59–68), Cagliari (68–74), AC Milan (74–79). 34 Länderspiele (61–72), WM-Teilnehmer 1966, WM-Zweiter 1970. Italienischer Meister mit Cagliari (70), Pokalsieger mit Florenz (61, 66) und mit Milan (77).

Ivor Allchurch, Wales, Halbstürmer; geb. 1930. Clubs: Swansea Town, Newcastle United (59–62), Cardiff City (63–68); 68 Länderspiele (51–66); WM-Teilnehmer 1958.

Mohamed Ali Akid, Tunesien, Stürmer; geb. 9. September 1949; gest. 12. April 1979. Clubs: C. S. Sfaxien, Nadi Arryadh (Saudi-Arabien). 58 Länderspiele, WM-Teilnehmer 1978.

Jose Altafini, Brasilien, Italien, Stürmer; geb. 27. August 1938. Clubs: Atletico, Palmeiras, Sao Paulo, AC Milan (58–64), FC Neapel (65–71), Juventus Turin (71–75), FC Chiasso (76/77). 19 Länderspiele für Brasilien, 6 Länderspiele für Italien. WM-Teilnehmer mit Brasilien 1958 unter dem Namen Mazzola, mit Italien 1962. Viermal italienischer Meister mit Milan (59, 62) und Ju-

XAM ABEGGLEN

Klein und listenreich

Es gab drei Abegglens, die Fußball spielten. Sie waren Brüder, und alle drei kickten im Schweizer National-Trikot. Der Mittlere, der eigentlich Max hieß, den aber alle aus nicht mehr festzustellenden Gründen mit der Verdrehung seines Vornamens riefen, wurde der berühmteste. Quasi so eine Art Wilhelm Tell des eidgenössischen Fußballs.

Xam war der Typ des kleinen listenreichen Stürmers, der seine Tore auch per Kopf aus den unwahrscheinlichsten Situationen heraus erzielte. Auf dem halblinken Posten hatte er sich mit 21 Jahren einen Stammplatz im National-Team gesichert, dem er über dreizehn Jahre angehörte.

Die Olympischen Spiele 1924 in Paris sollten zu seinem ersten Höhepunkt werden. Zwar bestaunte man die Ballfähigkeiten der „Urus“, doch Xam Abegglen schoß Tore am Fließband und wurde Schützenkönig des Turniers, bei dem er auch schon den späteren Spielmacher von Format erkennen ließ. Die Schweiz wurde im Finale dieses Turniers erst von Uruguay gestoppt.

Xam Abegglen konnte seine Form unerhört konservieren. Er spielte rationell und mit wenig Verschleiß. In seinen 68 Länderspielen für die Schweiz brachte er es auf einen Rekord von 33 Toren.

Der 1902 geborene Ausnahme-Kicker beendete seine Karriere erst 1939 bei den Grasshoppers aus Zürich. Auch im Privatleben als Techniker hatte er Einfluß auf den schweizerischen Fußball, ehe er im Sommer 1970 starb.

ADEMIR

Wie eine Raubkatze

Auch Hollywood hätte seine Freude an ihm gehabt. Er wäre die ideale Besetzung für einen lateinamerikanischen Spielhöllen-Besitzer gewesen. Ein hochgewachsener athletischer Typ mit einer Hautfarbe, bei der es schwer war, sich für einen hellhäutigen Neger oder für einen Mulatten zu entscheiden. Breite Schultern, schmale, elastische Hüften, Bewegungen wie eine Raubkatze. Als Krönung ein markanter, kantiger Schädel mit pomadisiertem Kraushaar und auf der Oberlippe die ein wenig halbseiden wirkenden Haarstriche eines Menjou-Bärtchens. Der typische zwielichtige Croupier in einem Hollywood-Ausstattungsfilm der späten vierzi-

Tore am Fließband: Xam Abegglen

ger Jahre.

Aber der Mann, der obendrein noch auf den klangvollen Namen Ademir Marques de Menezes hörte, ist kein Filmschauspieler geworden. – Auf ein Millionen-Publikum, das ihn enthusiastisch in aller Welt feierte, brauchte er aber dennoch nicht zu verzichten. Auch der Vergleich mit dem Croupier ist nicht so abwegig, denn tatäschlich war dieser Mann, für den der Vorname so etwas wie ein Künstlername wurde, in den fünfziger Jahren eine beherrschende Figur im Roulette des Weltfußballs, ein beispielloser Jongleur der Lederkugel, die über Gewinn oder Verlust entschied. Ademir kannte die Tricks, die Kugel so zu placieren, daß sie Gewinn brachte:

Mit Tempowechsel, blitzschnellen Körpertäuschungen, Ballbeherrschung auf engstem Raum und einem enormen Antritt verwirrte er die gegnerische Verteidigung. Sein Spiel sah so kraftlos aus wie seine Schüsse, die meist aus dem Kniegelenk kamen. Also keine Gewaltschüsse. Und dennoch versetzte Ademir, sobald er im Strafraum auftauchte, die Goalies in Angst und Schrecken. Der Grund: Seine Schüsse waren vom Ansatz her nur schwer zu berechnen. Irgendwie gelang es ihm immer dem Ball mit dem Außen- oder Innenrist einen tückischen Effet zu geben. So sorgte er für Tore am Fließband.

Ademirs Karriere begann dort, wo er am 8. November 1922 geboren wurde. In der brasilianischen Stadt Recife. Dort kickte er bis 1942 für den gleichnamigen Club. Schließlich kam sein fußballbegeisterter Vater zu der Ansicht, daß das Talent seines Sprößlings einen entsprechend würdigeren Rahmen bräuchte. Vater de Menezes war es dann auch, der Ademir zu Vasco da Gama, einem der großen Renommier-Clubs in Rio de Janeiro, brachte, dem er, nur unterbrochen durch ein einjähriges Gastspiel beim Konkurrenz-Club Fluminense, bis zum Ende seiner Karriere die Treue hielt.

Gleichgültig, wo Ademir auch immer spielte, er steuerte Tore in Serie zu den verschiedensten Meisterschaften und Pokalen bei. So gab es schließlich keinen Wettbewerb, den Ademir nicht mitgewonnen hätte: Mit dem FC Recife gewann er dreimal hintereinander die Pernambuco-Meisterschaft, die Meisterschaft von Rio 1945 mit Vasco da Gama, ein Jahr später mit Fluminense. Mit der Rio-Auswahl erkämpfte er nach dem damaligen Austragungsmodus dreimal hintereinander die brasilianische Fußballmeisterschaft. Wiederum mit seinem Club Vasco da Gama sicherte er sich 1948 beim Turnier in Santiago de Chile den Südamerika-Pokal.

So unentbehrlich der Torjäger Ademir in seinen Vereinsmannschaften war, so unentbehrlich wurden seine listigen Tore auch für die brasilianische Nationalmannschaft. In seinen 39 Länderspielen gelangen ihm nicht weniger als 32 Tore. So wurde auch die Fußball-Weltmeisterschaft, die 1950 in Brasilien stattfand, zu einem Ademir-Schützenfest. Er wurde zum erklärten Liebling der Massen. Rund 200 000 entfesselte Fans trieben ihn mit begeisterten Sprechchören zum Höhepunkt seiner Karriere. Eine Serie von Traumtoren machte ihn zum Schützenkönig dieses Turniers.

Kaum einer zweifelte daran, daß Brasilien Weltmeister werden würde, wenn Ademir nur weiter solche Tore schießen würde. Doch ausgerechnet im Finale gegen die Urus, die taktisch geschickt das den Brasilianern so gewohnte Tempo grausam verschleppten, kam Ademir zu keinem Treffer. So sehr er sich auch in seiner Verzweiflung als letzte taktische Maßnahme in der für ihn ungewohnten Rolle des Spiel-Gestalters versuchte, am 2:1-Sieg Uruguays war nichts mehr zu ändern.

Doch auch ohne einen Weltmeister-Titel geriet der Name Ademir in Brasilien nicht in Vergessenheit. Teilweise hat der listige Torjäger von einst selbst dafür gesorgt: Als Trai-

ventus (73, 75), mit Milan Europacup-Sieger der Meister 1963.

Lauro Amado, Schweiz, Halbstürmer, geb. 15. März 1912, gest. Juni 1971. Clubs: Servette Genf, FC Lugano, Grasshoppers Zürich. 54 Länderspiele (35–48), 21 Tore für die Schweiz, WM-Teilnehmer 1938. Schweizer Meister mit Servette (33), Lugano (38), Grasshoppers (42, 43, 45); 243 Meisterschaftstore.

Amaro Amancio, Spanien, Mittelstürmer; geb. 12. Oktober 1939. Club: Real Madrid; 38 Länderspiele (64–71). WM-Teilnehmer 1966; Europameister (Nationencup) 1964; 1968 in der Weltauswahl gegen Brasilien. Mit Real Madrid Europacup-Sieger der Meister 1966, zehnmal spanischer Meister (62, 63, 64, 65, 67, 68, 69, 72, 75, 76), viermal Pokalsieger (62, 70, 74, 75).

Amarildo, Brasilien, Stürmer; geb. 29. Juni 1939, bürgerlicher Name: Tavares de Silveira. Clubs: Botafogo, AC Milan, Fiorentina. 36 Länderspiele, Weltmeister 1962. Italienischer Meister mit Fiorentina (69), Pokalsieger mit Milan (67).

Pietro Anastasi, Italien, Mittelstürmer; geb. 7. April 1948. Clubs: Varese, Juventus, Internazionale. 25 Länderspiele (68–75), Europameister 1968, WM-Teilnehmer 1974. Mit Juventus dreimal italienischer Meister (72, 73, 75), mit Inter Pokalsieger 1978.

Zygmunt Anczok, Polen, Abwehrspieler; geb. 14. März 1946. Clubs: Polonia Bytom, Gornik Zabrze, 52 Länderspiele (65–73), Olympiasieger 1972.

Jose Leandro Andrade, Uruguay, rechter Läufer; geb. 20. November 1898, gest. 5. Oktober 1957. Club: Penarol Montevideo; 31 Länderspiele (22–33). Weltmeister 1930, Olympiasieger 1924 und 1928.

Leopold Anoul, Belgien, Läufer; geb. 19. August 1922. Club: Standard Lüttich. 48 Länderspiele (47–54).

Charles Antenen, Schweiz, Außenstürmer; geb. 3. November 1929. Clubs: FC La Chaux-de-Fonds, Lausanne Sports, Chaux-de-Fonds; 56 Länderspiele (48–62); WM-Teilnehmer 1950, 1954, 1962. 22 Tore für die Schweiz. Mit La Chaux-de-Fonds zweimal Schweizer Meister (54, 55) und sechsmal Pokalsieger (48, 51, 54, 55, 57, 61). 233 Ligatore.

Giancarlo Antognoni, Italien, Innenstürmer; geb. 1. April 1954. Club: Fiorentina (73–79); 33 Länderspiele (74–78). WM-Teilnehmer 1978.

Osvaldo Cesar Ardiles, Argentinien, Mittelfeldspieler; geb. 3. August 1952. Club: Huracan. 25 Länderspiele (74–78), Weltmeister 1978.

James C. Armfield, England, Abwehrspieler; geb. 1934. Club: Blackpool (52–71). 43 Länderspiele (57–64), WM-Teilnehmer 1962. 568 Ligaspiele.

Georgi Asparuchow, Bulgarien, Mittelstürmer; ner, als tüchtiger Geschäftsmann und als brillanter Fernseh- und Rundfunk-Kommentator.

ANDRADE

Grazie und Rhythmus

Er war die erste „schwarze Perle“, die die internationale Fußballwelt entzückte: Jose Leandro Andrade, der Pelé, der Eusebio der „goldenen zwanziger Jahre“. In jener Epoche, in der sich die Lehrmeister England und Schottland in die Isolation ihrer Insel zurückzogen, führte „das schwarze Wunder“ die Nationalmannschaft Uruguays zur Fußball-Weltmacht.

Dem Fußball und Andrade verdankt es die kleine Rinder-Republik am Rio de La Plata, daß sie für die Europäer nicht länger ein unbedeutender Fleck auf der Landkarte blieb. Zehn Jahre lang gehörte Andrade als sein grandioser Regisseur zu Uruguays Nationalteam, das zu jener Zeit alles gewann, was es an internationalen Trophäen zu erobern gab: Olympiasieg 1924 und 1928, erste Fußball-Weltmeisterschaft 1930.

Von Haus aus war der hagere, unscheinbare Neger Musikant und Tänzer. Beim Karneval von Montevideo wurde er bereits als ungekrönter König des „Candombes“, des Nationaltanzes, gefeiert. Andrade führte seine eigene Tanzgruppe, die sich „Die armen kubanischen Neger“ nannte, durch sein Heimatviertel, die Hafengegend im Süden der Hauptstadt, unweit der Ufer des Rio de La Plata.

Die Grazie, der Rhythmus und die Geschmeidigkeit des Tänzers zeichneten auch das Fußballspiel Andrades aus. Ein Sugar Ray Robinson des Fußballplatzes. Und wie der große amerikanische Boxkünstler trat auch Andrade während und nach seiner Ball-Karriere in den Pariser Nachtclubs und Varietés als gefeierter Show-Star auf. Er lehrte die Französinnen, wieviel Gefühl im Tango liegt. Andrade hatte Musik und Rhythmus im Blut. Fußball schien für den genialen Außenläufer ein choreographisches Spiel. Andrade auf dem Platz, das bedeutete Ballett, Samba, Rumba, Tango mit dem Ball als Partner.

„Entdeckt“ wurden Andrade und seine „Urus“ beim olympischen Turnier 1924 in Paris, und die besondere Aufgeschlossenheit, die diese Stadt und ihre Bohemiens für das Schöne, die Kunst, den Tanz und die Artistik aufbrachten, mag Andrades schnellen Ruhm besonders gefördert haben. In Birmingham hätte man sich kaum derart für Andrade begeistert.

Er und seine Kameraden vermittelten den Europäern ein völlig neues Ballgefühl. Ihr Spiel sprühte voller Leidenschaft, Artistik und Ideen. Elf Ball-Jongleure, elf Individualisten spielten, wie ihnen gerade der Sinn stand und wie ihnen der Stiefel gewachsen war, nur durch ein sehr lockeres Mannschaftskonzept aneinander gebunden. Sie räumten mit den herkömmlichen Vorstellungen vom kraftvollen Schablone- und Reißbrett-Fußball auf, so wie ihn die Briten praktizierten und lehrten.

Die Jugoslawen, eine Nation, die immerhin zur ersten europäischen Fußball-Garnitur zählte, bekamen als erste die neue Art, Fußball zu spielen, zu spüren. Die „Urus" zauberten ihnen sieben Treffer ins Tor.

Daß ein Neger überhaupt und dann auch noch so brillant Fußball spielen konnte, war für die europäischen Journalisten bis dahin offenbar so unvorstellbar wie der Eskimo in der Badehose. Jedenfalls begeisterte sich der deutsche Fußball-Experte F. Richter in der Zeitschrift „Fußball":

„Bei den Läufern vertrat ein waschechter Neger namens Andrade die exotische Note mit seiner Couleur. Aber der Mann kann mehr, als nur dadurch Aufmerksamkeit auf sich lenken. Ein zielbewußteres, taktisch vollendeteres Spiel läßt sich kaum denken. Sein fabelhaftes Können rief spontan Beifall hervor. Der lange Andrade fällt bei Uruguay durch sein bevorzugtes Kopfballspiel auf. Die Neger scheinen wirklich Schädel wie Kokosnüsse zu haben."

Andrade war der erste der bewunderten und berühmten Ballartisten Südamerikas. Die Chronisten wollen bei ihm erstmals den Scherenschlag gesehen haben. Sein Pech war es, vierzig Jahre zu früh geboren worden zu sein. Ihm fehlte die Hilfe der modernen Kommunikationsmittel und die weltweite Kommerzialisierung des Fußballs, um es zum Ruhm und Reichtum seiner populären Nachfahren zu bringen. Heute ist sein Name allenfalls noch in den Archiven und in Uruguay bekannt, wo sein Neffe Victor Rodriguez Andrade, Politiker von einigem Ansehen und ehemals selbst bedeutender Fußballspieler, sich bemüht, die Rasentaten seines Oheims in der Erinnerung zu halten.

Licht in die private Sphäre Jose Leandro Andrades konnte – oder wollte – aber auch er nicht bringen. Sein privates Schicksal blieb weitgehend unbekannt. So soll Andrade zweimal geheiratet haben. Vom Fußball konnte er indes nicht leben, dazu waren selbst nach Einführung des Professionalismus Prämien und Gehälter noch zu niedrig. Und zum Aufbau einer Existenz langten die Fußball-Gagen schon gar nicht. Er ernährte sich durch seine zweite große Begabung, seine Musikalität. Klavierstimmer, das war sein Beruf.

Jose Leandro Andrade

Als er starb, 1957, soll er keinen Centavo mehr besessen haben. Jose Leandro Andrades Sterbebett stand in einem Armenhaus von Montevideo.

GEORGI ASPARUCHOW

Ein Modell-Athlet

Sein Leben nahm ein fatales und tragisches Ende. Der „Verdiente Meister des Sports", der nicht nur auf dem Fußballfeld, sondern auch im Privatleben ein Vorbild, der vorsichtig und fair war, der jedem Zusammenstoß aus dem Wege ging, kam ausgerechnet bei einem Verkehrsunfall ums Leben. Asparuchow war der bisher einzige Fußballspieler Bulgariens, dem man, ohne zu zögern, internationales Format zusprach.

Der schnauzbärtige hochgewachsene Modell-Athlet, der auch beim Film sein Auskommen gehabt hätte, begann als Volleyball-Spieler, weil er die harten Zweikämpfe beim Fußball nicht mochte.

geb. 4. Mai 1943, tödlich verunglückt am 30. Juni 1971. Clubs: Lewski Sofia, Botew Plowdiw, Spartak Sofia; 49 Länderspiele (62–70). WM-Teilnehmer 1962, 1966, 1970. 19 Tore für Bulgarien. Mit Lewski dreimal bulgarischer Meister (65, 68, 70). 140 Tore in 245 Ligaspielen.

Jose Augusto, Portugal, Außenstürmer; geb. 13. April 1937. Clubs: Barreiro, Benfica Lissabon (59–69). 42 Länderspiele (60–68). WM-Teilnehmer 1966. 1964 in der UEFA-Auswahl gegen Jugoslawien und Skandinavien. Mit Benfica Europacup-Sieger der Meister (61 und 62), achtmal portugiesischer Meister (60, 61, 62, 64, 65, 67, 68, 69) und dreimal Pokalsieger (62, 64, 69).

Sadok Sassi Attouga, Tunesien, Torhüter; geb. 15. November 1945. Club: Africain Tunis. 185 Länderspiele. WM-Teilnehmer 1978.

Arne Bakker, Norwegen, Verteidiger; geb. 18. Januar 1930. Club: Asker SK; 54 Länderspiele (53–62).

Laszlo Balint, Ungarn, Abwehrspieler (Libero); geb. 1. Februar 1948. Club: Ferencvaros Budapest. 60 Länderspiele (72–79), WM-Teilnehmer 1978.

Alan Ball, England, Außenstürmer und Mittelfeldspieler, geb. 12. Mai 1945. Clubs: Blackpool, Everton, Arsenal; 72 Länderspiele (65–75). Weltmeister 1966, WM-Teilnehmer 1970.

Erwin Ballabio, Schweiz, Torhüter; geb. 20. Oktober 1918. Clubs: FC Grenchen (34–40), Lausanne Sports (41), FC Grenchen (42–59); 27 Länderspiele (39–47). Schweizer Pokalsieger mit Grenchen 1959.

Robert Ballaman, Schweiz, Innenstürmer; geb. 21. Juni 1926. Clubs: Biel, Grasshoppers Zürich (51–61); 50 Länderspiele (48–61), WM-Teilnehmer 1954, 18 Tore für die Schweiz. Mit Biel (47) und mit Grasshoppers (52, 56) dreimal Schweizer Meister; mit Grasshoppers Pokalsieger (53, 56). 194 Ligatore.

Adolfo Baloncieri, Italien, Stürmer; geb. 1897. Club: AC Turin. 47 Länderspiele (20–30), 25 Tore für Italien, 28mal Kapitän der Nationalelf.

Gordon Banks, England, Torhüter; geb. 30. Dezember 1937. Clubs: Chesterfield, Leicester, Stoke City, Fort Lauderdale Strikers. 73 Länderspiele (63–72); WM-Teilnehmer 1962 (Ersatzmann), Weltmeister 1966, WM-Teilnehmer 1970.

Vladimir Beara, Jugoslawien, Torhüter; geb. 8. November 1928. Clubs: Hajduk Split, Roter Stern Belgrad, Alemannia Aachen, Viktoria Köln; 60 Länderspiele (50–59); WM-Teilnehmer 1954 und 1958, Olympiazweiter 1952. 1955 im FIFA-Team gegen England. Mit Hajduk dreimal und mit Roter Stern viermal jugoslawischer Meister; mit Roter Stern zweimal Pokalsieger.

Franz Beckenbauer, Deutschland, Libero; geb. 11. September 1945. Clubs: Bayern München, Cosmos New York. 103 Länderspiele (65–76). WM-Teilnehmer 1966 (2.), 1970 (3.), Weltmeister

Es brauchte einige Anläufe, bis er endlich doch umsattelte. Auf Anhieb stand er aber dann in der bulgarischen Auswahl beim UEFA-Junioren-Turnier 1960 in Wien – als Stopper. Als Stürmer machte er jedoch Furore. Mit ungewöhnlich präziser Schußkraft in beiden Beinen kickte er sich dann auch ins National-Team, dem er 1962 bei der Weltmeisterschaft in Chile zum einzigen Tor gegen Ungarn verhalf. Auch 1966 sicherte er seinem Land die WM-Teilnahme durch zwei lupenreine Tore gegen Belgien. In Bulgarien war er mehrfach Schützenkönig der Staats-Liga.

Dabei war Asparuchow alles andere als ein typischer Torjäger. Er schoß seine Tore beinahe ausschließlich ohne Körpereinsatz, bereitete diese Spielzüge selbst vor und ließ Bewacher meist durch seine einzigartige Technik unvermittelt aussteigen. Er hatte etwas Unantastbares an sich, das seine Fans zu dem Sinnspruch veranlaßte: „Es gibt nur einen Gott im Himmel und nur einen Asparuchow auf Erden."

GORDON BANKS
Nüchtern und sachlich

Seine Karriere begann als Zufalls-Aushilfs-Torwart, der in normaler Straßenkleidung einsprang, um seiner Werksmannschaft aus einer Verlegenheit zu helfen. Verglichen mit anderen Weltklasse-Männern seines Fachs war er nie der große Star-Goalie. Dem gelernten Maurer ging solide „Handwerksarbeit" im Tor vor spektakulären Schauparaden. Immens trainingsfleißig, bevorzugte er Nüchternheit und Sachlichkeit, riskierte nichts und war ein aufmerksamer Mitspieler zwischen den Torpfosten. Seine Aktionen und seine Sicherheit waren so unauffällig, daß es verhältnismäßig lange dauerte, bis man im englischen Fußball-Geschäft auf ihn aufmerksam wurde und ihn schließlich ins National-Team berief.

Der Mann, der nach einer schweren Verletzung sein Leben lang eine Schraube im rechten Arm tragen muß, war trotz dieses Handicaps der beste Torhüter, den die Engländer je hatten und leistete einen wesentlichen Beitrag zu ihrem WM-Triumph von 1966. Nicht nur sein hervorragendes Können zwischen den Pfosten, sondern auch die Sicherheit, die er durch Nervenstärke auf die ganze Mannschaft übertrug, brachten Gordon Banks bei Mitspielern und Fans den Spitznamen „Bank von England" ein. Das große Geld verdiente er erst nach seiner Glanzvorstellung bei der

Teuerster Torhüter: Gordon Banks

Weltmeisterschaft. 1967 wechselte er von Leicester-City für rund 500 000 Mark zu Stoke-City. Das war die höchste Summe, die je in England für einen Keeper gezahlt wurde. 1972 spielte er zum letztenmal für England, gegen Schottland.

VLADIMIR BEARA
Fliegende Ballerina

Als Teenager wollte er eigentlich Ballett-Tänzer werden. Durch Zufall entdeckte der Jugoslawe aber schließlich, daß er mit Gewandtheit und Sprungkraft auch als Tor-Steher choreographische Aufgaben meistern konnte. Als „fliegende Ballerina" begeisterte er dann in den fünfziger Jahren die Fußball-Fans auf der ganzen Welt.

Vladimir Beara prägte einen neuen Stil der Torwart-Eleganz. Er war ein Meister in der Raumbeherrschung vor dem Tor, verfügte über einzigartige Reflexe und war auch in schon scheinbar geschlagenem Zustand noch zu schier unglaublichen Abwehrleistungen fähig. 1952 half er dem jugoslawischen Team, die Silbermedaille beim olympischen Fußball-Turnier in Helsinki zu gewinnen. Beim WM-Turnier 1954 in Bern feierte man ihn als einen der besten Spieler.

Zehn Jahre lang war er Jugoslawiens Torwart Numero 1 und den Respekt, den sich sein Team erwarb, hatte es in erster Linie dem spektakulär gewandten Goalie zu verdanken, der mit seinem Riecher für das Eingreifen im richtigen Moment, durch seine Übersicht, einen Torwart-Stil des modernen Fußballs zeigte.

Als Jugoslawien die Grenzen öffnete, wanderte Beara von „Roter Stern" Belgrad nach Deutschland zu Alemannia Aachen und Viktoria Köln, wo zwei Beinbrüche, die dicht aufeinander folgten, seiner Karriere ein gewaltsames Ende bereiteten. Als Schüler Sepp Herbergers avancierte er dann später zum erfolgreichen Fußball-Trainer.

FRANZ BECKENBAUER
Das Aushängeschild

Seit dem 20. Juni 1976 gehört er dem exklusiven Club jener Männer an, die mindestens 100mal in der Nationalelf ihres Landes spielten. Es sind – mit Beckenbauer – nur neun auf der ganzen Welt.

Die Zahl verbirgt mehr, als sie offenbart. Franz Beckenbauer ist nichts weniger als eine Maschine, die ständig auf Hochtouren läuft und deren Automatismus sich der Bundestrainer nach Belieben bedienen kann. Er ist vielmehr ein Spieler, an dessen Persönlichkeit kein Verantwortlicher so leicht vorbei kann, ein Mann, der nicht nur eine Meinung, sondern auch gelernt hat, sie zu artikulieren.

Als sein 100. Länderspiel hinter ihm lag, am späten Abend jenes 20. Juni 1976, trug er das schweißnasse dunkelrote Trikot eines tschechischen Gegenspielers. Aufmerksam blinzelte er ins Scheinwerferlicht des Fernsehens, kein entthronter König, aber doch einer, dem trotz der Jubiläumszahl ein Zacken aus der Krone gebrochen war. Die CSSR hatte der Bundesrepublik Deutschland soeben die Würde eines Europameisters abgenommen, nicht in offener Feldschlacht, sondern in einem dramatischen Elfmeterschießen, aber immerhin.

Beckenbauer und Bundestrainer Schön also sollten der Heimat mitteilen, wieso und warum. Schön tat es beschwichtigend wie immer, lobte den Gegner, vor allem aber auch „die kämpferische und spielerische Leistung" der eigenen, in 120 Minuten praktisch unbesiegten Mannschaft.

Sein Kapitän, Schweiß auf der Stirn, hob leicht den Kopf. In sein Mienenspiel schlich der Ausdruck ungläubigen Erstaunens. Er widersprach nicht, doch 48 Stunden später

1974, Europameister 1972, EM-Zweiter 1976. Europacup-Sieger 1967 (Cupsieger), 1974, 1975, 1976 (Cup der Meister). 1972 und 1976 europäischer Fußballspieler des Jahres. Deutscher Meister 1969, 1972, 1973, 1974; DFB-Pokalsieger 1966, 1967, 1969, 1971.

Colin Bell, England, Mittelfeldspieler; Clubs: Bury, Manchester City. 48 Länderspiele (68–76), WM-Teilnehmer 1970. Mit Manchester City Europacup-Sieger der Pokalsieger 1970, englischer Meister 1968, Cup-Sieger 1969.

Luis Hideraldo Bellini, Brasilien, Läufer; geb. 1930. Clubs: Vasco da Gama, Sao Paulo, Atletico Parairense. 54 Länderspiele (56–61), Weltmeister 1958.

Larbi Ben Barek, Marokko, Läufer; geb. 16. Juni 1917. Clubs: Inter Casablanca, Olympique Marseille, Stade Francais, Atletico Madrid, Marseille. 17 Länderspiele für Frankreich (38–54).

Ferenc Bene, Ungarn, Außen- und Halbstürmer; geb. 17. Dezember 1944. Club: Ujpest Dozsa Budapest. 75 Länderspiele (63–74), WM-Teilnehmer 1966, Olympiasieger 1964 (Torschützenkönig mit 12 Treffern).

Romeo Benetti, Italien, Mittelfeldspieler; geb. 20. Oktober 1945. Clubs: AC Milan (69–76), Juventus (76–79). 49 Länderspiele für Italien (71–78). WM-Teilnehmer 1974 und 1978. Italienischer Meister mit Juventus 1977 und 1978.

Georges Bereta, Frankreich, Außenstürmer; geb. 15. Mai 1946. Clubs: A. S. Saint-Etienne, Olympique Marseille. 44 Länderspiele (67–75).

Harald Berg, Norwegen, Mittelfeldspieler; geb. 1943. Clubs: S&FK Lyn, Bodö Glimt, FC Den Haag, Bodö Glimt. 43 Länderspiele (64–76). 1976 als Norwegens bester Fußballspieler seit 1920 gewählt.

Orvar Bergmark, Schweden, Verteidiger; geb. 16. November 1930. Clubs: Örebro, AIK Stockholm, AS Rom; 94 Länderspiele (51–65); WM-Zweiter 1958.

Daniel Bertoni, Argentinien, Angriffsspieler; geb. 14. März 1955. Club: Independiente. 32 Länderspiele (74–78), Weltmeister 1978.

George Best, Nordirland, Rechtsaußen; geb. 22. Mai 1946. Clubs: Manchester United, Los Angeles Aztecs, FC Fulham, Fort Lauderdale Strikers; 37 Länderspiele (64–78). Mit Manchester United Europacup-Sieger der Meister 1968, englischer Meister 1965 und 1967. 1968 englischer und europäischer Fußballer des Jahres.

Josef Bican, Österreich, Tschechoslowakei; geb. 25. September 1913. Clubs: Hertha Wien (1928), Rapid Wien, Admira Wien, Slavia Prag (37–48), Vitkovic, Hradec Kralove, Slavia Prag, Liberec, Brünn, Pribram (1957); 19 Länderspiele für Österreich (33–36), 14 Länderspiele für die Tschechoslowakei (38–49); WM-Teilnehmer mit Österreich 1934; 15 Tore für Österreich; 14 Tore für die CSR; 201 Tore für Rapid (28–34), 1039 Tore für Slavia (37–48 und 53–55).

konnte man seine Meinung dazu in allen deutschen Blättern lesen:

„Wir hätten das Spiel klar gewinnen können, aber einige bei uns waren nicht in Bestform. Sonst hätten die vielen Chancen einfach zu Toren führen müssen. Schon im Halbfinale gegen Jugoslawien haben wir mehr vom Versagen des Gegners als von der eigenen Leistung gelebt."

Kein Zweifel, daß Beckenbauer recht hatte. Kein Zweifel aber auch, daß ihn der Mißerfolg ausgerechnet in seinem 100. Spiel für Deutschland hart getroffen hatte. Seine Worte, mit Abstand gesprochen, bewiesen es mehr als sein beherrschtes Verhalten unmittelbar nach dem Spiel.

Franz Beckenbauer mag sich in diesem Moment in einer Ansicht bestätigt gesehen haben, die er niemals laut geäußert hat und auch niemals laut äußern wird: daß er ein Kolibri unter Spatzen ist, ein Künstler unter Handwerkern.

Er war sich in diesem Endturnier zur Europameisterschaft 1976 nicht zu schade gewesen, harte Knochenarbeit zu leisten. Schon zwei Jahre zuvor, als er mit der Nationalelf Weltmeister geworden war, hatte er ungewohnt hart kämpfen, Initiativen entwickeln müssen, die er nur ungern mobilisiert, weil ihm seine „königlich bayerische Ruh'" über alles geht und er sich auch nur ungern die Finger für andere verbrennt.

Doch 1974 stand der Titelgewinn auf dem Spiel, der für sein Image mindestens so wichtig war wie die Mondlandung für die USA. Ein Mißerfolg hätte vor allem den „Helden von Bern" genutzt, jener Weltmeister-Elf von 1954, deren Pfadfinder-Geist ein Franz Beckenbauer nie begriffen hat. Als ausgerechnet das Gruppenspiel gegen die DDR mit 0:1 verlorenging, verwandelte sich der Kolibri in einen Falken, legte der Kunstmaler den feinen Pinsel aus der Hand und griff zur Wurzelbürste. Helmut Schön, dem Ratlosen, ward plötzlich Rat von seinem Kapitän zuteil. Beckenbauer sagte, was zu tun war.

Er trat damit endgültig aus dem Kreis seiner Vorgänger heraus, er profilierte sich damit als eine außergewöhnliche Figur der deutschen Fußball-Szene, die ja nicht nur aus der für alle einsehbaren Bühne, dem Spielfeld, besteht. Niemals hätten sich ein Fritz Walter, ein Uwe Seeler angemaßt, Helmut Schön oder gar dessen Vorgänger, Sepp Herberger, das Konzept einer Mannschaftsaufstellung und damit der Taktik im Spiel zu diktieren.

Doch Franz Beckenbauer sah seine Felle davonschwimmen, das große Ziel in Frage gestellt. Popularität und der inzwischen damit untrennbar verbundene „Marktwert“ standen auf dem Spiel. Eine Kaffee-Firma hatte 400 000 WM-Bücher mit Beckenbauer als Autor auflegen lassen, Mineralöl-Firmen warben mit seinem Namen und seinem Konterfei. Alles andere als ein Sieg wäre nicht nur peinlich, sondern im Hinblick auf kommende Geschäfte auch äußerst schädlich gewesen.

Franz Beckenbauer, Sohn eines Postinspektors im Münchner Arbeiterviertel Giesing, hat seine Herkunft niemals verleugnet und noch weniger vergessen. Da spielt es keine Rolle, daß er – als frischgebackener Weltmeister – bei den Bayreuther Wagner-Festspielen der Begum die Hand schüttelte, sich als Gast beim Wiener Opernball sichtlich wohl fühlt, seine Anzüge bei teuren Nobelschneidern bauen läßt, in seinen Freundeskreis auch die sogenannte Schickeria einbezieht und im Münchner Vorort Grünwald eine Villa erwarb, die ihn selbst nach Jahren noch monatlich 10 000 DM kostete.

Er hat sich stets den gesunden Blick für Realitäten bewahrt und es dabei verstanden, einen ebenso gesunden Erwerbssinn durch einen Mann zu tarnen, der ihm „die geschäftlichen Dinge abnimmt“: Manager Robert Schwan. Dieser Schwan ist ein Vogel, der auf der ersten Welle des Beckenbauerschen Weltruhms dahergeschwommen kam, unmittelbar nach der Weltmeisterschaft 1966 in England. Der junge Mann aus München war in die Schlagzeilen der Weltpresse gewandert, und flugs schloß der ehemalige Versicherungskaufmann Robert Schwan, beim FC Bayern München seit zwei Jahren technischer Direktor, einen Vertrag mit ihm, der sich für beide als eine Art Lebensversicherung erweisen sollte.

Schwan wurde für Beckenbauer, was Kissinger für Nixon und Ford war: engster Berater und von seinem Mandanten sogar als „Freund“ bezeichnet. Schwans Bild mit Widmung steht auf Franz Beckenbauers Schreibtisch, was kritische Beobachter nicht abhält zu fragen, wer von wem eigentlich mehr profitiert hat.

Franz Beckenbauer, der so wenig in das landläufige Vorstellungsbild von einem deutschen Fußballspieler paßt wie sein Freund Franz Josef Strauß in das Zentralkomitee der KPdSU, ist außerhalb Deutschlands stets unumstrittener gewesen als zu Hause. Das betrifft nicht seine unbestrittenen Fähigkeiten als Fußballspieler, sondern Aktivitäten, die er darüber hinaus entwickelte. Kritiker meinen, ein wirklich guter Berater hätte ihn abhalten müssen, in einem total mißlungenen Film wie „Libero“ die Hauptrolle zu spielen oder eine Autobiographie zu autorisieren, die andere Spieler und Trainer diskriminierte. Daß „einer wie er“ das Buch nicht selbst schreiben konnte, war einleuchtend, daß er es vor Drucklegung auch nicht gründlich las, unverzeihlich.

Nur die finanzielle Rechnung ging immer auf, in Zahlen kennt Schwan sich aus.

Walter Jens, Tübinger Professor für Rethorik, nannte Beckenbauer ein „Symbol des Kapitalismus im Zeitalter der Refeudalisierung“. Aber er fand auch, Beckenbauer spiele Fußball „im Stil von Versailles“: „mit Pomp und Launenhaftigkeit, mit einem Mindestmaß an Unterordnung und einem Höchstmaß an Spontaneität.“

Von Soziologie und darum auch von Menschen versteht der Professor mehr als von Fußball, denn er überschätzte die äußeren Merkmale der Beckenbauerschen Fußballkunst: die lässigen, bisweilen verächtlichen Bewegungen, die souveräne Beherrschung des Balles, die Reaktion auf Entscheidungen des Schiedsrichters. So verhält sich ein Mann, der zu Höherem geboren scheint, der sich aber gleichwohl in den Niederungen des Strafraum-Daseins mit Hinz und Kunz herumschlagen muß. Wie sagte er zu seinem Kollegen Gerd Müller, als vor der WM 1974 wegen ungeklärter Prämien-Forderungen ein Streik der Mannschaft zur Debatte stand: „Mit Pirrung und Bella werden die nie Weltmeister . . .“

Solches muß ihm nachgesehen werden, dem größten Fußballspieler, den Deutschland je hervorbrachte. In Wahrheit hat er allein zwischen 1966 und 1976 mehr für den deutschen Fußball getan als vor ihm ganze Mannschaften in einem halben Jahrhundert. Nicht nur, daß er den Verlockungen romanischer Clubs stets widerstand (was ihm angesichts seiner Verdienstmöglichkeiten in Deutschland freilich nicht schwerfiel), er wurde auf dem Spielfeld zum Aushängeschild eines neuen deutschen Fußball-Stils.

Wo früher der Geruch von Sauerkrautfußball und Stacheldraht-Taktik vorherrschte, strahlte jetzt das Genie eines Mannes, dessen Kunst auf die Mitspieler abfärbte und dem deutschen Fußball ein neues Image gab. Nicht mehr der krummbeinige Knochenbrecher repräsentierte den großen DFB, sondern der elegante junge Mann, den man allenfalls in Mailand, nicht aber in München vermutet hätte.

„Der geht sogar anders als unsereins“, stellte Willi Schulz einmal fest, der lange mit

Alfred Bickel, Schweiz, Halbstürmer; geb. 12. Mai 1918. Club: Grasshoppers Zürich; 71 Länderspiele (36–54), WM-Teilnehmer 1938 und 1950; 15 Tore für die Schweiz. Siebenmal Schweizer Meister (37, 39, 42, 43, 45, 52, 56), achtmal Schweizer Pokalsieger (37, 38, 40, 41, 42, 43, 46, 52), 202 Ligatore.

Franz Binder, Österreich, Mittelstürmer; geb. 1. Dezember 1911. Club: Rapid Wien; 19 Länderspiele für Österreich (33–38 und 45–47), neun Länderspiele für Deutschland (39–41); 16 Tore für Österreich, zehn Tore für Deutschland. Fünfmal österreichischer Meister, einmal Pokalsieger; einmal deutscher Meister. Schoß in 756 Spielen 1006 Tore für Rapid.

William L. Bingham, Nordirland, Außenstürmer; geb. 1932. Clubs: Glentoran, Sunderland, Luton Town, Everton, Port Vale. 56 Länderspiele (51–64), WM-Teilnehmer 1958, neun Tore für Nordirland. Englischer Meister mit Everton 1963.

Sandor Biro, Ungarn, Abwehrspieler; geb. 11. August 1911. Clubs: MTK, BSZKRT, Ujpest, MTK. 53 Länderspiele, WM-Zweiter 1938.

Danny Blanchflower, Nordirland, Außenläufer; geb. 10. Februar 1926. Clubs: Glentoran, Swindon, Barnsley, Aston Villa, Tottenham Hotspur; 56 Länderspiele (50–63), WM-Teilnehmer 1958. Mit Tottenham englischer Meister 1961, englischer Pokalsieger 1961 und 1962 und Europacup-Sieger der Pokalsieger 1963. 1958 und 1961 englischer Fußballspieler des Jahres.

Horst Blankenburg, Deutschland, Abwehrspieler; geb. 10. Juli 1947. Clubs: VfL Heidenheim, 1. FC Nürnberg, Wiener SK, München 1860, Ajax Amsterdam, Hamburger SV; mit Ajax Amsterdam 1971, 1972 und 1973 Europacup-Sieger im Pokal der Meister; mit dem Hamburger SV deutscher Pokalsieger 1976.

Oleg Blochin, Sowjetunion, Angriffsspieler; geb. 5. November 1952. Club: Dynamo Kiew. 62 Länderspiele (71–78), Europacup-Sieger der Pokalsieger 1975, Supercup-Gewinner 1975; europäischer Fußballspieler des Jahres 1975. UdSSR-Meister 1974, 1975, 1977; Pokalsieger 1974.

Stjepan Bobek, Jugoslawien, Halbstürmer; geb. 3. Dezember 1923; Clubs: Gradjanski, Partizan Belgrad; 63 Länderspiele (46–54); WM-Teilnehmer 1950 und 1954; Olympiazweiter 1948 und 1952; mit 38 Toren erfolgreichster Torschütze der Nationalelf. Mit Partizan zweimal jugoslawischer Meister und zweimal Pokalsieger; in 468 Spielen 403 Treffer für Partizan.

Wsiewolod Bobrow, Sowjetunion, Stürmer; geb. 1922, Clubs: Dynamo Leningrad, Progress Omsk, CSKA, WWS, Spartak; drei Länderspiele (1952). Erfolgreicher als Eishockeyspieler.

Roger Bocquet, Schweiz, Verteidiger; geb. 19. April 1921. Club: Lausanne Sports; 48 Länderspiele (43–54), WM-Teilnehmer 1954. Mit Lausanne Schweizer Meister 1944 und 1951, Pokalsieger 1943 und 1950.

Libero der Deutschen: Franz Beckenbauer

ihm um den Posten des Libero in der Nationalelf konkurrierte. Daß Beckenbauer diesen Konkurrenzkampf gewann, war nicht nur eine Frage des Jahrgangs. Der Münchner personifizierte geradezu diesen neuen Job: Libero, der „freie Mann", der dem Spiel die Impulse gibt.

„Ohne sich die Hände schmutzig zu machen", kritisierten neidische Zeitgenossen im Anfang. Dergleichen Stimmen verstummten später, spätestens bei der WM '74, allerspätestens in jenen Dramen von Belgrad, als ein berserkerhaft schuftender Beckenbauer ein Opfer schwacher Mitspieler beziehungsweise deren schwacher Nerven wurde. Im 100. Spiel kostete er erstmals den bitteren Geschmack einer entscheidenden Niederlage, denn jene von 1966 im WM-Finale traf die deutsche Elf wohl nicht unvorbereitet.

Zuvor hatte er einer Münchner Zeitung ein Interview gegeben und den Interviewer einen kurzen Blick in seine Seele tun lassen. „Wenn ich jetzt Reporter wäre", hatte er gesagt, „dann würde ich den Johan Cruyff mal fragen, wie ihm 1974 nach dem verlorenen WM-Endspiel zumute war."

Die Lust des Siegers an der Niederlage, die Neugierde des Erfolgreichen auf den Mißerfolg. Im Ruhrgebiet wird er, der „Bayer", ausgepfiffen, das ist schon Tradition, und Franz Beckenbauer lächelt darüber. Denn er weiß: im weißen Trikot der Nationalelf ist er für dieselben Leute Gegenstand des Jubels und der Hoffnung. Auch wenn er, wie Walter Jens meint, „die altvordere Recken-Moral" vermissen läßt, mehr „Kapitän" als „Spielführer" ist.

GEORGE BEST

Enfant terrible

Von jeher waren die Engländer ihren Fußball-Enfants-Terribles in einer gewissen Haßliebe zugetan. Kaum war Nobby Stiles, der kurzsichtige Giftzwerg in der Verteidigung der englischen Weltmeister-Elf, aus ihrem Blickfeld verschwunden, da konnten die Fans schon ihre Gemüter an einem neuen Problem-Boy des Fußballs erhitzen. Sein Name, allein schon ein Superlativ, Best (der Beste), George mit Vornamen!

Dieser George Best wurde in jeder Beziehung zu einem gefundenen Fressen für die Sportjournalisten der Insel. Best wechselt seine Freundinnen wie Handtücher! Best kommt zu spät zum Training! Best unterbricht seinen Urlaub in Spanien, nur um sich in England seine lange Haarmähne kürzen zu

Christo Bonew, Bulgarien, Innenstürmer; geb. 3. Februar 1947. Club: Lokomotiv Plowdiw. 78 Länderspiele (67–78); WM-Teilnehmer 1970 und 1974. Bulgarischer Fußballspieler des Jahres 1974.

Rainer Bonhof, Deutschland, Abwehrspieler; geb. 29. März 1952. Clubs: SuS Emmerich, Borussia Mönchengladbach (70–78); 48 Länderspiele (72–78), Weltmeister 1974, WM-Teilnehmer 1978, EM-Finalist 1976. Mit Mönchengladbach UEFA-Pokalsieger 1975, viermal deutscher Meister (71, 75, 76, 77), DFB-Pokalsieger 1973.

Roberto Boninsegna, Italien, Mittelstürmer; geb. 13. November 1943. Clubs: Cagliari, Inter Mailand, AC Turin. 22 Länderspiele (67–74), WM-Teilnehmer 1970 (2.) und 1974. Dreimal italienischer Meister mit Inter (71) und Turin (77, 78).

Gian Piero Boniperti, Italien, Außenstürmer, geb. 4. Juli 1928; Club: Juventus Turin; 38 Länderspiele (47–60); WM-Teilnehmer 1950 und 1954. Fünfmal italienischer Meister mit Juventus (50, 52, 58, 60, 61), italienischer Pokalsieger 1959 und 1960.

Vujadin Boskov, Jugoslawien, Außenläufer; geb. 3. Mai 1931; Clubs: Vojvodina, Sampdoria, Young Fellows Zürich; 58 Länderspiele (51–58); WM-Teilnehmer 1954 und 1958, Olympiazweiter 1952. Mit der Europaauswahl 1955 gegen Großbritannien.

Stjepan Boskow, Bulgarien, Läufer; geb. 16. April 1927. Club: CSKA Sofia. 53 Länderspiele (46–58). Mit der Kontinent-Auswahl 1955 gegen Großbritannien.

Bernard Bosquier, Frankreich, Abwehrspieler; geb. 19. Juni 1942. Clubs: Sochaux, St-Etienne, Marseille. 42 Länderspiele (64–72), WM-Teilnehmer 1966. Fünfmal französischer Meister mit Saint-Etienne (67, 68, 69, 70) und Marseille (72), dreimal Pokalsieger mit St-Etienne (68, 70) und Marseille (72).

Jozsef Bozsik, Ungarn, Außenläufer; geb. 28. September 1925, gest. 1978. Club: Honved Budapest; 100 Länderspiele (50–62); mit Ungarn Olympiasieger 1952, WM-Zweiter 1954. Mit Honved ungarischer Meister 1949/50, 1950, 1952, 1954, 1955.

Raymond Braine, Belgien, Halbstürmer; geb. 28. April 1907. Clubs: AC Beerschot, Sparta Prag; 54 Länderspiele (24–41), WM-Teilnehmer 1930 und 1938; mit der Westeuropa-Auswahl 1937 gegen Mitteleuropa, mit der Europa-Auswahl 1938 gegen England.

Bernd Bransch, DDR, Abwehrspieler; geb. 24. September 1944. Clubs: Chemie Halle, Carl Zeiss Jena. 72 Länderspiele (1967–76), WM-Teilnehmer 1974, Olympiasieger 1976. Fußballspieler des Jahres in der DDR 1968 und 1974. DDR-Meister mit Jena 1968 und 1970, Pokalsieger 1972 und 1974.

Paul Breitner, Deutschland, Abwehrspieler;

lassen! Best beleidigt den Schiedsrichter! Best gesperrt! Best spurlos verschwunden! Aber mindestens genauso häufig konnte man lesen: Best schießt das schönste Tor des Monats! Best narrt jede Abwehr! Best, der Dribble-Künstler!

Und diese Tatsachen haben ihn schließlich berühmt gemacht. Die Skandale, die eigentlich nur auf der Insel welche waren, lieferte er so quasi als sein eigener Public-Relations-Manager im Fußball-Showgeschäft selbst hinzu.

Fußball ist hartes Geschäft, und im Geschäftsleben muß man halt lernen, auch mit unbequemen Partnern auszukommen, wenn sie etwas können. George Best kann Fußball spielen, das erklärt, warum der englische Profi-Fußball lange nicht auf ihn verzichten mochte, auch wenn der langmähnige Ire – so der Kolumnist Doug Gardner – so etwas wie ein Amateur unter den Profis blieb.

Denn Best leistete sich auch auf dem Fußball-Rasen Schnitzer, bei denen seinen Trainern oft genug die Haare zu Berge standen. Best dribbelte bis zum Exzeß, hielt den Ball auch in aussichtslosen Situationen, verlor Zweikämpfe oft leichtfertig. Doch dann schoß er unvermittelt die erstaunlichsten Tore, versetzte die Abwehr durch unglaubliche Tricks.

Dieses Unstete in Spiel und Leben, seine Unberechenbarkeit, gepaart mit märchenhafter Ballbeherrschung, hatten Best, den „Amateur unter den Profis", zu einem Top-Money-Maker des britischen Fußballs gemacht. Doch seiner Eskapaden wurde man schließlich überdrüssig. Bei Manchester United und auch anderswo. Best, das „Enfant terrible", verschwand von der Bildfläche und aus den Schlagzeilen. George Best spielte in den USA, kehrte nach England zurück – und feierte neue Triumphe. Seine Gegner nannten ihn wieder einen „Teufel – aber einen genialen Fußballspieler". Mit 30 Jahren schien für ihn eine neue Karriere zu beginnen . . .

PEPI BICAN

Enorme Schußkraft

Der Knabe aus dem Armenviertel Wiens war arbeitslos und hungrig. Als er zu Rapid kam, mußte er durch Kalorien-Stöße erst einmal richtig aufgepäppelt werden. Er revanchierte sich so, wie er sich in seiner Karriere immer revanchierte, wenn er glaubte, jemandem etwas schuldig zu sein: Indem er seinen Torhunger auf dem Fußballplatz für

Rapid stillte.

Als er mit 17 sein Debüt in der ersten Mannschaft Rapids gab, schoß er allein gleich vier Tore. Mit 19 stand er 1933 bereits zum ersten Mal in der Nationalmannschaft Österreichs. Enorme Schußkraft in beiden Füßen, ein blitzschneller Antritt und eine durch nichts zu erschütternde Kaltblütigkeit machten Bican im Handumdrehen zum gefürchteten „Vollstrecker vom Dienst", der trickreich dem österreichischen National-Team der dreißiger Jahre zu weltweitem Ruhm verhalf.

Bei der Fußball-Weltmeisterschaft 1934 führte er zusammen mit Sindelar den Angriff des „Wunderteams", das beim Spiel um den dritten Platz gegen Deutschland mit 2:3 unterlag. Später wechselte er zu Slavia Prag über, nahm die tschechoslowakische Staatsbürgerschaft an und sorgte auch im National-Team seiner neuen Heimat für eine beachtliche Erfolgsserie. Nur der Krieg verhinderte seinen Aufstieg zu einem absoluten Star des Weltfußballs.

ALFRED BICKEL

Weite Traumpässe

Der Mann, der nach seiner Fußball-Karriere am liebsten daheim saß und Gobelins stickte, hielt in den letzten Jahren vor dem Zweiten Weltkrieg und in den ersten Jahren danach die Fäden des eidgenössischen Sturmspiels fest in der Hand. Zeit seiner Karriere als Fußballer von Senkfüßen geplagt, hatte es Bickel mit möglichst wenig Laufarbeit und weiten Traumpässen fertiggebracht, zu einem der größten europäischen Fußball-Regisseure zu werden.

Das Naturtalent mit den viel zu großen Füßen, das 21 Jahre lang Spieler der ersten Grasshoppers-Elf war, es in einer 18jährigen Nationalspieler-Laufbahn auf 71 Berufungen brachte, verdankt seinen Ruhm einer Spielweise, die auch Nandor Hidegkuti, den berühmten Ungarn, auf seine alten Tage noch berühmt machte:

Bickel spielte als zurückhängender Mittelstürmer mit den Aufgaben eines Stoppers. Mit seinem ungewöhnlichen Auge für den Ball und den präzisen Flanken und Pässen war er zur Stunde der richtige Mann am richtigen Platz. Aus der Verteidigung heraus konnte der Schweizer mit einem einzigen Fünfzig-Meter-Paß den Spiel-Schwerpunkt sogar schlagartig vor das Tor des Gegners verlagern.

Dieser Finesse der Schweizer fielen 1938 in Zürich nicht nur die favorisierten Engländer mit 1:2 zum Opfer, Bickel verpatzte der deutschen National-Elf damit auch die Weltmeisterschafts-Pläne beim Turnier 1938 in Frankreich. Daß der lauffaule, allerdings zu Unrecht als langsam verschriene Bickel auch Tore schießen konnte, beweisen seine 202 Treffer, die er in seinen über 400 Schweizer Meisterschafts-Spielen erzielte.

Franz „Bimbo" Binder

BIMBO BINDER

1006 Tore für Rapid

Wenn die Zeitungen in den dreißiger und vierziger Jahren schrieben „Bimbo Binder bombte", so taten sie das sicher nicht wegen des schönen Stabreims. Tatsächlich war der wegen seiner Länge von beinahe zwei Metern ein wenig ungeschlacht wirkende Stürmer von Rapid Wien einer der erfolgreichsten Torschützen in der Geschichte des Weltfußballs.

Mehr als zwanzig Jahre bevor Fußball-König Pele für sein tausendstes Tor geehrt wurde, konnte Binder schon auf ein Konto von 1006 Toren allein aus den 756 Pflichtspielen für Rapid verweisen.

Binder war nicht sonderlich schnell und technisch wenig versiert, doch Zielgenauigkeit, gewaltiges Schußvermögen und die ide-

geb. 5. September 1951. Clubs: SV Kolbermoor, ESV Freilassing, Bayern München, Real Madrid, Eintracht Braunschweig, Bayern München. 28 Länderspiele (72–75), Weltmeister 1974, Europameister 1972. Mit Bayern München deutscher Meister 1972, 1973, 1974; DFB-Pokalsieger 1971; Europapokalsieger der Meister 1974. Mit Real spanischer Meister 1975 und 1976, Pokalsieger 1975.

Billy Bremner, Schottland, Mittelfeldspieler; geb. 9. Dezember 1942. Club: Leeds United; 54 Länderspiele (65–76), WM-Teilnehmer 1974. Mit Leeds United englischer Meister 1969 und 1974, englischer Cup-Sieger 1968, UEFA-Pokalsieger 1968 und 1972. 1970 englischer Fußballer des Jahres.

Arne Brustad, Norwegen, Außenstürmer; geb. 14. April 1912. Club: Lyn Oslo; 33 Länderspiele (35–46), WM-Teilnehmer 1938, Olympiateilnehmer 1936. Mit der Europa-Auswahl 1938 gegen England.

Lucjan Brychczy, Polen, Stürmer; geb. 13. Juni 1934. Clubs: Bytom, Labedy, Piast, Legia (54–71); 60 Länderspiele (54–69), 18 Tore für Polen. Mit Legia je viermal polnischer Meister (55, 56, 68, 69) und Pokalsieger (55, 56, 64, 66).

Eric Burgener, Schweiz, Torhüter, geb. 15. Februar 1951. Club: FC Lausanne. 33 Länderspiele (73–78).

Tarcisio Burgnich, Italien, Libero; geb. 25. April 1939. Clubs: Udine, Juventus Turin, Internazionale Mailand; 66 Länderspiele (63–74), WM-Teilnehmer 1966, 1970, 1974, Europameister 1968. Mit Inter Europapokalsieger der Meister 1964 und 1965, Weltpokalsieger 1964 und 1965. Mit Juventus italienischer Meister 1961, mit Inter viermal italienischer Meister (63, 65, 66, 71).

Hans Buzek, Österreich, Mittelstürmer; geb. 22. Mai 1938; Clubs: Vienna Wien (50–63), Austria (63–67), Sportklub (67–69), Dornbirn (69–70), Rapid (70–72); 43 Länderspiele (55–69). Österreichischer Meister mit Vienna (54, 55) mit Austria (63), Pokalsieger mit Austria (63, 67).

Zlatko Cajkovski, Jugoslawien, Außenstürmer; geb. 24. November 1923. Clubs: HASK Zagreb, Roter Stern Belgrad, Partizan Belgrad, 1. FC Köln; 57 Länderspiele (46–55); WM-Teilnehmer 1950 und 1954, Olympiazweiter 1948 und 1952. Mit der FIFA-Auswahl 1953 gegen England.

Umberto Caligaris, Italien, Verteidiger, geb. 26. Juli 1901, gest. 1940; Clubs: Casale, Juventus Turin; 59 Länderspiele (22–34), Olympiateilnehmer 1924 und 1928. Italienischer Meister mit Juventus 1931, 1932, 1933, 1934 und 1935.

Antonio Carbajal, Mexico, Torhüter, geb. 7. Juni 1929. Clubs: Oviedo, Espana (46–50), Leon (50–66). 86 Länderspiele (47–68), WM-Teilnehmer 1950, 1954, 1958, 1962, 1966. Olympiateilnehmer 1948.

Franco Causio, Italien, Innenstürmer, geb. 1. Februar 1949. Club: Juventus (69–79); 40 Länderspiele ...

ale Länge für ein wirkungsvolles Kopfballspiel sorgten für Tore, die aus mancher ausweglosen Situation heraus noch die Entscheidung zugunsten seiner Mannschaft brachten.

Während er zu Beginn seiner Karriere nie mehr als ein torträchtiger Anspielpunkt war, reifte in ihm später auch ein sehr geschickter Spielgestalter heran. Noch nach dem Krieg profitierte eine große Zahl jüngerer Rapid-Spieler von seiner Routine und Spielübersicht. Am Ende seiner aktiven Fußballkarriere startete er eine zweite: Als Club-Manager und Trainer.

DANNY BLANCHFLOWER

Regisseur und Taktiker

Ein Leben für den Fußball war schon bei seiner Geburt eine beschlossene Sache. Seine Mutter, Selina Blanchflower, war längst eine bekannte Stürmerin im irischen Damen-Fußball, als sie Danny zur Welt brachte. Selbstredend, daß also auch ihr Sohn ans runde Leder sollte.

Tatsächlich wurde Danny Blanchflower der wohl farbenprächtigste britische Mittelfeld-Spieler der fünfziger Jahre. Sein Einfluß auf den angelsächsischen Fußball beschränkte sich nicht nur auf glanzvolle Aktionen in den Fußball-Stadien. Der clevere Ire verstand neben seinem durchdachten und trickreichen Aufbauspiel auch das Spiel hinter den Kulissen des Fußball-Managements. Redegewandt, kompromißlos und unkompliziert bei öffentlichen Auftritten sicherte er seinen Kicker-Kollegen zum ersten Mal ein Mitspracherecht bei Transfers, und als Kolumnist großer Zeitungen verschaffte er sich Gehör in breitester Öffentlichkeit.

Eigenwillig wie im öffentlichen Leben war Blanchflower auch auf dem grünen Rasen. Regisseur, einzigartiger Techniker und gewiefter Taktiker geriet er immer wieder mit Trainern aneinander, doch der Erfolg gab ihm recht. Unter seiner Führung konnte die irische National-Mannschaft England zum ersten Mal im Wembley-Stadion bezwingen und erreichte 1958 in Schweden das Viertelfinale der Weltmeisterschaft. Die „Spurs" aus Tottenham, denen er bis zum Ende seiner Laufbahn 1964 zehn Jahre angehörte, verdankten es seiner Regie, daß sie zum ersten Mal in diesem Jahrhundert das englische Double (Meisterschaft und Pokal in einer Saison) schafften und den Europapokal der Pokalsieger gewannen.

OLEG BLOCHIN

Libero des Angriffs

Kein Superstar hat in der 20jährigen Geschichte der Wahl zum „Fußballer des Jahres in Europa“ die Konkurrenz mit den Stimmen der Kritiker des ganzen Kontinents so deklassiert wie zum Jahreswechsel 75/76 der Ukrainer Oleg Blochin. Die weit abgeschlagenen Nächstplacierten hießen immerhin Beckenbauer, Cruyff, Vogts und Maier.

Es war die Krönung für das größte Jahr des dreimaligen Torschützenkönigs der Sowjetunion, das Jahr, das seinem „Club der Nation“, dem SC Dynamo Kiew, den Europapokal der Cupsieger und den Supercup der Europapokalgewinner (gegen Bayern München) brachte.

Oleg Blochin hatte kräftig zugeschlagen. Noch heute zuckt der brave Katsche Schwarzenbeck zusammen, wenn er an das Rückspiel von Kiew denkt. Und die Frankfurter Eintracht weiß auch ein trauriges Lied davon zu singen.

Der Stern des roten Kometen ging bei den Olympischen Spielen 1972 in München auf. Der damals 19jährige war nach dem Polen Deyna Olympia-Torjäger Nummer zwei. Der blonde Musikliebhaber, der die Platten eines Tom Jones und Adriano Celentano besonders schätzen soll, bläst auf dem Feld seinen Bewachern den Marsch im Blitzakkord.

Pfeilschnell: Oleg Blochin

Er ist pfeilschnell, schußstark in beiden Beinen und hat ungewöhnliche Tricks auf Lager, auf die „ganz Europa“ immer wieder hereingefallen ist. Das geschieht so schnell, daß die Gegner die Gefahr mitunter erst begriffen haben, wenn der Ball im Netz zappelt. Und Oleg strotzt von so viel Selbstvertrauen, daß er dem Zweikampf nicht aus dem Wege geht, sondern den Bewacher geradezu provoziert, sich auf ein Duell einzulassen . . . und ausgeschmiert zu werden.

Ein Linksaußen wegen der 11 auf dem Rücken? Viel zu wenig! Ein Mittelstürmer? Eher. Aber eigentlich ein Libero des Angriffs, ein freier Mann des freien Raums.

STJEPAN BOBEK

Lässige Ballbehandlung

Kraftfußball war für ihn ein Fremdwort. Der Jugoslawe hatte die für Südländer typisch lässige Ballbehandlung, und die Überlegenheit seiner Technik machte ihn zum schier unantastbaren Grandseigneur des Fußballs. Bobek zauberte jedoch nicht nur aus seiner vielseitigen Trick-Kiste, im entscheidenden Moment entpuppte er sich auch als ausgesprochener Scharfschütze. 38 Tore als Regisseur der jugoslawischen National-Mannschaft in 63 Spielen sprechen eine deutliche Sprache. In seinen 468 Spielen für Partizan Belgrad erreichte er mit 403 Toren sogar einen noch besseren Durchschnitt.

Die jugoslawische National-Mannschaft, die mit Cajkovski, Horvat, Beara, Zebec und anderen berühmten Namen unter Bobeks Regie stand, war in der ersten Hälfte der fünfziger Jahre hinter dem berühmten Magyaren-Team unbestrittene Nummer Zwei im Weltfußball: Olympisches Silber 1948 und 1952, ein 2:2 gegen England im Wembley-Stadion.

Das waren nur ein paar der herausragenden Erfolge, die mit auf Bobeks Konto gingen. Trotz seines spektakulären Spiels arbeitete Bobek in erster Linie für die Mannschaft. Dribblings, die seine Zuschauer so fesselten, waren meist mehr eine taktische Finesse, um den Gegner aus der Reserve zu locken. Bobek war durch und durch Sportsmann. Das verlieh ihm eine Ausstrahlung, wie kaum einem anderen jugoslawischen Sportler. Er behielt sie auch als Trainer. Zahlreiche jugoslawische Spitzenspieler wurden von ihm entdeckt und herangebildet.

Antonio Carbajal

derspiele (72–78), WM-Teilnehmer 1974 und 1978. Italienischer Meister mit Juventus 1972, 1973, 1975, 1977, 1978.

John Charles, Wales, Mittelstürmer; geb. 24. Dezember 1931. Clubs: Swansea Town, Leeds United (48–56), Juventus Turin (57–62), Leeds United (62), AS Rom (62–64), Cardiff City (64–65), Hilford United (66–71); 39 Länderspiele (49–65). WM-Teilnehmer 1958. Mit Juventus italienischer Meister 1958, 1960, 1961, italienischer Pokalsieger 1960.

Robert „Bobby" Charlton, England. Stürmer und Mittelfeldspieler; geb. 11. Oktober 1937. Clubs: Manchester United (55–73), Preston North End; 106 Länderspiele (58–70); 49 Tore für England. Weltmeister 1966, WM-Teilnehmer 1962 und 1970. Mit Manchester United Europacupsieger der Meister 1968, englischer Meister 1957, 1965 und 1967, Cup-Sieger 1963. 1966 britischer Fußballer des Jahres; 1966 europäischer Fußballer des Jahres.

Alexej Chomitsch, Sowjetunion, Torhüter; geb. 1920. Clubs: Dynamo Moskau (44–52), Dynamo Minsk (53–55). Mit Moskau sowjetischer Meister 1945 und 1949.

Hector Chumpitaz, Peru, Abwehrspieler; geb. 12. April 1944. Club: Sporting Cristal. 100 Länderspiele (66–78), WM-Teilnehmer 1970 und 1978.

Gerard Cieslik, Polen, Halbstürmer; geb. 29. April 1927. Club: Ruch Chorzow. 46 Länderspiele (47–58), 27 Tore für Polen. Mit Ruch polnischer Meister 1952, 1953, 1960, Pokalsieger 1951.

RAINER BONHOF

Krumme Eckbälle

Als Profi kann er sich unerhört quälen und . . . gut verkaufen: Rainer Bonhof hat es gern, im Mittelpunkt zu stehen, und auch den Mut, sich einmal mit einem Journalisten oder auch mit dem Bundestrainer anzulegen.

Als er mit Vollbart, Kaiser Barbarossa nicht unähnlich, im Mai 1976 vor dem EM-Spiel in Spanien im Vorbereitungslager ankam, nörgelte Schön gleich an seinem neuen Gesichtsschmuck herum. Bonhof ließ ihn gewähren und den Bart dran.

Spektakulär wie sein Auftreten, das Meinungsfreudigkeit ein- und Heuchelei ausschließt, ist auch sein Spiel. Den Gegner bis zum letzten Schweißtropfen zu bekämpfen, um dann mit den garantiert größeren Kraftreserven als Sieger dazustehen, das macht ihm Spaß.

Krumm sind nur seine Ecken und Freistöße, denen er wie Günter Netzer einen starken Effet mitgibt.

Wadenbeinbruch, Kapselriß und Kieferbruch hatte er schon, bevor er in die Nationalmannschaft kam. Die Verletzungen haben ihn nicht vorsichtiger gemacht. Bei der WM 1974 gar trainierte er mehr als alle anderen. Und am Ende war er dort, wo er hinwollte: in der Mannschaft, die Weltmeister wurde. „Man muß sich eben quälen, wenn man in diesem Job etwas werden will", sagt er.

Bei Frauen braucht er sich nicht so anzustrengen. Er mag sie und sie mögen ihn. Nur wenn sie von Heirat sprechen, wird er ungehalten. Dieses Ereignis hat er sich wie sein Freund Berti Vogts für die Zeit nach dem Fußball aufgehoben.

JOZSEF BOZSIK

Motor und Vollstrecker

Auf dem Spielfeld riefen sie ihn „Zsu-Zsu". Das ist eine Ermunterung, die Budapester Droschken-Kutscher ihren Pferden zurufen. Tatsächlich gab es da Parallelen. Denn Bozsik schuftete auf dem Fußballplatz wie ein Pferd. Selten für sich, sondern immer für seine Mitspieler, gleichgültig ob für seinen Verein Honved oder für Ungarns vielgerühmte Traumelf der 50er Jahre; Bozsik organisierte die Arbeit und Hidegkuti verteilte sie.

Ein anderer Grund für seinen Spitznamen war der behäbige Trab, mit dem er den Ball zu führen pflegte. Nie sah man diesen Ästheten des Fußballspiels hastig auf dem Rasen herumrennen. Seine Aktionen strahlten Intelligenz, enorme Ballsicherheit und Übersicht aus, die ihm einen so wirkungsvollen Radius für sein Spiel ließen, daß er sich überall auf dem Feld im entscheidenden Moment einschalten konnte.

Zu dieser Fähigkeit gesellte sich eine außergewöhnliche und obendrein präzise Schußkraft in beiden Beinen, mit der er sich aus der „zweiten Reihe" immer wieder in die Torschützen-Listen bombte. Wenn Hidegkuti das Gehirn der ungarischen Mannschaft gewesen ist, so war Jozsef Bozsik ganz sicher der Motor dieser Elf.

Als der Aufstand von 1956 die Spieler dieser Mannschaft in ganz Europa verstreute, blieb Bozsik, der nicht nur als Fußballer, sondern auch als Parlaments-Abgeordneter Karriere gemacht hatte, in Ungarn. Mit 100 Länderspielen war er auch in den 70er Jahren noch immer Rekord-Internationaler.

RAYMOND BRAINE

Belgiens Größter

Als Fechter fing er an, als Fußball-Wunderkind eroberte er sich die Herzen der europäischen Fußball-Fans. Mit fünfzehn Jahren spielte er in der ersten Mannschaft des AC

Mit 15 in der „Ersten": Raymond Braine

Beerschot, mit sechzehn stand er bereits in der National-Mannschaft Belgiens und mit achtzehn erhielt er das erste Profi-Angebot aus England. Weil er keine Arbeitserlaubnis erhielt, durfte er nicht annehmen. 1928 feierte ihn die Fußballwelt als besten Mittelstürmer des olympischen Fußball-Turniers.

Als Profi wollte Raymond Braine fortan viel Geld verdienen. Aus diesem Grunde sperrte ihn der belgische Verband. Das kam Sparta Prag zugute. Die holte sich den Wunder-Stürmer mit einem verlockenden Angebot, und der bedankte sich, indem er sieben Jahre lang im tschechoslowakischen Fußball für Tore am Fließband sorgte. Mit ihm stieg Sparta zu den besten Mannschaften Europas auf, was schließlich dazu führte, daß man den Belgier naturalisieren wollte. Doch Braine wollte nicht und wurde schließlich ausgewiesen. Flugs schaltete der belgische Verband, machte einen Kniefall, und Braine durfte als Profi wieder für Beerschot kicken, wo er als bester Stürmer Europas gefeiert wurde.

Zum Ruhm kam der Reichtum. Er wurde Autohändler und Filmstar, seine Popularität kannte keine Grenzen. Das war auch der Grund dafür, daß man ihn zwang, im Krieg gegen eine Auswahl jener deutschen Armee zu kicken, die Belgien besetzt hatte. Die Folge nach 1945: Zwei Jahre Gefängnis wegen Kollaboration. Erst viel später wurde Braine rehabilitiert. Seine Karriere war zu Ende, aber seine Tüchtigkeit machte ihn doch noch zum wohlhabenden Mann.

HANS BUZEK

Mit 18 Torschützenkönig

Österreichs erfolgreichste Sturmspitze der fünfziger Jahre nahm einen kometenhaften Aufstieg: 16jährig kam er 1954 direkt aus der Jugendmannschaft in die Meisterelf der Vienna. 17jährig debütierte er 1955 im Nationalteam gegen Jugoslawien (2:1-Sieg in Wien). 18jährig wurde er Torschützenkönig von Österreich mit 33 Treffern.

Der große, schlanke Stürmer zeichnete sich durch enorme Sprungkraft (viele Kopfballtore) und Durchreißer-Fähigkeiten aus; ein Stürmer, der an englische Vorbilder gemahnte und Ende der fünfziger Jahre auch Profiangebote aus England erhielt. Er stand in Karl Deckers Serien-Siegerteam von 1961/62 und überdauerte einen anderen großen Goalgetter dieser Periode, den Austrianer Horst Nemec. Auch als er zur Wiener

Dave Clements, Nordirland, Angriffsspieler; Clubs: Coventry County, Sheffield Wednesday, FC Everton, Cosmos New York. 48 Länderspiele (65–76).

Mario Esteves Coluna, Portugal, Stürmer; geb. 6. August 1935. Clubs: Deportivo Lourenco Marques, Benfica Lissabon (54–70); 76 Länderspiele (57–69), WM-Teilnehmer 1966 (3.); Mit Benfica Europapokalsieger der Meister 1961 und 1962, zehnmal portugiesischer Meister (55, 57, 60, 61, 63, 64, 65, 67, 68, 69), siebenmal Pokalsieger (55, 57, 59, 62, 64, 69, 70).

Leslaw Cmikiewicz, Polen, Mittelfeldspieler. Club: Legia Warschau. 60 Länderspiele (70–79), Olympiasieger 1972, WM-Dritter 1974.

Gianpiero Combi, Italien, Torhüter; geb. 18. Dezember 1902, gest. 1956. Club: Juventus Turin (24–34); 47 Länderspiele (24–34), Weltmeister 1934. Mit Juventus italienischer Meister 1926, 1931, 1932, 1933, 1934.

Nestor Combin, Argentinien, Frankreich, Mittelfeldspieler; geb. 29. Dezember 1940. Clubs: Las Rosas, Olympique Lyon, Varese, Juventus Turin, AC Milan, Metz, Red Star; 8 Länderspiele für Frankreich. Mit Milan 1969 Europacup-Sieger der Meister und Weltpokalsieger.

Edmund Conen, Deutschland, Mittelstürmer; geb. 10. November 1914. Clubs: FC Ürzig, FV Saarbrücken, Stuttgarter Kickers (38–48); 28 Länderspiele (34–42), 27 Tore für Deutschland.

George Constantin, Rumänien, Stürmer; geb. 14. Dezember 1932. Club: Steaua Bukarest (55–68); 39 Länderspiele (56–67).

Henri Coppens, Belgien, Mittelstürmer; geb. 29. April 1930; Clubs: Beerschot (46–59), Racing Molenbeek (60–66); 49 Länderspiele, 29 Tore für Belgien.

Mario Corso, Italien, Mittelfeldspieler; geb. 25. August 1941. Club: Inter Mailand. 23 Länderspiele. Mit Inter viermal italienischer Meister (63, 65, 66, 71), zweimal Europacup-Sieger der Meister (64, 65) und zweimal Weltpokalsieger (64, 65).

Jürgen Croy, DDR, Torhüter; geb. 19. Oktober 1946. Club: Sachsenring Zwickau; 75 Länderspiele (67–78), WM-Teilnehmer 1974, Olympiateilnehmer 1972, Olympiasieger 1976. DDR-Fußballspieler des Jahres 1972, 1976, 1978.

Johan Cruyff, Holland, Angriffsspieler; geb. 25. April 1947. Clubs: Ajax Amsterdam, FC Barcelona, Los Angeles Aztecs. 49 Länderspiele (67–77). WM-Zweiter 1974, EM-Teilnehmer (3.) 1976. Mit Ajax Europacup-Sieger der Meister 1971, 1972, 1973, sechsmal holländischer Meister (66, 67, 68, 70, 72, 73). Mit Barcelona spanischer Meister 1974, Pokalsieger 1978. Europäischer Fußballspieler des Jahres 1971, 1973 und 1974.

Teofilo Cubillas, Peru, Angriffs- und Mittelfeldspieler; geb. 8. März 1949. Clubs: Alianza Lima, FC Basel, FC Porto, Alianza, Fort Lauderdale Strikers. 79 Länderspiele (69–78), WM-Teilnehmer 1970 und 1978.

Ruhender Pol: John Charles

Austria übertrat, wurde er noch ins Team berufen, sein letztes Spiel in der Nationalmannschaft absolvierte er 1969 in Tel Aviv (gegen Israel 1:1) als Einunddreißigjähriger.

Buzek war zur Zeit seiner Höchstform ein Mittelstürmer von europäischem Format und einer der ersten Österreicher, der den Fußball in der Art eines Vollprofis betrieb. Das zeigte er auch, als er schon über dreißig war und sich bei Sportklub, Dornbirn und zuletzt bei Rapid noch immer als einer der erfolgreichsten Torschützen bestätigte.

ZLATKO CAJKOVSKI
Der Fußball-Dirigent

Als „Macher“ erfolgreicher Mannschaften hat er mindestens genausoviel für die Unsterblichkeit seines Fußball-Ruhms getan wie als gewitzter Regisseur der besten National-Elf, die Jugoslawien je hatte. Der Cajkovski mit dem Spitznamen „Tschik“ (Zigaretten-Stummel), der scherzhaft einmal vorgab, bekannter zu sein als sein Namensvetter, der russische Komponist, bewies in der Tat trotz seiner geringen Körpergröße eine einmalige Übersicht als Fußball-Dirigent.

Bei dem zweiten Länderspiel des jugoslawischen Teams nach dem Kriege gab er sein Debüt, nachdem er zuvor als 22jähriger Regisseur von Partizan Belgrad für das Pokal-Meisterschafts-Doppel seiner Mannschaft gesorgt hatte. Der „Tschik" stellte den berühmten Bican völlig kalt, die Jugoslawen gewannen gegen ihren Erz-Rivalen, die CSR, mit 4:2. Von da an entwickelte sich eine Hochblüte des jugoslawischen Fußballs. Beim olympischen Fußball-Turnier 1948 in London führt er seine Mannschaft auf den Silber-Medaillen-Rang. Genauso 1952 in Helsinki.

Als er 1958 als 35jähriger seine aktive Laufbahn beendete, hatte er seine Zukunft bereits im Auge. Fußball blieb sein Broterwerb. 1961 erwarb er in Köln das deutsche A-Diplom als Fußball-Trainer. Ein Jahr später hatte er den 1. FC Köln zum deutschen Fußball-Meister gemacht. Den FC Bayern München holte er aus der Versenkung der Regional-Liga und führte ihn nicht nur in die Bundesliga und zum Pokalsieg, sondern auch zum Sieg im Europa-Cup der Pokalsieger.

ANTONIO CARBAJAL

Fünfmal bei der WM

Beim Pelota, dem pfeilschnellen baskischen Ballspiel mit der Korbschaufel, holte er sich die Reaktionsschnelligkeit und Fangsicherheit, die ihn später als Torhüter der mexikanischen National-Mannschaft weltberühmt machte. Carbajal war in mancher Hinsicht ein Phänomen. Nicht nur durch sein einzigartiges Sprungvermögen, sein Stellungsspiel im Strafraum und die märchenhafte Faustabwehr, sondern auch durch die Tatsache, daß er als einziger Weltklasse-Spieler den an sich stets recht schwachen mexikanischen National-Mannschaften immer wieder zu Weltmeisterschafts-Qualifikationen verhalf. Daß er das bei fünf aufeinanderfolgenden WM-Turnieren, nämlich 1950, 1954, 1958, 1962 und 1966 schaffte, räumt ihm allein schon eine Sonderstellung im Weltfußball ein, obwohl die Mannschaft Mexikos bei allen WM-Gruppenspielen – mit Ausnahme des Sieges gegen den späteren WM-Zweiten CSR 1962 – immer ohne Erfolg blieb.

Der gottesfürchtige Mexikaner, der vor jedem Spiel in stillem Gebet verharrte, hatte trotz einer mehr als zwanzigjährigen Karriere im Fußball nie mehr als ein vergnügliches Mittel zum Zweck gesehen: Weite Reisen und die materielle Basis für einträgliche Geschäfte. Als Carbajal trotz zahlreicher Proteste nach dem WM-Turnier in England doch endlich Schluß machte, erhob ihn eine begeisterte Anhängerschar, unterstützt durch den Präsidenten der Nation und zahlreiche Würdenträger, zum Volkshelden.

JOHN CHARLES

Der sanfte Riese

Als Trainer Frank Buckley in dem walisischen Teenager das Ausnahme-Talent erkannte, deutete nichts darauf hin, daß John Charles einmal als „Gentle Giant", als sanfter Riese, Fußball-Geschichte machen sollte. Er war eher klein und schmächtig. Die exzellente Fähigkeit am Ball allerdings war schon voll entwickelt. Zwei Jahre später war er Profi, und auch sein Äußeres hatte sich verändert: Mit 86 Kilo Gewicht und einer Körpergröße von 1,87 Metern war er nicht nur sinnbildlich, sondern auch bildlich das „größte" Fußball-Talent von Wales.

Die steile Karriere des sanften Riesen begann just in dem Moment, in dem Charles vom Stopper zum Mittelstürmer umgeschult wurde und er seinen Verein Leeds United mit einem per Kopf und enormer Schußkraft erzielten Torrekord in die erste Division kickte. Mit seinen 39 Berufungen für Wales machte er auch die Spione aus dem Ausland auf sein Können aufmerksam, und so kam es neben einem neuen Transfer-Rekord zu einem weiteren Novum: Mit John Charles, für den immerhin rund 700 000 Mark gezahlt wurden, wechselte zum ersten Mal ein britischer Kicker nach Italien; zu Juventus Turin.

In den Hexenkesseln der italienischen Fußball-Arenen wurde er dreimal italienischer Meister und sogar Fußballer des Jahres. Das hing neben seinen hervorragenden spielerischen Fähigkeiten auch mit seiner sprichwörtlichen Ausgeglichenheit zusammen. Er war immer der ruhende Pol seiner Mannschaft: Nie wurde er des Feldes verwiesen, nie verwarnt, geschweige denn vom Schiedsrichter getadelt.

BOBBY CHARLTON

Englands Bester

Sorgenvoll blickt das Elternpaar auf das Neugeborene, und der Vater bedauert: „Was für ein Pech für unser Baby. Es wird niemals sagen können, es habe Bobby Charlton Fußball spielen gesehen." Derart karikierte der „Daily Express" am 17. April 1973 den gro-

Zoltan Czibor, Ungarn, Außenstürmer; geb. 1929. Clubs: Ferencvaros, Csepel, Honved, FC Barcelona. 43 Länderspiele (49–56), Olympiasieger 1952, WM-Zweiter 1954. Ungarischer Meister mit Csepel 1948, mit Ferencvaros 1949, mit Honved 1950, 52, 54 und 1955. Spanischer Meister mit Barcelona (59, 60).

Ken Dalglish, Schottland, Angriffsspieler; geb. 4. März 1951. Clubs: Celtic Glasgow, FC Liverpool. 54 Länderspiele (72–78), WM-Teilnehmer 1978. Mit Liverpool Europacup-Sieger der Meister 1978; mit Celtic schottischer Meister 1971, 1972, 1974, 1975, 1977, Pokalsieger 1975.

William Dean, England, Mittelstürmer; geb. 22. Januar 1907. Clubs: Tranmere Rovers, Everton, Nottingham County; 16 Länderspiele (27–33), 18 Tore für England. Mit Everton englischer Meister 1928 und 1932, Cup-Sieger 1933. Bis 1978 unerreichter Liga-Torrekord mit 60 Treffern in 39 Spielen; 379 Tore in 437 Ligaspielen.

Serge Decoste, Haiti, Abwehrspieler; geb. 4. Februar 1944. Club: L'Aigle Noir, 76 Länderspiele, WM-Teilnehmer 1974.

Edmond Delfour, Frankreich, Außenstürmer; geb. 1. November 1907. Clubs: Stade Francais, Racing Club Paris; 41 Länderspiele (29–38), WM-Teilnehmer 1930, 1934, 1938. Mit der Westeuropa-Auswahl 1937 gegen Mitteleuropa.

Jules Devaquez, Frankreich, Stürmer; geb. 1899. Clubs: Olympique de Paris, Marseille. 41 Länderspiele (20–29).

Kazimierz Deyna, Polen, Stürmer; geb. 23. Oktober 1947. Clubs: Starogard, Sportowy Lodz, Legia Warschau, Manchester City. 102 Länderspiele (68–78), Olympiasieger 1972, WM-Dritter 1974, WM-Teilnehmer 1978. Mit Legia Warschau polnischer Meister 1969 und 1970, Pokalsieger 1973.

Toribio Diaz, Peru, Abwehrspieler; geb. 17. April 1952. Club: Sporting Cristal. 73 Länderspiele (71–78), WM-Teilnehmer 1978.

Jimmy Dickinson, England, Außenläufer; Club: Portsmouth FC. 48 Länderspiele (49–57), WM-Teilnehmer 1950. Mit Portsmouth englischer Meister 1949 und 1950. Von 1943 bis 1963 über 700 Ligaspiele für Portsmouth.

Didi, Brasilien, Stürmer; bürgerlicher Name: Waldyr Pereira; geb. 8. Oktober 1928. Clubs: Madureiro, Fluminense, Flamengo, Botafogo, Real Madrid (58–61), Botafogo (62); 85 Länderspiele (52–62); Weltmeister 1958, 1962, WM-Teilnehmer 1954.

Bernard Dietz, Deutschland, Abwehrspieler; geb. 22. März 1948. Clubs: Bockum-Hövel, MSV Duisburg. 32 Länderspiele (74–78). WM-Teilnehmer 1978.

Cornel Diu, Rumänien, Mittelfeldspieler; geb. 1949. Club: Dinamo Bukarest, 68 Länderspiele (70–79).

Jean Djorkaeff, Frankreich, Verteidiger; geb.

ßen Verlust, den der Abschied des populären Fußballspielers für jeden echten Engländer bedeutete. Noch treffender als die Karikatur beschrieben die rührseligen Worte von Manchester Uniteds Manager Tommy Docherty die Leere, die Bobby Charlton mit seinem Rücktritt hinterläßt: „Es ist schon schwer, sich mit dem Gedanken vertraut zu machen, ihn nun als Spieler ersetzen zu müssen. Doch wie soll man es erst anfangen, ihn als Menschen zu ersetzen?"

Bobby Charlton, 35 alt geworden, wollte still und ohne Aufhebens, so wie es immer seine Art war, abtreten. Er hatte seine Pflicht getan und Manchester United vor dem drohenden Abstieg gerettet. Beim 2:2 in Stoke-on-Trent gegen Stoke City hatte er sein 600. Ligaspiel für Manchester United bestritten und damit geholfen, das Abstiegsgespenst endgültig zu bannen. Er wollte sein letztes Spiel beenden, seine Sachen packen und davongehen als ein glücklicher Mann.

Statt dessen zwang man ihn, seinen Rücktritt auf einer Pressekonferenz zu erklären. „Pressekonferenzen sind für Premierminister, nicht für Fußballspieler", wehrte sich Bobby Charlton. Er sagte, er fühle sich etwas verlegen und verabschiedete sich mit einem schlichten „Dank euch allen". Die Gründe für seinen überraschenden Entschluß nannte seine Frau Norma: „Obwohl er noch immer Spaß am Spiel hat, so fand er doch, daß das Training für ihn immer beschwerlicher wurde. Deshalb hat er sich entschlossen, aufzuhören." Derart endete die nach Sir Stanley Matthews wohl ruhmreichste Karriere eines britischen Fußballspielers. Uniteds langjähriger Kapitän verzichtete auch auf das Spektakel der in Mode gekommenen Abschiedsspiele. Es hätte nicht zu seinem Image gepaßt. Loyal und rechtschaffen, ruhig und bescheiden, stets damit beschäftigt, die verbliebenen langen Haarsträhnen auf dem kahlen Kopf zu ordnen, am Ball gleichsam graziös und kraftvoll – so hat sich Bobby Charlton einen Sonderplatz im Herzen jedes aufrechten Briten erobert.

Achtzehn Jahre lang spielte er für Manchester United, und es wäre Ehrensache gewesen, noch das 21. anzuhängen, hätte Manchester United wirklich absteigen müssen. In den zwanzig Jahren hat es nicht an verlokkenden Angeboten aus dem Ausland gefehlt. „Mehrere italienische Clubs wollten bis zu 400 000 Pfund für ihn bezahlen", erinnert sich Manchester Uniteds nicht minder berühmter Ex-Manager Matt Busby. „Doch die Aussicht, in Italien ein Vermögen zu verdienen, hat ihn nie irritiert. Seine Antwort auf

49 Tore für England: Bobby Charlton

27. Oktober 1939. Clubs: Olympique Lyon, F. C. Paris, Olympique Marseille; 48 Länderspiele (64–72), WM-Teilnehmer 1966. Mit Lyon Pokalsieger 1964, mit Marseille Pokalsieger 1969.

Karol Dobias, Tschechoslowakei, Abwehrspieler, geb. 18. Dezember 1947. Club: Spartak Trnava; 51 Länderspiele (68–76), Europameister 1976; mit Trnava CSSR-Meister 1968, 1969, 1971, 1972, 1973, Pokalsieger 1967, 1971. 1970 und 1971 Fußballspieler des Jahres in der CSSR.

Hans Jürgen Dörner, DDR, Abwehrspieler; Club: Dynamo Dresden, 51 Länderspiele (69–79), Olympiasieger 1976. DDR-Fußballspieler des Jahres 1977.

A. Derek Dougan, Nordirland, Mittelstürmer; Clubs: Distillery Belfast, Portsmouth FC, Blackburn Rovers, Aston Villa, Leicester City, Wolverhampton Wanderers. 43 Länderspiele (59–73).

Peter Ducke, DDR, Angriffsspieler; geb. 14. Oktober 1941. Clubs: Motor Jena, FC Carl Zeiss Jena. 68 Länderspiele (60–75), WM-Teilnehmer 1974. DDR-Fußballspieler des Jahres 1970 und 1971.

Dragan Dzajic, Jugoslawien, Außenstürmer; geb. 30. Mai 1946. Clubs: Roter Stern Belgrad, OGC Nizza, SEC Bastia. 82 Länderspiele (64–76), WM-Teilnehmer 1974, EM-Teilnehmer 1968 und 1976, Olympiateilnehmer 1964. Mit der FIFA-Auswahl 1968 gegen Brasilien, mit der Weltauswahl 1971 gegen die UdSSR. Mit Roter Stern fünfmal jugoslawischer Meister, dreimal Pokalsieger. Mitropacup-Sieger 1967.

Horst Eckel, Deutschland, Außenläufer; geb. 8. Februar 1932. Club: 1. FC Kaiserslautern; 32 Länderspiele (52–58), Weltmeister 1954, WM-Teilnehmer 1958. Deutscher Meister mit Kaiserslautern 1951 und 1953.

Olivier Eggimann, Schweiz, Mittelläufer, geb. 28. Januar 1919. Clubs: Young Boys Bern, Lausanne, Servette, Malley, FC La Chaux-de-Fonds; 44 Länderspiele (41–55), WM-Teilnehmer 1950 und 1954. Schweizer Meister mit Lausanne (44), Servette (50), Chaux-de-Fonds (54, 55); Pokalsieger mit Lausanne (44), mit Servette (49), mit Chaux-de-Fonds (54).

Herbert Erhardt, Deutschland, Läufer; geb. 6. Juli 1930. Clubs: SpVgg Fürth, Bayern München; 50 Länderspiele (53–62), WM-Teilnehmer 1958 und 1962, im WM-Aufgebot 1954.

Dieter Erler, DDR, Halbstürmer, geb. 1939. Clubs: Wismut Gera (57–59), FC Karl-Marx-Stadt (59–69); 47 Länderspiele (59–68).

Eusebio, Portugal, Innenstürmer; bürgerlicher Name: Eusebio Ferreira da Silva; geb. 25. Januar 1942. Clubs: FC Lourenco Marques (Mocambique), Benfica Lissabon (60–73), Toronto Croatians; Boston Tea Men. 48 Länderspiele (61–71); WM-Dritter 1966, Torschützenkönig der WM 1966. Europacup-Sieger der Meister 1962; mit der FIFA-Auswahl 1963 gegen England, mit der UEFA-Auswahl 1964 gegen Jugoslawien und

derartige Offerten war stets die gleiche: „Ich bin ein Manchester-United-Spieler. Ich möchte für keinen anderen Club spielen."

Als Matt Busby das einzigartige Talent des 15jährigen bei einem Schüler-Länderspiel zwischen England und Schottland entdeckte, antwortete Bobby der Einladung zum Old Trafford schüchtern: „Ich wollte immer nur für Manchester United spielen, Mr. Busby." Die Liebe und Loyalität zu dem ruhmreichen Club schienen ihm in die Wiege gelegt. Mit United gewann er Liga-Meisterschaft, FA-Cup und Europa-Pokal, mit Manchester United stürzte er 1958 ab und überlebte wie durch ein Wunder die Münchner Flugzeugkatastrophe, bei der acht Kameraden ums Leben kamen – ein Ereignis, das, so Busby, aus dem verschüchterten Jungen einen verantwortungsbewußten Mann machte. Bobby Charlton wurde gleichsam zum Grundstein und zur tragenden Säule des Neuaufbaus. Die einzigen Differenzen zwischen Busby und Charlton soll es bei der Frage nach dem Nachfolger von Noel Cantwell als Mannschaftskapitän gegeben haben. „Sorry Boß, ich fühle mich dafür noch nicht reif", schlug er Busbys Angebot aus. Sonst aber waren die beiden ein Herz und eine Seele.

„Wenn ich ihn gebeten hätte, linker Verteidiger zu spielen, er hätte es getan – ohne ein Wort des Widerspruchs zu murmeln", würdigte Busby die Opferbereitschaft Bobby Charltons für den Club. An dieser Einstellung scheiterte auch die Harmonie mit George Best, dem Playboy. Denn Bobby war fest davon überzeugt, daß sich George in den neunzig Minuten eines Spiels nicht bis zum letzten Schweißtropfen für Manchester United zerriß. In den Augen von Bobby Charlton gab es für einen Spieler, der das rote Trikot von Manchester United anzog, kein größeres Vergehen.

Busby über Bobby: „In dieser kritischen Saison, in der wir gegen den Abstieg ankämpfen mußten, hat sich keiner mehr angestrengt, ist keiner mehr gelaufen und hat keiner mehr geschuftet. Hätten wir wirklich absteigen müssen, keinen hätte es persönlich härter getroffen als Bobby Charlton."

Mit der gleichen Ergebenheit diente Bobby Charlton England. Zwei Monate nach dem Münchner Desaster gab er als 21jähriger beim Länderspiel gegen Schottland sein Debüt in der Nationalmannschaft. Letztmals trug er das Nationaltrikot 1970 bei der Fußball-Weltmeisterschaft in Mexiko, im dramatischen Viertelfinale gegen Deutschland. Es war sein 106. Länderspiel, zum Zeitpunkt seines Rücktritts immer noch Rekord. 49

Tore schoß er für England und viermal nahm er an Weltmeisterschaften teil (1958 in Schweden wurde er allerdings nicht eingesetzt). Zusammen mit dem damaligen Manager der englischen Nationalmannschaft, Walter Winterbottom, formte Matt Busby seinen Lieblingsschüler zum Linksaußen. In jener Zeit (1962) führte Bobby Charlton seinen Trick, den Ball mit dem linken Außenrist zu treiben, seinen Körper in diese Richtung zu legen, um dann urplötzlich einen Haken zu schlagen und nach innen durchzubrechen, nahezu zur Perfektion. Dank seiner Schnelligkeit war er danach für einen Verteidiger schier uneinholbar. Viele Tore hat er auf diese Weise für England geschossen. Doch noch wirkungsvoller wurde Bobby Charlton für England, als Sir Alf Ramsey ihn zum zurückhängenden Mittelstürmer, zum Mittelfeldstrategen, umfunktionierte. In dieser Rolle führte er England 1966 zum größten Triumph, zum Sieg in der Fußball-Weltmeisterschaft.

„In dieser Rolle fühlte sich Bobby am wohlsten", analysierte Matt Busby die Spielweise seines Musterschülers. „Er hatte das Talent, stets freien Raum zu finden und ihn voll zu nutzen. Er schlug lange Pässe mit unglaublicher Genauigkeit. Doch das Publikum liebte ihn vor allem wegen seiner gewaltigen Torschüsse aus dem Hinterhalt. All diese Talente machten ihn bereits zu einem Weltklassespieler, noch ehe er sich rasierte."

MARIO ESTEVES COLUNA

Ein stiller Star

Er kam von Mocambique nach Portugal. Etwas vornehmer als früher die Sklaven und als freier Mann, der durch seine Fähigkeiten am Ball auf sich aufmerksam gemacht hatte. Tatsächlich aber war Coluna, wie andere afrikanische Fußballspieler, die man nach Portugal geholt hatte, nie mehr als ein Fußball-Sklave unter Vertrag der allmächtigen Benfica. Verglichen mit seinem Können und dem Geld, das er seinem Verein brachte, war sein Sold schäbig, aber immerhin doch mehr als er in seinem Heimatland je hätte verdienen können. Schon allein deshalb kämpfte er auf dem grünen Rasen verbissen und riß als Motor der Elf Benfica Lissabons ganz Fußball-Europa von den Stadion-Sitzen.

Sein technisches Können, sein immenser Einsatz und die Übersicht in jeder Minute des Spiels sorgten zusammen mit den dynamischen Sturmläufen Eusebios für zwei Europacup-Triumphe der Benfica-Elf und für eine anhaltende Spitzenstellung dieser Mannschaft in den sechziger Jahren.

Bei der Fußball-Weltmeisterschaft 1966 in England wurde er mit Beckenbauer, Charlton und Moore in einem Atemzug genannt. Dennoch blieb Coluna immer ein stiller Star, und auch wenn es so aussah, – weil die Benfica-Funktionäre sehr auf äußere Formen achten – reich wurde er dabei nicht. Im Ausland hätte er freilich mehr verdienen können, aber die Portugiesen ließen ihn nicht gehen. Als sie ihn endlich freigegeben hatten, war er alt und ausgelaugt – zu alt für das große Geld.

GIANPIERO COMBI

Ungewöhnliche Reflexe

Weil sein Start auf dem internationalen Rasen schlecht war, verschaffte sich Gianpiero Combi, der zwischen den beiden Weltkriegen zehn Jahre lang und in 47 Länderspielen das Tor der italienischen National-Mannschaft gehütet hatte, einen entsprechenden Abgang.

Mit 22 Jahren hatte man ihm die Chance für sein Länderspiel-Debüt gegen Ungarns National-Elf in Budapest gegeben. Es ging gründlich schief. Nicht weniger als sieben Tore mußte der junge Keeper einstecken, und es war klar, daß man in erster Linie ihm die Schuld an der 1:7-Niederlage der „Azzurri" gab. Gut zehn Jahre später, am Vorabend des WM-Finales 1934, das seine Mannschaft gegen die der Tschechoslowakei bestreiten sollte, kündigte er das Ende seiner aktiven Laufbahn für den Fall an, daß die Italiener gewinnen sollten. Niemand glaubte ihm so recht. Doch nachdem die Italiener nicht zuletzt durch eine bravouröse Leistung ihres Schlußmannes den Titel errungen hatten, machte er sein Versprechen wahr.

Zwischen dem miserablen Einstand und dem glorreichen Abgang lag eine Torwart-Karriere, wie es sie in puncto Zuverlässigkeit und einzigartigem Können im azurblauen Trikot der italienischen National-Elf nicht wieder gegeben hat. Er hatte nicht nur ungewöhnliche Reflexe, er war auch ein meisterhafter Dirigent auf der Torlinie, der immer dann einen kühlen Kopf bewahrte, wenn es besonders heiß herging.

Der Piemontese, der zeit seiner Karriere das Tor von Juventus Turin hütete, war ein Muster an Geradlinigkeit. Auf dem Fußball-Platz wie im Privatleben, das er – wie sollte es anders sein – als Trainer und Manager dem Fußball widmete.

Giacinto Facchetti

Skandinavien. 1965 europäischer Fußballer des Jahres. Mit Benfica neunmal portugiesischer Meister.

Giacinto Facchetti, Italien, Verteidiger; geb. 18. Juli 1942. Club: Internazionale Mailand (61–78); 94 Länderspiele von 1963 bis 1978. WM-Teilnehmer 1966, 1970 (2.), 1974; Europameister 1968. Mit Inter Europacup-Sieger der Meister 1964 und 1965, Weltpokal-Sieger 1964 und 1965, viermal italienischer Meister (63, 65, 66, 71). 475 Spiele für Inter.

Jacques Fatton, Schweiz, Außenstürmer; geb. 19. Dezember 1925. Clubs: Servette Genf (46–54), Olympique Lyon; 53 Länderspiele (46–55), 29 Tore für die Schweiz. WM-Teilnehmer 1954. Mit Servette Genf dreimal Schweizer Meister (46, 50, 51), Pokalsieger 1949. 274 Ligatore.

Laszlo Fazekas, Ungarn, Außenstürmer; geb. 15. Oktober 1947. Club: Ujpest Dozsa. 72 Länderspiele (68–79), WM-Teilnehmer 1978. Achtmal ungarischer Meister mit Ujpest (69–75, 78), viermal Pokalsieger.

Dr. Mate Fenyvesi, Ungarn, Außenstürmer; geb. 20. September 1933. Club: Ferencvaros. 76 Länderspiele (54–66), WM-Teilnehmer 1958 und 1962.

Giovanni Ferrari, Italien, Verbindungsstürmer; geb. 6. Dezember 1907. Clubs: Alessandria, Juventus (30–35), Internazionale/Ambrosiana Mailand, Bologna. 44 Länderspiele (30–38), Weltmeister 1934 und 1938; mit Juventus fünfmal (31, 32, 33, 34, 35), mit Ambrosiana (später Inter) zweimal (38, 40), mit Bologna einmal (41) ita-

JÜRGEN CROY

Die Ruhe in Person

Für alte Sachsen ist der Name Croy nicht neu. Einen Torwart Croy kannte vor und im Krieg zwischen Elbe und Mulde jeder, der sich mit dem Fußball näher befaßte. Der Schlußmann von Tura 99 Leipzig und SC Planitz galt jahrelang als Nummer 2 in Sachsen hinter Willibald Kreß.

Er starb 1944, zwei Jahre bevor sein Neffe Jürgen Croy geboren wurde, der eine Art Maier der DDR werden sollte. Die Laufbahn der beiden verlief fast parallel. Denn seit 1967, als er erstmals berufen wurde, bestritt er rund 80 Länderspiele, darunter alle 27 vom Juli 69 bis nach dem Gewinn der olympischen Bronzemedaille 1972 in München und die ersten fünfzehn 1974 einschließlich aller WM-Spiele und ihrer Vorbereitung. Und dann die Krönung 1976 als Olympiasieger von Montreal.

Auch er war eine Frühentdeckung. Schon als Jugendlicher vertrat er 16mal die DDR und stand im Tor jenes Jugendteams, das 1965 aus dem Ruhrgebiet den Sieg im UEFA-Turnier entführte.

Er ist die Ruhe in Person, Säule und Dirigent der Abwehr bei Sachsenring Zwickau, von Beruf gelernter Elektriker, aber längst zum wissenschaftlichen Mitarbeiter beim Direktor für Berufsausbildung an den Sachsenring-Werken avanciert, nebenbei Diplom-Sportlehrer, Familienvater und eine der markantesten Persönlichkeiten des DDR-Fußballs auch außerhalb des Spielfelds.

JOHAN CRUYFF

Wie im Märchen

Einmal haben sich die Holländer fürchterlich geärgert über Johan Cruyff. Das ist schon eine Weile her und längst vergessen, aber damals zogen die Reporter los und befragten sogar den Ministerpräsidenten Luns, was er von diesem Johan Cruyff halte. Es war am 11. Oktober 1967, abends, genau drei Minuten nach zehn im Bernabeu-Stadion von Madrid. Real Madrid führte gegen Ajax Amsterdam 2:1 und würde sich für die nächste Runde des Europa-Pokals qualifizieren, wenn den Holländern der Ausgleich nicht mehr gelänge. Ajax nämlich hatte im ersten Spiel nur ein 1:1 erreicht.

Johan Hendrikus Cruyff war damals ganz genau zwanzig Jahre, sechs Monate und einen Tag alt. An diesem 11. Oktober 1967, drei Minuten nach zehn, stand er zehn Meter vor dem spanischen Tor, den Ball am Fuß. Was dann geschah, dünkte den Millionen Holländern vor den Fernsehschirmen genauso schlimm, als hätte man ihnen allen die Fahrräder weggenommen. Denn Johan Hendrikus Cruyff brachte den Ball so ungeschickt auf den Weg zum Tor, daß der spanische Hüter nur zugreifen mußte, um jegliche Gefahr von Real Madrid abzuwenden.

Im gleichen Augenblick begann droben an der Nordsee ein Spektakel, das noch viele Tage anhielt. Die Holländer gebärdeten sich wie verrückt, weil Cruyff statt des Tores nur den Torwart getroffen hatte. Cruyff, ausgerechnet er. An diesem Spektakel jedenfalls war zu erkennen, was die Holländer dem schmalbrüstigen, klapprigen, milchgesichtigen Bürschlein namens Cruyff zutrauten. Es erschien ihnen gar nicht vorstellbar, daß Cruyff so versagen konnte. Und das war eigentlich unverschämt, denn immerhin zählte Cruyff unter den Fußball-Profis noch zu den jungen Hüpfern, denen man durchaus zugestehen kann, daß ihnen in einem Augenblick, wo sie allein über Glück und Geld ihres Clubs zu entscheiden haben, die Nerven versagen. Aber das wollte keiner dem Johan Cruyff zubilligen.

Johans Mutter rannte an jenem Abend, gleich nach dem mißratenen Torschuß, vom Fernsehapparat weg in Johans Zimmer und schaute nach, ob dort ein gewisses Fläschchen stand. Es stand dort, und in diesem Augenblick war Frau Cruyff alles klar.

Dutzende Male hatte sie ihrem Johan eingeschärft, er solle das Fläschchen nicht vergessen. Sie hatte dem Vereinspräsidenten Jaap van Praag ans Herz gelegt, er möge Johan an das Fläschchen erinnern. Van Praag hatte eingewandt, das Fläschchen würde im Flugzeug womöglich auslaufen, aber Frau Cruyff hatte ihm entgegnet, dann müsse Johan eben dafür Sorge tragen, daß es immer senkrecht stünde, das Fläschchen.

Die Sache mit dem Fläschchen gehört zu den Legenden, die man sich von Cruyff erzählt. Frau Cruyff hatte ihrem Kleinen von Kind an Baldrian gegeben, damit der Junge ruhiger werde. Immer hatte sie drauf geschaut, daß Johan seine Tropfen bekam, und da ihr Johan ein sehr guter Fußballspieler geworden war, konnte der Frau Cruyff niemand verwehren zu glauben, auch die Tropfen hätten dazu beigetragen.

Und an diesem Abend hatte er ihn nicht im Leib, seinen Baldrian, und prompt passierte dieses Unglück, was Frau Cruyff für den Beweis hielt, wie wichtig Baldrian im rechten Augenblick sei.

Womöglich ging die Baldrian-Zeit des Johan Cruyff damals, an jenem Abend in Madrid, zu Ende. Der Mutter zum Trotz befreite er sich von ihren Tropfen, und noch einmal, viele Jahre später, handelte er nicht nach ihrem Willen. Das war im Sommer 1973, als er einen Vertrag beim spanischen Verein FC Barcelona unterschrieb. Die Mutter war dagegen, aber Johan hörte nicht auf sie. Johan ging nach Barcelona, er war schon ein reicher Mann und machte noch eine Million dazu.

„Hier in Holland hätte er genug, genug Geld, solange er lebt, aber er ist geldgierig, deshalb ging er nach Barcelona“, sagten seine Freunde, und vielleicht hielt ihn auch die Mutter für geldgierig und undankbar.

Stephan Kovacs, drei Jahre lang Trainer bei Ajax Amsterdam, betrachtete die Handlungsweise von Cruyff aus anderer Perspektive. „Alle bei Ajax waren sie neidisch auf ihn. Ohnehin mißgönnte einer dem anderen das viele Geld, aber weil Johan das meiste verdiente, traf ihn auch der meiste Neid. Deshalb ging er weg von Ajax, nur deshalb“, sagte Kovacs.

Maarten de Vos, ein Amsterdamer Zeitungsmann, der Cruyff sozusagen journalistisch entdeckte und dessen Reporter-Karriere eng verbunden ist mit der steilen Fußball-Karriere des Johan Cruyff, nannte ihn einen „einsamen Wolf“. „Liebling, du schaust nach 'ner Million Dollars aus, dein Job muß dieses Ballspiel sein.“ So salopp und schnodderig ging ein englisches Magazin die Geschichte des Johan Cruyff an.

Viele, die Johan Cruyffs Geschichte schrieben, bekamen den Holländer nicht in den Griff. Es ist schwer, Cruyff zu packen, ihn dingfest zu machen, ihn zu analysieren, womit jener Johan Cruyff gemeint ist, der hinter dem Fußballspieler steht. Jener Cruyff also, der den Augen der Masse verborgen bleibt, jener Cruyff, der die Arena verlassen und das Trikot abgestreift hat, der untergetaucht ist und der sein außergewöhnliches Leben lebt hinter den Kulissen der großen Fußball-Schau.

Alle, die Cruyffs Geschichte schrieben, bedienten sich gewisser Hilfsmittel, die freilich schon die Vorurteile in sich bargen. Die einen taten es mit Schnoddrigkeit, wie das englische Magazin, die anderen taten es in Ehrfurcht, die dritten wiederum benutzten Zynismus und Ironie, und viele retteten sich mit den vorgefertigten Formulierungen über die Runden, die der Journalisten-Jargon für die

lienischer Meister.

Pietro Ferraris, Italien, Außenstürmer; geb. 1912. Clubs: Neapel, Ambrosiana/Inter, Turin. 14 Länderspiele für Italien. Mit Ambrosiana zweimal (38, 40), mit Turin viermal (43, 46, 47, 48) italienischer Meister.

Ubaldo Fillol, Argentinien, Torhüter; geb. 21. Juli 1950. Clubs: Quilmes, Racing Buenos Aires, River Plate. 14 Länderspiele (74–78), WM-Teilnehmer 1974, Weltmeister 1978.

Tom Finney, England, Außenstürmer; geb. 17. August 1922; Club: Preston North End (37–60); 76 Länderspiele (47–59), 30 Tore für England; WM-Teilnehmer 1954 und 1958.

Klaus Fischer, Deutschland, Mittelstürmer; geb. 27. Dezember 1949. Clubs: SC Zwiesel, 1860 München, Schalke 04. 20 Länderspiele (77–78), WM-Teilnehmer 1978.

Heinz Flohe, Deutschland, Mittelfeldspieler; geb. 28. Januar 1948. Clubs: TSV Euskirchen, 1. FC Köln. 39 Länderspiele (70–78), WM-Teilnehmer 1974 und 1978, EM-Zweiter 1976. Mit dem 1. FC Köln deutscher Meister 1978, Pokalsieger 1977 und 1978.

Karoly Fogl, Ungarn, Abwehrspieler; geb. 19. Januar 1895, gest. 12. Januar 1969. Club: Ujpest Budapest. 50 Länderspiele (1916–1929).

Alfredo Foni, Italien, Verteidiger; geb. 23. November 1911. Club: Juventus Turin; 23 Länderspiele (36–42); Weltmeister 1938, Olympiasieger 1936. Mit der Europa-Auswahl 1938 gegen England. Mit Juventus 1934 und 1935 italienischer Meister.

Just Fontaine, Frankreich, Mittelstürmer; geb. 18. August 1933. Clubs: OGC Nizza, Stade Reims. 20 Länderspiele (56–60), WM-Dritter 1958 (Torschützenkönig mit 13 Treffern), 27 Tore für Frankreich. Dreimal französischer Meister mit Nizza (56) und Reims (58, 60), zweimal Pokalsieger mit Nizza (54), mit Reims (58).

Henry Francillon, Haiti, Torhüter; geb. 26. Mai 1946. Clubs: SC Victory, 1860 München, SC Victory. 69 Länderspiele (68–78); WM-Teilnehmer 1974.

Hans Peter Friedländer, Schweiz, Mittelstürmer, geb. 6. November 1920. Clubs: Grasshoppers Zürich, FC Lausanne, Servette Genf. 22 Länderspiele (42–52), 11 Tore für die Schweiz. Viermal Schweizer Meister mit Grasshoppers (42, 43, 45) und Lausanne (51), viermal Pokalsieger mit Grasshoppers (42, 43, 46) und Lausanne (50); 176 Ligatore.

Robert Gadocha, Polen, Stürmer; geb. 10. Januar 1946; Clubs: Legia Warschau, AS Nantes; 65 Länderspiele, Olympiasieger 1972, WM-Dritter 1974. Mit Legia Warschau polnischer Meister 1969 und 1970, Pokalsieger 1966.

Ludwig Gärtner, Deutschland, Außenstürmer; geb. 19. April 1919. Club: Olympia Lorsch; 3 Länderspiele (39–41).

außergewöhnlichen Figuren des Fußballs im Laufe der Jahre geprägt hat.

Denn Cruyffs Geschichte, das ist ein Märchen, in dem alle unglaublichen, mitunter mystischen, mitunter unmöglichen, mitunter romantischen und unwirklichen Elemente des Märchens vereinigt sind. Da ist der arme, kleine, ausgehungerte Junge, Vater tot, Mutter Putzfrau, der schon geprägt zu sein scheint für ein dürftiges, armseliges Leben, ein Opfer der Verhältnisse und seiner Umwelt, ein Opfer der Gesellschaft, die ihre Schwachen ausspuckt wie faule Zähne. Aber dann ist es, als wäre dieser Junge plötzlich geküßt von einer gütigen Fee und alles, was er anfaßt, wird zu Gold.

Aber weil jedes Märchen eine „Moral von der Geschicht", eine Nutzanwendung also, haben muß, sucht man danach auch in der Geschichte des Johan Cruyff. Niemand freilich hat bisher eine solche Nutzanwendung gefunden, es sei denn, man nimmt die Tatsache dafür, daß die alte Story vom Zeitungsjungen, der Millionär wurde, auch heute noch dank des Fußballs nachvollziehbar ist.

Trotzdem steckt immer noch ein harter Kern Unwirklichkeit in diesem Märchen des Johan Cruyff, die erstaunliche Tatsache nämlich, wieso gerade ein Holländer zum Top-Star und zum Krösus des Fußballs werden konnte. Denn Fußball war in Holland bis vor ein paar Jahren keineswegs der größte und der wichtigste Sport.

Cruyff übersprang also gleich ein paar Generationen, und bei diesem Sprung riß er den Fußball mit, demonstrierte den Managern, was zu machen und zu verdienen ist in diesem Geschäft, und wurde auf diese Weise zum Prototyp eines Professionalismus, wie er selbst in den sogenannten alten Fußball-Ländern kein Beispiel hat.

Johan Cruyff hat gleichsam die Welt des Fußballs erobert, und solange er in Holland spielte, wurden seine Landsleute dieser Eroberungen teilhaftig. Cruyff und die Erfolge der Holländer, ob es nun der dreimalige Europa-Cup-Gewinn von Ajax Amsterdam ist oder der Vorstoß der holländischen Nationalelf ins Finale der Weltmeisterschaft 1974, Cruyff und diese Erfolge sind eng miteinander verbunden.

Deshalb trifft auch auf Cruyff zu, was der holländische Bühnenstar Toon Hermans sagte, als er sarkastisch und satirisch gleichermaßen die Liebe der Holländer zum Geld zur Antriebsfeder der meisten ihrer Handlungen erklärte. „Jedermann scheint zu glauben", sagt Toon Hermans, „wir Holländer seien ziemlich erbärmlich. Ich glaube das nicht –

ich bin überzeugt davon. Der holländische Fußball zum Beispiel bedeutete gar nichts in der Welt. Wir pflegten ständig zu verlieren und standen wie Zwerge staunend da, bewunderten ehrfurchtsvoll die Fußball-Giganten in unserer Nachbarschaft. Bis plötzlich jemand herausgefunden hatte, daß man mit diesem Spiel Geld machen konnte, und da fingen wir an zu spielen wie die Teufel, gewannen alles, was nur zu gewinnen war. Glaubt mir, niemand anders wird jemals wieder den Europa-Cup gewinnen, nur wir Holländer. Dieser Cup gehört uns, auf ewig.“

Toon Hermans stellte diese Theorie auf, ehe Johan Cruyff Holland verlassen und zum FC Barcelona gegangen war. Seine Voraussage traf nicht ein, denn nachdem Ajax Amsterdam den Europa-Cup dreimal gewonnen hatte, gewann ihn Bayern München. Das freilich ändert nichts am Wahrheitsgehalt der Theorie vom Geld als Köder und Antriebsmittel. Denn Johan Cruyff handelte, als er nach Barcelona ging, genau nach dieser Theorie. Er verließ Holland, um „alles zu gewinnen, was irgend zu gewinnen ist“.

Gewiß ist diese Handlungsweise typisch für jeden Berufs-Athleten, doch Cruyff verkörpert den millionenschweren Emporkömmling des Sports klarer, deutlicher umrissen und besser erkennbar als jeder andere vor ihm. Zumindest für uns Europäer. Seine Karriere ist vergleichbar mit jener von Pele, der auch seinen Weg aus den Slums in die Salons und Traumhäuser machte. Aber Pele, das ist eine exotische Figur für uns, ein Junge aus dem Wunderland, dem man das Märchen seines Lebens eher glaubt. Denn Märchen haben es an sich, daß sie nur als solche gelten, wenn sie irgendwo fern hinter den sieben Bergen spielen, wenn sie nicht übertragbar sind auf unseren Alltag.

Schwer zu packen: Johan Cruyff

Johan Cruyff freilich, das ist der Alltag hier, in unserer Nachbarschaft, und dies macht die Geschichte des Johan Cruyff zu einer erregenden Story, die im Grunde gar keine Fußball-Geschichte mehr ist, sondern die Erzählung vom atemberaubenden Aufstieg eines jungen Mannes.

Die Erzählung gibt freilich keine Antwort auf die Frage, ob Johan Cruyff sein Schicksal bezwungen hat oder ob es nur das Glück war, das seinen warmen Regen reichlicher über Johan Cruyff als über andere niedergehen ließ.

(Dieser Beitrag ist dem Copress-Buch „Die Johan Cruyff Story“ von Ulfert Schröder entnommen.)

„DIXIE“ DEAN
Rekordtorschütze

Seinen Spitznamen „Dixie“ hörte er gar nicht gerne, und seine Mannschaftskameraden beim FC Everton wußten das. Sie hüteten sich, ihn „Dixie“ zu rufen, weil er dann immer fuchsteufelswild wurde und keine Tore mehr schießen konnte. Und Deans Tore waren wichtig, denn immerhin hatten sie aus dem Zweitdivisionär Everton nicht nur einen Aufsteiger, sondern gleich im ersten Jahr auch noch einen englischen Meister gemacht.

Der Name „Dixie“ war im Grunde harmlos, er wurde ihm verpaßt, weil er mit seiner dunklen Hautfarbe ein wenig an einen Neger erinnerte. Die Fans zum Beispiel kannten seinen tatsächlichen Vornamen überhaupt nicht. Für sie war er nur der gefeierte „Dixie“, der unerbittliche Kämpfer, der knallharte Goal-Getter, der sich ohne Rücksicht auf die eigenen Knochen ins Kampfgetümmel stürzte und dabei in der Saison 1927/28 mit 60 Treffern in 42 Spielen einen Rekord aufstellte, der auch 1976 noch nicht gebrochen war.

Der hemmungslose Einsatz hätte Deans Karriere um ein Haar schon fast beendet, als sie gerade erst begonnen hatte. Gleich nach der ersten Liga-Saison nämlich zog er sich

Hughie Gallacher, Schottland, Innenstürmer; geb. 2. Februar 1903; gest. 11. Juni 1957. Clubs: Airdrie, Newcastle United (26–30), Chelsea (31–34), Derby County, Nottingham Forest, Grimsby, Gateshead; 20 Länderspiele (24–35); 22 Tore für Schottland. Schottischer Pokalsieger (24) mit Airdrie, englischer Meister (27) mit Newcastle United.

Americo Gallego, Argentinien, Mittelfeldspieler; geb. 25. April 1955. Club: Newell's Old Boys. 53 Länderspiele, Weltmeister 1978.

Garrincha, Brasilien, Außenstürmer; bürgerlicher Name: Manuel Francisco dos Santos; geb. 28. Oktober 1933. Clubs: LecPan Grande (48–52), Botafogo (53–64), Corinthians (65–68), Flamengo (69), Red Star Paris (71–72); 54 Länderspiele (55–66). Weltmeister 1958 und 1962, WM-Teilnehmer 1966. 34 Tore für Brasilien.

Francisco Gento, Spanien, Außenstürmer; geb. 22. Oktober 1933. Clubs: Montana, Santander, Real Madrid (53–71); 43 Länderspiele (55–69); WM-Teilnehmer 1962, 1966; mit Real Europacup-Sieger der Meister 1956, 1957, 1958, 1959, 1960, 1966. Mit der FIFA-Auswahl 1963 gegen England. Mit Real Madrid zwölfmal spanischer Meister; in 800 Spielen 256 Tore für Madrid.

Gerson, Brasilien, Mittelfeldspieler; geb. 11. Januar 1941; bürgerlicher Name: Gerson de Oliveira Nunes. Club: Sao Paulo. 78 Länderspiele (64–73), WM-Teilnehmer 1966, Weltmeister 1970.

John M. Giles, Eire, Außenstürmer; geb. 1942. Clubs: Manchester United, Leeds United, West Bromwich Albion, Shamrock Rovers. 55 Länderspiele (60–78). Englischer Meister mit Leeds United 1969 und 1974, Cup-Sieger mit Manchester United 1963; Messepokal-Sieger 1968 und 1971 mit Leeds.

Gilmar, Brasilien, Torhüter; geb. 22. August 1930, bürgerlicher Name: Gilmar Neves dos Santos. Clubs: Corinthians (51–61), FC Santos (61–69); 100 Länderspiele (53–69); Weltmeister 1958 und 1962; WM-Teilnehmer 1966. Mit Santos Weltpokalsieger 1962 und 1963.

Janos Göröcs, Ungarn, Innenstürmer; geb. 15. April 1939. Club: Ujpest Dozsa, 62 Länderspiele (1958–1970), 19 Tore für Ungarn.

Jerzy Gorgon, Polen, Abwehrspieler; geb. 18. Juli 1949. Club: Gornik Zabrze. 58 Länderspiele (70–78), Olympiasieger 1972, WM-Dritter 1974, WM-Teilnehmer 1978.

Eduard Pieters Graafland, Holland, Torhüter; geb. 5. Januar 1934. Clubs: Ajax Amsterdam (48–58), Feyenoord Rotterdam (59–71); 47 Länderspiele (58–67).

Jürgen Grabowski, Deutschland, Stürmer; geb. 7. Juli 1944. Clubs: SC Biebrich, Eintracht Frankfurt (seit 1964); 44 Länderspiele (66–74). WM-Teilnehmer 1970 (3.), Weltmeister 1974. Mit Eintracht deutscher Pokalsieger 1975.

Jimmy Greaves, England, Innenstürmer; geb. 20. Februar 1940. Clubs: Chelsea (58–60), AC

einen Schädel- und Kieferbruch zu, und die Ärzte verkündeten das „Aus" für seine Fußballer-Laufbahn. Doch Dean kurierte sich auf seine Weise: Mit Härte und zusammengebissenen Zähnen, wie er sich durch Verletzungen überhaupt selten beeindrucken ließ. Ein Jahr später erzielte er bereits den besagten Tor-Rekord, und auch der Schädelbruch konnte ihn nicht daran hindern, daß er in den restlichen elf Jahren seiner nationalen und internationalen Karriere den Großteil seiner Tore mit dem Kopf erzielte.

DIDI

Gehirn und Motor

Ausnahme-Kicker gab es und wird es im brasilianischen Fußball immer wieder geben. Unter den Ausnahme-Fußballspielern Brasiliens jedoch nimmt der Mann, der eigentlich Waldyr Pereira hieß und nur der Einfachheit halber von Fans und Mannschaftskameraden Didi gerufen wurde, noch eine zusätzliche Sonderstellung ein. Denn Didi war nicht nur ein begnadeter Ballkünstler, der auf dem Platz von spontanen Ideen lebte, sondern er war auch ein harter Arbeiter und – eine Seltenheit im lateinamerikanischen Fußball – feldbeherrschender Regisseur, von dessen Spielwitz selbst so große Spieler wie Pelé und Garrincha profitierten. Ohne Zweifel war er Gehirn und Motor der brasilianischen Elf, die 1958 und 1962 Weltmeister wurde.

Obwohl bei beiden Turnieren die Créme der Fußball-Créme auf ihn angesetzt wurde, gelang es nicht, diesen technisch so versierten, farbigen Ball-Ästheten in seiner wirksamen Aufbaurolle zu stören. Seine Effet-Schüsse bei Freistößen waren so unberechenbar, daß sie Torwart und Verteidiger des Gegners stets in Angst und Schrecken versetzten.

Zu allem Talent gesellte sich bei ihm auch ausgeprägter taktischer Spürsinn, der auch den späteren Trainer Didi auszeichnete. 1970 beim WM-Turnier in Mexiko konnte er das als Trainer der Peruaner eindeutig beweisen. Trotz seines einmaligen Talents war aber auch der Fußball-Gott Didi nicht unfehlbar. Er mußte alleiniger Imperator auf dem Feld sein, seine Mitspieler mußten sich auf seine Denkweise konzentrieren, sonst lief nichts. Das bewies sein europäisches Profi-Gastspiel bei der von di Stefano „regierten" Real-Elf. Dort saß er vorwiegend auf der Reserve-Bank.

EUSEBIO

Der Fußball-Sklave

In England 1966, da riefen ihn Voreilige schon zum neuen König aus. Denn der alte war vermeintlich tot: Brasiliens Pele war von brutalen Abwehrspielern schon in der Vorrunde außer Gefecht gesetzt worden. Eusebio aber hatte sich mit Kampf- und Schußkraft an die Spitze der Torschützen-Rangliste gekickt. Vier Jahre später jedoch stand Pele immer noch im Mittelpunkt, und von Eusebio war kaum mehr die Rede. Das hatte freilich weniger mit sportlichen Leistungen zu tun als gesellschaftliche Ursachen. Denn Portugal war nicht das Land, das einem auch noch so talentierten Afrikaner den Aufstieg ebnen wollte. Eusebios Weg zum Fußball-Lorbeer war steinig.

Er begann mit dem Fußball in seiner Heimatstadt Lourenco Marques in der portugiesischen Kolonie Mocambique. Fünfzehn war er damals, als man beim Club Sporting auf sein Talent aufmerksam wurde. Alt genug, um zu erkennen, daß Fußball ihn zwar aus den Slums herausholen konnte, aber nichts an seiner Hautfarbe ändern würde. Eine Erkenntnis, die Eusebio von Anfang an zu einem stillen, zurückhaltenden Star machte, der nur dort explodierte, wo er in keine verschlossenen Türen rennt – auf dem Fußballplatz.

Natürlich ist die Sklaverei längst abgeschafft, dennoch haben die Vereinsbosse von Benfica Lissabon in ihrem Star wohl nie etwas anderes als einen Leibeigenen gesehen, seit er im Jahr 1960 nach Portugal kam.

Die gesellschaftliche Integration blieb dem gefeierten Star des Fußballstadions, der seinem Club zu Millionen-Einnahmen verhalf, ebenso versagt wie der seinem Können angemessene Wohlstand. Natürlich hätte er jederzeit und überall in der Fußball-Welt mehr verdienen können, aber gegen eine Abwanderung hat sich sein Club immer geschickt zu helfen gewußt: Immens hohe Ablösesummen und raffiniertes Intrigenspiel. Eusebio hat sich diesem Diktat immer beugen müssen.

Künstlerische Filigranarbeit war ihm völlig fremd. Sein Spiel wurde von seiner enormen Grundschnelligkeit beherrscht, von der Explosivität seiner Bewegungen und von seiner Schußkraft aus allen Lagen. Alles, auch seine außergewöhnlichen technischen Fähigkeiten dienten nur einem einzigen, unverhohlenen Ziel – Tore zu schießen. Dabei entwickelt er eine beispiellose Kampfkraft,

Schnell und explosiv: Eusebio

die oft allein schon ausreichte, ein Spiel zu entscheiden.

So geschehen am 2. Mai 1962 beim Europa-Cup-Finale gegen den Rekordsieger Real Madrid, das Experten noch heute für das beste aller Endspiele halten. Aguas, Cavem und Coluna hatten Benfica immer wieder in Führung geschossen, aber jedes Mal gelang dem legendären Puskas wieder der Ausgleich. Beim Stande von 3:3 riß Eusebio schließlich die Initiative an sich: Zweimal pflügte er durch die Abwehr der „Königlichen" und besorgte den Endstand von 5:3, Benficas erster großer Triumph.

Dann 1966. Erstmals hatten die Portugiesen sich für die Endrunde der Weltmeisterschaft qualifiziert. Als krasse Außenseiter erreichten sie das Viertelfinale, in dem sie auf einen noch größeren Außenseiter trafen. Die Mannschaft Nordkoreas, die zum Entsetzen der Fachwelt Italien kaltschnäuzig ausgeschaltet hatte. Und es sah ganz so aus, als sollten die unbekümmerten Fußballer aus dem Fernen Osten auch den Portugiesen den Garaus machen.

Plötzlich führten sie 3:0. Während seine Mannschafts-Kameraden schon die Köpfe hängen ließen, begann Eusebios Sternstunde. Da bewies er, welche außergewöhnlichen Kräfte bei ihm frei werden können. Er riß seine Mitspieler mit, schoß trotz härtester

Milan (61), Tottenham Hotspur (61–71), West Ham United (71–73); 57 Länderspiele (59–67), WM-Teilnehmer 1962, Weltmeister 1966. 44 Tore für England. Mit Tottenham Europapokalsieger der Cup-Sieger 1963, englischer Cup-Sieger 1962 und 1967. 491 Liga- und Pokal-Tore.

Harold Gregg, Nordirland, Torhüter; geb. 1933. Clubs: Doncaster Rovers, Manchester United (57–66), Stoke City (67–68); 27 Länderspiele (53–64), WM-Teilnehmer 1958.

Gunnar Gren, Schweden, Verbindungsstürmer; geb. 31. Oktober 1920. Clubs: IFK Göteborg (39–48), AC Milan (49–52), AC Florenz (52–55), Örgryte, GAIS, Redbergslid; 57 Länderspiele (40–58); WM-Zweiter 1958, Olympiasieger 1948. Mit der Europa-Auswahl 1947 gegen Großbritannien. Mit Göteborg schwedischer Meister 1942, mit Milan italienischer Meister 1951.

Andre Grobety, Schweiz, Abwehrspieler, geb. 22. Juni 1933. Clubs: Servette Genf, FC Lausanne. 40 Länderspiele (57–66), WM-Teilnehmer 1962 und 1966. Schweizer Meister mit Lausanne (65).

Gyula Grosics, Ungarn, Torhüter; geb. 4. Februar 1926. Clubs: Dorog, Mateosz, Honved (50–56), Tatabanya (57–62). 86 Länderspiele (47–62), Olympiasieger 1952, WM-Zweiter 1954, WM-Teilnehmer 1958 und 1962. Viermal ungarischer Meister mit Honved (50, 52, 54, 55).

Bengt Gustafsson, Schweden, Verteidiger; geb. 13. Januar 1928. Clubs: IFK Norrköping, Atalanta Bergamo, Atvidaberg; 57 Länderspiele (51–63); WM-Zweiter 1958.

Arie Haan, Holland, Mittelfeldspieler; geb. 16. November 1948. Clubs: Ajax Amsterdam, RSC Anderlecht. 36 Länderspiele (72–78), WM-Zweiter 1974 und 1978. Europacup-Sieger der Meister mit Ajax (71, 72, 73) mit Anderlecht im Cup der Pokalsieger 1976 und 1978.

Helmut Haller, Deutschland, Innenstürmer; geb. 21. Juli 1939; Clubs: BC Augsburg (48–62), AC Bologna (62–68), Juventus Turin (68–73), FC Augsburg (73–76) BSV Schwenningen, FC Augsburg. 33 Länderspiele (58–70), WM-Teilnehmer 1962, 1966, 1970; 13 Tore für Deutschland. Italienischer Meister mit Bologna (64) und mit Juventus (72 und 73). Fußballer des Jahres 1964 in Italien.

Kurt Hamrin, Schweden, Außenstürmer; geb. 19. November 1934. Clubs: AIK Stockholm, Juventus Turin, AC Padua, AC Florenz (58–67), AC Milan (67–70), FC Neapel (70–71), Caserta (71); 32 Länderspiele (53–65), WM-Zweiter 1958; Europacup-Sieger der Pokalsieger mit Florenz (1961), der Meister mit Milan (1969); italienischer Pokalsieger mit Florenz 1960, italienischer Meister mit Milan 1968. Mit der Weltelf 1967 gegen Spanien.

Gerhard Hanappi, Österreich, Außenläufer; geb. 9. Juli 1929; Clubs: Wacker Wien (40–48), Rapid (48–64); 93 Länderspiele (48–62), WM-Teilnehmer 1954 (3.) und 1958; mit Wacker öster-

Attacken vier Tore hintereinander und gab Augusto schließlich noch durch einen Steilpaß die Vorlage zum 5:3.

Portugal scheiterte danach zwar im Halbfinale an England, errang aber mit einem 2:1-Sieg über die Sowjetunion den dritten Platz des WM-Turniers. Mit neun Toren war er der Schützenkönig und ein Star dieser Weltmeisterschaft und einer der gefragtesten Fußballspieler der Welt. Vasco da Gama bot den Gegenwert von zwei Millionen Mark für die Dienste des schwarzen Portugiesen.

Aber Benfica ließ ihn nicht gehen. Als man ihn endlich freigab, war auch Eusebio kein Superstar mehr. Und nicht reich genug, um zeitig aufhören zu können. Auch zehn Jahre nach der WM von England tingelte er noch mit dem amerikanischen Profi-Fußball.

GIACINTO FACCHETTI
Prototyp eines Systems

Nie hatte ein Fußballspieler seinen steilen Aufstieg im Weltfußball so direkt der Geburt einer taktischen Variante zu verdanken, wie der mit seinen 1,88 Metern Körpergröße und eher nordischem Aussehen so untypische Italiener Giacinto Facchetti. Tatsächlich sind der Name Facchetti und der Begriff des „Catenaccio“, das aus allen Spielern bestehende Abwehrbollwerk, aus dem Inter Mailand in den sechziger Jahren mit Vorliebe seine siegbringenden Überraschungstore in Meisterschafts- und Pokal-Wettbewerben schoß, untrennbar.

Der Grund: Für Helenio Herrera, den Erfinder dieser taktischen Finesse, über deren Schönheit man sich zwar streiten kann, deren Wirkung aber unbestritten ist, war der lange Fußballer der Prototyp. Zum reinen Stürmer fehlte es ihm zwar nicht an Schußkraft und gutem Kopfballspiel, aber beim Dribbling haperte es. Die Schnelligkeit war ideal für einen Mittelfeldspieler, und in der Abwehr konnte man den langen Lulatsch mit seinem sicheren Kopfballspiel und dem geschickten Tackling erst recht gut gebrauchen.

Jede Position, auf der Facchetti nicht gespielt hätte, wäre verschenkt gewesen, fand Herrera und sicherte ihm den ganzen Streifen am linken Spielfeldrand. Fortan zitterten nicht nur italienische, sondern Gegenspieler auf der ganzen Welt vor den überfallartigen Sturmläufen des langen Verteidigers, der Tore schoß oder gefährlich vor das Tor flankte. Dementsprechend ist auch seine sportliche Ausbeute: zweimal Europapokal mit In-

Präziser Schütze: Jacques Fatton

ter, Landesmeisterschaften und mit der Nationalelf, in der er schließlich die gleiche Rolle spielte, Europameister und Vize-Weltmeister 1970.

Im Juni 1975 stand er zum 80. Male in der italienischen Nationalelf, deren Kapitän er häufiger war als irgendein anderer Spieler, nämlich 56mal.

JACQUES FATTON
Quirliger Linksaußen

Für alle diejenigen, die etwas auf Sternzeichen geben, war es wohl kein Wunder. Jacques Fatton war unter dem Sternzeichen des Schützen geboren, und tatsächlich war das für den kleinen Schweizer in seiner 22jährigen Karriere so eine Art Omen. Er wurde ein international gefürchteter Torjäger. Vier Landesmeisterschaften mit Servette Genf, Profi bei Lyon, zwei Weltmeisterschaften, 53 Berufungen ins National-Team und überall, wo er spielte Tore, Tore, Tore und nochmals Tore.

Der kleine, quirlige Linksaußen verfügte über eine ungeheure Schußkraft im linken Fuß und über eine Art siebenten Sinn für torreife Situationen. Blitzschnell konnte er sich in die gegnerische Verteidigung mogeln und sich in aussichtsreiche Schußposition bringen. Im Abschluß entwickelte er dann die Präzision einer Schweizer Uhr. Kein Winkel war ihm zu spitz, kein Paß zu scharf, um daraus nicht doch noch ein genau abgezirkeltes Tor zu machen.

Dabei spielte er bemerkenswert rationell. Auch in harten und schweren Spielen war er bis zum Schlußpfiff voll bei Kräften, was ihn in den letzten Minuten oft noch zum Schützen spielentscheidender Tore machte. Ein Grund vielleicht auch für seine immens lange Karriere, die er als 16jähriger bei Servette in Genf begann und erst als 38jähriger, immer noch topfit aber mit schlohweißem Haar, 1963 zum Schluß der Meisterschafts-Saison beendete.

JUST FONTAINE
Tore wie am Fließband

Die Fußball-Weltmeisterschaft 1958 in Schweden geriet zu einer brasilianischen Fiesta: Die Experten feierten die Entdekkung eines neuen Fußball-Königs, Pele, Garrincha dribbelte sich zu Weltruhm, und das brasilianische Team spielte Fußball so schön und erfolgreich wie nie zuvor. Und dennoch stand auch ein europäischer Spieler im Mittelpunkt: Just Fontaine – denn er schoß Tore wie am Fließband.

Natürlich fehlte ihm die Virtuosität der brasilianischen Fußball-Artisten, aber kunstvolle Schnörkel hätten ihn nur aufgehalten. Denn seine Devise war, wer „en gros“ handelt, darf sich nicht aufhalten lassen. Just Fontaine handelte „en gros“ mit Toren. Dreizehn schoß er auf dem Weg der Franzosen zum dritten Platz dieses WM-Turniers. Das hatte vor ihm kein Spieler erreicht, und auch nach der WM 1974 war sein Rekord noch unerreicht.

Dabei war dieser Fontaine mehr oder weniger durch die Hintertür in das gallische Fußball-Team gekommen, weil sich der Abonnements-Mittelstürmer der Franzosen, Rene Bliard, verletzt hatte. Allerdings war dieser Gang durchs Hintertürchen sonst so gar nicht Fontaines Art. Er tat alles im Leben mit einer mitreißenden Zielstrebigkeit.

Diese Tatsache bewegte dann schließlich auch den französischen Verbandstrainer Paul Nicolas dazu, diesen Mann als Sturmspitze ins WM-Team zu stellen. Fontaine bedankte sich auf seine Weise – mit Toren.

Der Reigen begann am 8. Juni 1958 in Norrköping mit dem Vorrunden-Spiel gegen Paraguay, das mit 7:3 überrannt wurde. Fon-

Jupp Heynckes

reichischer Meister 1947, mit Rapid Wien sechsmal österreichischer Meister (51, 52, 56, 57, 60, 64); Pokalsieger mit Wacker (47) und Rapid (61). Mit der Weltelf 1953 gegen England.

Asbjörn Hansen, Norwegen, Torhüter; geb. 29. Mai 1930. Club: Sarpsborg FK; 52 Länderspiele (52–61).

Karl Aage Hansen, Dänemark, Innenstürmer; geb. 4. Juli 1921. Clubs: AB Kopenhagen, Atalanta, Juventus, Sampdoria, Catania; 22 Länderspiele. Mit der Europa-Auswahl 1947 gegen Großbritannien.

Edward Hapgood, England, Verteidiger; geb. 1908. Clubs: Bristol Rovers, Arsenal (27–39); 30 Länderspiele (34–39). Mit Arsenal fünfmal englischer Meister (31, 33, 34, 35, 38) und zweimal Cup-Sieger (30 und 36).

Ernst Happel, Österreich, Mittelläufer; geb. 29. Juni 1925. Clubs: Rapid Wien, Vienna, Racing Club Paris; 51 Länderspiele (47–58), WM-Teilnehmer 1958.

Tull Harder, Deutschland, Mittelstürmer; geb. 25. November 1892; gest. 4. März 1956. Clubs: Eintracht Braunschweig, Hamburger SV; 15 Länderspiele (14–26), 14 Tore für Deutschland. Mit dem HSV Deutscher Meister 1923 und 1928; gewann mit Norddeutschland 1914 den Kronprinzenpokal, 1919 und 1925 den Reichsbund-Pokal.

Cornelius van der Hart, Holland, Läufer; geb. 25. Januar 1928. Clubs: Fortuna Geleen, OSC Lille; 44 Länderspiele (55–61).

taine schoß drei Tore. Gegen Jugoslawien steckten die Gallier zwar eine 2:3-Niederlage ein, aber die konnte sie auch nicht bremsen. Die beiden Tore schoß Fontaine. Schottland wurde anschließend unverzagt mit 2:1 besiegt. Mit einer Leichtigkeit, die selbst die Experten überraschte, hatte Frankreich das Viertelfinale erreicht.

Natürlich war das nicht allein Fontaines Verdienst, denn neben ihm standen auch noch solche Klasse-Spieler wie Kopa, Piantoni und Jonquet. Aber immerhin, seine Tore waren ausschlaggebend; auch im Spiel gegen Schottland hatte er eines zum Sieg beigesteuert. Das waren allein in der Vorrunde sechs Treffer, und dabei hatte er das Elfmeter-Schießen noch Kopa überlassen.

Auch im Viertelfinale gegen Nordirland war Fontaines Torhunger nicht annähernd gestillt. Beim 4:0 erhöhte er sein Konto auf acht Tore. Wären nicht die Brasilianer gewesen, die Experten hätten in den entfesselten Franzosen den kommenden Weltmeister gesehen. Doch ausgerechnet auf diese Brasilianer traf die Equipe Tricolore im Halbfinale. Ein kleiner Negerjunge stahl dem Torjäger Fontaine die Schau: Edson Arantes do Nascimento, genannt Pele, schoß drei Tore; die Franzosen verloren 2:5.

Doch auch in diesem Spiel ging Fontaine nicht leer aus. Einen der beiden Gegentreffer konnte er für sich verbuchen. Da waren's neun.

Da die deutsche Elf in der anderen Halbfinal-Begegnung Schweden unterlegen war, mußte sie gegen die Franzosen im Spiel um den dritten Platz antreten. Und fast sah es so aus, als hätte das Herberger-Team für den „Tor-Stau" Fontaines im Brasilien-Spiel büßen müssen. Beim 6:3-Sieg der Franzosen gab der entfesselte Fontaine dem armen Kwiatkowski im deutschen Tor gleich viermal das Nachsehen. Das war der dritte Platz für Frankreich!

Seine 13 Treffer hatten aus der „grauen Stürmer-Maus" Fontaine über Nacht einen Weltstar gemacht. Millionen-Angebote aus aller Welt prasselten auf ihn herab. Doch der frischgebackene Stürmer-Star blieb auf dem Teppich – und in Reims, das er 1960 mit zehn Treffern ins Finale des Europacups kickte, in dem es schließlich nur von Real Madrid bezwungen wurde.

Die Karriere Fontaines zeigt, wie nahe Triumph und Unglück beieinanderliegen können. Zwei Beinbrüche, kurz hintereinander, beendeten seine Laufbahn vor der Zeit. Ein armer Sport-Invalide wurde Fontaine allerdings nicht. Ein gutgehendes Sportgeschäft und eine einträgliche Sportschuh-Vertretung haben ihn zu einem wohlhabenden Mann gemacht.

HENRY FRANCILLON

Schwarzer Panther

Der Torhüter des SC Victory in Haitis Hauptstadt Port-au-Prince war schon 28 Jahre alt, als ihn sein erster Auftritt bei der Weltmeisterschaft 1974 mit einem Schlag berühmt machte. Daß der Fußball-Zwerg Haiti gegen den hohen Favoriten Italien nur 1:3 verlor, war vor allem das Verdienst des geschmeidigen Francillon, den die Boulevardpresse wegen seiner Sprungkraft als „schwarzen Panther" bezeichnete. Der gelernte Buchhalter wurde zum Publikumsliebling in München, obwohl er nach seiner sensationellen Premiere gegen Polen sieben und gegen Argentinien vier Treffer hinnehmen mußte.

Spontan verpflichtete ihn der TSV 1860 München, doch in der bayerischen Metropole blieb der dunkelhäutige Francillon, den alle sympathisch fanden, immer ein Außenseiter – nicht zuletzt wegen der Sprachschwierigkeiten. Trainer Max Merkel und dessen Nachfolger Heinz Lucas ließen den Torwart, der für Haiti 41 Länderspiele bestritten hatte, fast stets auf der Reservebank sitzen. Francillon wurde zum unglücklichsten Mann im deutschen Profifußball. Den Ruhm und den Reichtum, von dem er geträumt hatte, gab es für ihn nicht. Nur selten durfte er neben seinen 2000 Mark Grundgehalt auch Einsatzprämien kassieren. Die Miete für ein Sieben-Zimmer-Haus, in dem er mit Frau Chantal, zwei Kindern und einem Kindermädchen aus seiner Heimat wohnte, zahlte ein Gönner.

Francillon war tief gekränkt, als ihn die Münchner „Löwen" ohne Forderung einer Ablösesumme verkaufen wollten. Doch weder in Deutschland noch in Frankreich oder Spanien fand sich ein Interessent für den Ersatzmann eines Zweitligaclubs. Die Sechziger zahlten Francillon 20 000 Mark Abfindung, als er 1976 in die Karibik heimkehrte, wo er sofort ein Comeback als Nummer eins in Haitis Nationalmannschaft feierte.

„Bobby Flügelzange": Robert Gadocha

ROBERT GADOCHA

Zauberer am Flügel

Der Teufel muß die Hände im Spiel gehabt haben, als „Bobby Flügelzange" in Krakau mit dem Ball laufen lernte. Auch Berti Vogts und die Safety-Fanatiker aus Italien und Brasilien lehrte er bei der Weltmeisterschaft 1974 das Fürchten, wenn er dribbelte und dribbelte, unvermittelt abzog oder seinen Nebenleuten den Ball servierte. Eine Vorlage Gadochas führte zum Polentor in Wembley, das den Weg zur WM aufstieß, und wie oft der Linksaußen der Warschauer Militärmannschaft Legia selbst vollendete, bezeugt sein Platz in der Ehrenlegion der polnischen Nationaltorjäger. Daß er vordem auch im Mittelfeld spielte, erhöht nur seine Wirkung.

Hätte sich im pfützenübersäten Frankfurter Waldstadion der Maier Sepp im Vorschlußrundenspiel der WM 74 nicht selbst übertroffen, der trick- und fintenreiche Tausendsassa Gadocha hätte die Polen allein ins Finale geschossen.

Nicht immer hat der gefürchtete Spötter imponieren können. Vor dem Olympiaturnier 1972 machte er eine schwere Krise durch, und es bedurfte der ganzen Überredungskunst seines Trainers Kazimierz Gorski, ihn ins Aufgebot für München zu loben. Dort entzückte er Deutschlands Fußballfreunde erstmals mit dem Zauber seines Flügelspiels, das im Zeitalter des 4-4-2 so selten

Franz Hasil, Österreich, Mittelfeldspieler; geb. 28. Juli 1944. Clubs: Rapid Wien (58–68), Schalke 04 (68–69), Feyenord Rotterdam (69–72), Austria Klagenfurt (72–76); 21 Länderspiele (63–74). Europacup- und Weltcup-Sieger mit Feyenoord Rotterdam (1970). Österreichischer Meister mit Rapid (60, 64, 67); holländischer Meister mit Feyenoord (69).

John N. Haynes, England, Halbstürmer; geb. 5. September 1935. Club: Fulham FC. 56 Länderspiele (55–62), 18 Tore für England; WM-Teilnehmer 1958 und 1962.

G. H. van Heel, Holland, Läufer; geb. 21. Januar 1904; Club: Feyenoord Rotterdam (24–39); 64 Länderspiele (25–38); WM-Teilnehmer 1934 und 1938.

Nasser Hejazi, Iran, Torhüter; geb. 14. Dezember 1949. Club: Schahbaz. 58 Länderspiele, WM-Teilnehmer 1978.

Siegfried Held, Deutschland, Außenstürmer; geb. 7. August 1942. Clubs: Marktheidenfeld, Kickers Offenbach, Borussia Dortmund, Kikkers Offenbach, Borussia Dortmund. 41 Länderspiele (66–73), WM-Zweiter 1966, WM-Dritter 1970. Mit Borussia Dortmund Europacup-Sieger der Pokalsieger (66), deutscher Pokalsieger (65).

Ronnie Hellström, Schweden; Torhüter; geb. 21. Februar 1949. Clubs: Hammarby IF, 1. FC Kaiserslautern. 73 Länderspiele (68–78); WM-Teilnehmer 1974 und 1978.

Jupp Heynckes, Deutschland, Stürmer; geb. 9. Mai 1945. Clubs: Grün-Weiß Holt, Borussia Mönchengladbach (64–67), Hannover 96 (67–70), Mönchengladbach (70–76); 39 Länderspiele (67–77), Europameister 1972, WM-Teilnehmer 1974. Mit Mönchengladbach UEFA-Pokalsieger 1975, viermal deutscher Meister (71, 75, 76, 77), DFB-Pokalsieger 1973.

Josef Hickersberger, Österreich, Mittelfeldspieler; geb. 27. April 1948. Clubs: Austria Wien, Fortuna Düsseldorf. 40 Länderspiele (68–78), WM-Teilnehmer 1978.

Nandor Hidegkuti, Ungarn, Innenstürmer; geb. 3. März 1922. Clubs: Herminamezei, MTK Budapest; 68 Länderspiele (45–58), WM-Teilnehmer 1954 (2.) und 1958, Olympiasieger 1952; 39 Tore für Ungarn. Mit MTK ungarischer Meister 1951, 1953, 1958; ungarischer Pokalsieger 1952.

Rudolf Hiden, Österreich, Frankreich, Torhüter; geb. 19. März 1909, gest. 1972. Clubs: Grazer AK, Wiener AC (27–33), Racing Club Paris (34–40); 20 Länderspiele für Österreich (28–33), drei Länderspiele für Frankreich (38–40). Mit dem Wiener AC österreichischer Pokalsieger 1936, mit Racing französischer Meister 1936 und dreimal französischer Pokalsieger.

Paul van Himst, Belgien, Mittelstürmer und Innenstürmer; geb. 2. Oktober 1943. Clubs: RSC Anderlecht (59–76); 81 Länderspiele (60–76), WM-Teilnehmer 1970, EM-Dritter 1972. 31 Tore für Belgien. 1967 mit der Europa-Auswahl gegen

geworden ist. Gadocha wurde eine der Schlüsselfiguren des polnischen Wunders 1974, das im wesentlichen auf die Ballfertigkeit und Durchschlagskraft der Außenstürmer zurückzuführen war.

Bayern München umwarb ihn heiß. Als die Polen ihn endlich freigaben, zog er die Ausreise nach Frankreich vor und stürmte in Nantes.

HUGHIE GALLACHER

Unbekümmert im Strafraum

Er war im Strafraum immer dort zu finden, wo sich auch der Ball befand. Dabei ließ es ihn völlig gleichgültig, wie dicht das Getümmel um ihn herum war. Hauptsache, er und der Ball waren dabei; eine Gelegenheit für einen seiner explosiven Schüsse würde sich schon finden. So „arbeitete“ Hughie Gallacher, und so schoß der Mann, der in den Jahren zwischen 1925 und 1935 Kapitän der schottischen National-Mannschaft war, seine Tore.

Mit 17 Jahren bekam der Schotte seinen ersten Profi-Vertrag. Neunzehn Jahre später dankte er, gefeiert als bester schottischer Mittelstürmer aller Zeiten, ab. Gallacher, der schon in der ersten Hälfte des Jahrhunderts beachtliche Handgelder einstrich, hinterließ, wo immer er übers Spielfeld trabte, konsternierte Abwehrspieler und verzweifelte Torleute, denn er produzierte Tore, Tore, Tore: 275 Tore schoß er in der schottischen Liga, 365 in den zwölf Jahren, in denen er für die englische Liga spielte.

Mit ihm als Kapitän und Sturmspitze erlebte die schottische National-Elf eine unerhörte Hochblüte, die darin gipfelte, daß England im Jahre 1928 von den „Blue Devils“ im Wembley-Stadion, in dem als uneinnehmbar geltenden Bollwerk, mit 5:1 an die Wand gespielt wurde. Natürlich ließ es Gallacher sich nicht nehmen, selbst drei seiner berüchtigten Treffer beizusteuern. Länderspiel-Rekord erreichte er allerdings erst ein Jahr später, als er in einem Spiel gegen Irland gleich fünfmal ins Netz traf. Das war in einem Spiel mehr als ein Fünftel seiner in 20 Länderspielen erzielten Tore.

Die Unbekümmertheit, mit der er Tore schoß, ging ihm, als er aus dem Rampenlicht der Fußball-Bühne trat, vollkommen verloren. Von Ruhm und Geld blieb ihm nicht lange etwas. In den letzten Jahren arbeitete er als Facharbeiter. Der Witwer lebte nur noch mit seinem jüngsten Sohn zusammen

Dribble-Künstler: Garrincha

und griff immer häufiger zum Glas. Im Vollrausch mißhandelte er dann seinen Sohn und sollte sich verantworten. Der Gerichtsverhandlung kam er durch den Freitod zuvor.

GARRINCHA
Der Paradiesvogel

Der Urwalddoktor, der half, ihn zur Welt zu bringen, hatte ernsthafte Bedenken, ob das Würmchen, das da mitten im Urwald, im knapp eineinhalbtausend Seelen zählenden Dorf Pau Grande, geboren wurde, überhaupt jemals richtig laufen lernen würde. Tatsächlich stand es schlecht um den kleinen Manuel Francisco dos Santos. Seine Beine waren verkrüppelt. Ein Chirurg in Rio vollbrachte das erste Wunder. Er wagte einen riskanten Eingriff, der dem Knaben zumindest die Benützung der Beine ermöglichte. Das zweite Wunder aber gelang dem Jungen selbst. Er machte die Beine, für deren Tauglichkeit anfangs niemand auch nur einen Pfifferling gewettet hätte, zu einem Begriff in der Welt des Fußballs, zu Beinen, die mit hohen Summen versichert wurden und die ihm selbst Ruhm, Ansehen und Geld verschafften.

Als der 19jährige Mano im Juni 1953 zu Botafogo kam, um sich vorzustellen, war die erste Reaktion blankes Entsetzen des Trainers Cardoso, der sich nicht vorstellen konnte, daß man mit solchen Beinen überhaupt laufen, geschweige denn einen Ball führen und schießen konnte. Der Teenager aus dem Urwald konnte. Minuten später, im ersten Trainingsspiel, war das Entsetzen einer unverhohlenen Begeisterung gewichen. Mehrfach hatte der „Krüppel" einen der besten Abwehrspieler der Welt, den Botafogo-Star Nilton Santos, auf eine beinahe peinliche Art aussteigen lassen. Nilton war Sportsmann genug, um das Talent seines jungen Bezwingers neidlos anzuerkennen, und daraus entwickelte sich eine enge Freundschaft der beiden „Santos", der der junge Mano zum Teil auch seinen enorm steilen Aufstieg zu verdanken hatte.

Nilton Santos sorgte dafür, daß sein Schützling bei Botafogo sofort einen Vertrag erhielt, und er war auch der starke Fürsprecher, als es beim Weltmeisterschafts-Turnier 1958 in Schweden darum ging, ob der junge Mano, dem man wegen seiner passionierten Liebe zu Vögeln und wegen seines eigenartigen „balzenden" Dribble-Stils längst den Spitznamen Garrincha, Paradiesvogel, gegeben hatte, spielen sollte oder nicht. Denn bei allem außergewöhnlichen Talent war Garrincha ein unbequemer Star. Nicht nur, daß er von Trainern nicht allzuviel hielt, mitunter trieb ihn auch seine Ball-Verliebtheit zu eigensinnigen Exzessen, die einem zielstrebigen Spiel nicht besonders dienlich waren.

Dennoch, Garrincha spielte, und Trainer Feola sollte es nicht bereuen, daß er sich hatte breitschlagen lassen. In seinem ersten WM-Gruppenspiel gegen die Sowjetunion war kaum eine Minute gespielt, als der Dribble-Künstler bereits die ganze russische Abwehr stehengelassen hatte und unhaltbar ins Tor schoß. Lew Jaschin im sowjetischen Tor, den man damals als besten Torhüter des Turniers feierte, hatte noch nicht einmal reagiert. Und so ging es weiter. Garrincha machte sein Spiel bis zum 5:2-Endspiel-Triumph über die Schweden.

Der Eigensinn, anfangs von Trainer Feola gefürchtet, machte sich im Verlauf des Turniers als gefährliche Waffe bemerkbar. Denn oft zog Garrincha, technisch versiert und nur äußerst schwer vom Ball zu trennen, durch seine Kabinettstückchen am rechten Flügel gleich mehrere Abwehrspieler auf sich. Wenn dann zu aller Überraschung doch einmal ein Abspiel kam, war in der Mitte für Vava oder Pelé so viel freier Raum, daß diese mühelos ihre Tore markieren konnten. Tak-

Skandinavien. Mit Anderlecht achtmal belgischer Meister (62, 64–68, 72, 74), fünfmal Pokalsieger (65, 72, 73, 75, 76). Mit 17 Jahren belgischer Fußballer des Jahres.

Bernd Hölzenbein, Deutschland, Stürmer; geb. 9. März 1946. Clubs: TuS Dehrn, Eintracht Frankfurt (66–79); 40 Länderspiele (73–78); Weltmeister 1974, EM-Zweiter 1976, WM-Teilnehmer 1978. Mit Eintracht Frankfurt DFB-Pokalsieger 1974 und 1975.

Uli Hoeneß, Deutschland, Stürmer; geb. 5. Januar 1952. Clubs: Ulm 46, VfB Ulm, Bayern München (70–78), 1. FC Nürnberg (78/79); 35 Länderspiele (72–76); Europameister 1972, Weltmeister 1974, EM-Finalist 1976. Mit Bayern deutscher Meister 1972, 1973, 1974; DFB-Pokalsieger 1971, Europapokalsieger (der Meister) 1974, 1975, 1976.

Horst-Dieter Höttges, Deutschland, Abwehrspieler; geb. 10. September 1943. Clubs: Borussia Mönchengladbach, Werder Bremen (1964–76), 66 Länderspiele (65–74); WM-Teilnehmer 1966, 1970, 1974; Europameister 1972; mit Werder deutscher Meister 1965.

Erich Hof, Österreich, Mittelstürmer; geb. 3. August 1936. Clubs: Hochstädt, Wiener Sportklub (52–64), Austria Wien (64), Sportklub (65–68); 37 Länderspiele (57–68). Mit dem Wiener Sportklub österreichischer Meister 1958 und 1959.

Richard Hofmann, Deutschland, Verbindungsstürmer; geb. 8. Februar 1906. Clubs: Meerane 07, Dresdner SC (29–45); 25 Länderspiele (27–33), Olympiateilnehmer 1928; 24 Tore für Deutschland. Mit dem Dresdner SC deutscher Meister 1943 und 1944, DFB-Pokalsieger 1941.

Karl Hohmann, Deutschland, Mittelstürmer und Verbindungsstürmer; geb. 18. Juni 1908. Clubs: VfL Benrath, FK Pirmasens; 26 Länderspiele (30–37), WM-Teilnehmer 1934 (3.), Olympiateilnehmer 1936; 20 Tore für Deutschland.

Dragan Holcer, Jugoslawien, Mittelfeldspieler; geb. 19. Januar 1945. Clubs: Hajduk Split, VfB Stuttgart. 52 Länderspiele.

Ivica Horvat, Jugoslawien, Läufer; geb. 16. Juli 1926. Clubs: Dinamo Zagreb (45–57), Eintracht Frankfurt (58–61); 60 Länderspiele (46–56), WM-Teilnehmer 1950 und 1954. Olympiazweiter 1952 und 1956.

Rene Houseman, Argentinien, Stürmer; geb. 19. Juli 1953. Club: Huracan. 46 Länderspiele (73–79), WM-Teilnehmer 1974, Weltmeister 1978.

Josef Hügi, Schweiz, Mittelstürmer; geb. 23. Januar 1930. Club: FC Basel; 34 Länderspiele (51–61), WM-Teilnehmer 1954; 23 Tore für die Schweiz. Mit dem FC Basel Schweizer Meister 1953.

Emlyn Hughes, England, Abwehrspieler; geb. 1949. Club: FC Liverpool. 54 Länderspiele (70–78). Mit Liverpool Europacupsieger der Meister 1977 und 1978, UEFA-Pokalsieger 1973

tik war das sicherlich nicht, denn Spielwitz und Wirksamkeit galten bei Garrincha nie einem Mannschafts-Konzept, sondern beschränkten sich in erster Linie auf seine eigene Person. Deshalb war es ihm auch völlig gleichgültig, wer seine Gegenspieler waren. Oft kannte er noch nicht einmal ihre Namen.

Noch einmal feierte er so bei der Weltmeisterschaft 1962 in Chile Triumphe. Wirkungsvoll schlug er seine Haken, drehte Pirouetten auf dem rechten Flügel und schoß vier Tore, die ihm, nachdem keiner mehr Tore geschossen hatte, durch Losentscheid sogar den Pokal des WM-Torschützenkönigs einbrachten. Der letzte große Erfolg seiner Fußball-Legende, denn schon bald nach diesem Triumph forderte seine hartnäckige ärztliche Abstinenz Tribut.

Die ohnehin schon stark strapazierten Sehnen und Knorpel seiner Beine hatten in den zahlreichen Fußballschlachten zu arg gelitten. Als schließlich auch die schmerzstillenden Spritzen, die er sich nur widerwillig geben ließ, nichts mehr halfen, willigte er in die längst fällige Operation ein.

Es folgte eine lange Zwangspause, nach der er erstaunlicherweise noch einmal den Anschluß an die brasilianische Fußball-Spitze schaffte. Als es 1966 zur Weltmeisterschaft nach England ging, stand er wieder im Aufgebot, doch mit dem schmerzlichen Untergang des brasilianischen Teams verblaßten auch die bunten Federn des Paradiesvogels.

FRANCISCO GENTO
Mister Europacup

Der ehemalige Kuh-Hirte konnte trotz seiner untersetzten und knorrigen Figur die 100 Meter auf seinen unsagbar krummen Beinen in rund elf Sekunden zurücklegen. Er rauchte Kette, schuftete auf dem Fußballplatz wie ein Pferd, liebte das süße Leben, spielte trotz allem zwanzig Jahre in der Mannschaft von Real Madrid und war in seiner Glanzzeit vermutlich der beste Außenstürmer der Welt.

Tatsächlich war Francisco Gento ein medizinisches Phänomen, das körperliche Anstrengungen innerhalb von Sekunden abschütteln konnte. Immer wieder fand er die Kraft zu nervenaufreibend langen Dribblings, die gegnerischen Abwehrreihen kaum Zeit zur Erholung ließen. Mit dem Ball am Fuß marschierte er, ohne rechts und links zu blicken, so lange in der Abwehr herum, bis sich irgendwo zwischen ihm und dem Tor eine Gasse auftat, durch die er das Leder wuchten konnte.

Mitspieler war er nur in den seltensten Fällen, dazu mangelte es ihm, schon wegen seiner merkwürdigen Art, den Ball zu führen, an Spielübersicht. Aber mit seiner Spurtschnelligkeit war er der ideale Gegenpol zu Puskas' Steilpässen in den freien Raum. Das brachte Tore.

Tore, die Real ein Jahrzehnt lang zur Spitzen-Mannschaft Europas machten, die Francisco Gento Weltruhm und Reichtum brachten. Er ist unbestritten der „Mister Europacup", denn er hat mit rund hundert Spielen in diesem Wettbewerb einen Rekord aufgestellt, den wohl kein Spieler überbieten kann. Wäre nicht zu Beginn der siebziger Jahre die spanische National-Mannschaft radikal verjüngt worden, so hätte Gento als 38jähriger auch noch den Länderspiel-Rekord von Ricardo Zamora gebrochen.

Kettenraucher: Francisco Gento

GILMAR
Elfmeter-Killer

In der ersten Minute seiner internationalen Karriere hielt er einen Elfmeter. Damals war er 23 Jahre alt. 16 Jahre später, als er seine aktive Laufbahn beendete, hatte er das brasilianische Wunder-Team vor zwölf weiteren Elfmeter-Toren bewahrt.

Gilmar Neves dos Santos, wie er mit vollem Namen hieß, war in einer Elf spektakulärster Spieler kein spektakulärer Torwart. Mit Nervenstärke, Übersicht und enormer Sicherheit war er unter Verzicht auf jegliche Mätzchen sogar ein krasser Gegensatz zu seinen Mitspielern. Ein solcher Garant war Gilmar auf dem ersten Höhepunkt seiner Karriere, bei der Weltmeisterschaft 1958 in Schweden. Erst im Halbfinale gegen Frankreich, nach bis dahin 369 Minuten ohne Gegentor, mußte er seinen ersten Treffer hinnehmen. Auch als Schweden im Finale führte, strahlten seine Sicherheit und Ruhe auf die ganze Mannschaft aus und verhalfen ihr damit indirekt zum Sieg.

Im Überwinden von Tiefs war Gilmar ein Meister. Nach Niederlagen des frischgebakkenen Weltmeisters wurde die Nationalmannschaft umgebaut. Eines der Opfer war Gilmar. Er war aus dem Geschäft, und sein Stamm-Verein, die Corinthians, verscherbelten ihn nach einigen Querelen für nur 3000 Dollar an den FC Santos.

Dort aber begann seine zweite Karriere. 1962 beim WM-Turnier in Chile hütete er wieder das Tor und wurde zum zweiten Mal Weltmeister.

JIMMY GREAVES
Immer das Ziel im Auge

Von ihm wurde behauptet, daß er bei entsprechendem Training in so ziemlich jeder Lebenslage etwas hätte erreichen können. Aus dem einfachen Grund, weil er immer nur das Ziel vor Augen hatte – der Weg dazwischen interessierte ihn nicht. Das machte den Fußballer Jimmy Greaves zwar einerseits zum Schützen einer Unmenge herrlicher Bilderbuch-Tore, andererseits aber auch zu einem schwierigen Faktor in der Aufstellungs-Kalkulation der Trainer, die ihr Konzept notgedrungen auf ihn abstimmen mußten.

Zumeist lohnte sich das freilich, denn sechsmal war er Schützenkönig der ersten englischen Division, 44 Tore erzielte er in 57 Länderspielen. Zwanzig seiner Treffer für England schoß er allein in sechs Spielen. Sein Manko: Erzielte er keinen Treffer, war Greaves für seine Mannschaft mehr oder weniger wertlos. Denn, um seine Tore zu schießen, war Greaves auf den Überraschungs-Effekt angewiesen, das hieß, um

und 1976, englischer Meister 1976 und 1977, englischer Pokalsieger 1972 und 1974.

Geoff Hurst, England; Innenstürmer; geb. 8. Dezember 1941. Club: West Ham United; 49 Länderspiele (66–72); Weltmeister 1966, WM-Teilnehmer 1970. Mit West Ham Europacup-Sieger der Pokalsieger 1965; englischer Cup-Sieger 1964.

Jose Angel Iribar, Spanien, Torhüter; geb. 1. März 1943. Club: Athletic Club Bilbao. 54 Länderspiele.

Valentin Iwanow, Sowjetunion, Stürmer; geb. 1934. Club: Torpedo Moskau (48–66); 60 Länderspiele (55–66); WM-Teilnehmer 1958, 1962, 1966; 26 Tore für die UdSSR.

Adolf Jäger, Deutschland, Verbindungs- und Mittelstürmer; geb. 31. März 1889; gest. 1944. Club: Altona 93; 18 Länderspiele (08–24), Olympiateilnehmer 1912; 11 Tore für Deutschland. Gewann mit Norddeutschland 1911, 1914, 1917 den Kronprinzenpokal, 1919 den Reichsbundpokal.

Jairzinho, Brasilien, Außenstürmer; bürgerlicher Name: Jair Ventura Filho; geb. 25. Dezember 1944. Clubs: Belo Horizonte, Botafogo, Marseille; 80 Länderspiele (64–74); WM-Teilnehmer 1966, Weltmeister 1970, WM-Teilnehmer 1974.

Hans Jakob, Deutschland, Torhüter; geb. 16. Juni 1908. Club: Jahn Regensburg; 38 Länderspiele (30–39); WM-Teilnehmer 1938, Olympiateilnehmer 1936. Mit der Westeuropa-Auswahl 1937 gegen Mitteleuropa.

Alex James, Schottland, Innenstürmer; geb. 14. September 1905; gest. 1953. Clubs: Raith Rovers, Preston North End, Arsenal (30–39); 9 Länderspiele (26–33). Mit Arsenal fünfmal englischer Meister (31, 33, 34, 35, 38), Pokalsieger 1930 und 1936.

Paul Janes, Deutschland, Läufer; geb. 11. März 1912. Club: Fortuna Düsseldorf; 71 Länderspiele (32–42); WM-Teilnehmer 1934 und 1938; mit Fortuna deutscher Meister 1933.

Wim Jansen, Holland, Mittelfeldspieler; geb. 28. Oktober 1946. Club: Feyenoord Rotterdam. 55 Länderspiele (68–78), WM-Zweiter 1974 und 1978. Mit Feyenoord Europacup-Sieger der Meister und Weltcup-Sieger 1970, UEFA-Pokal-Sieger 1974, holländischer Meister 1966, 1969, 1970, 1971, 1974.

Kurt Jara, Österreich, Mittelfeldspieler; geb. 14. Oktober 1950. Clubs: Wacker Innsbruck, SV Innsbruck, MSV Duisburg (75–79). 37 Länderspiele für Österreich, WM-Teilnehmer 1978.

Lew Jaschin, Sowjetunion, Torhüter; geb. 22. Oktober 1929; Club: Dynamo Moskau (49–71); 78 Länderspiele (50–69); WM-Teilnehmer 1958, 1962, 1966, im WM-Aufgebot 1970. Olympiasieger 1956; Gewinner des Europa-Nationenpokals 1960. Mit der Weltauswahl 1963 gegen England, 1968 gegen Brasilien, mit der Europa-Auswahl 1964 gegen Skandinavien, 1968 gegen Jugosla-

keinen Preis dem Gegenspieler auffallen, sich nicht ins Spiel einschalten. Meist schlenderte Englands Goal-Getter Nummer eins deshalb unbeteiligt auf dem Rasen herum, bis sich ihm urplötzlich irgendwo eine Chance bot, die er durch blitzschnelle Dribblings, Spurts und Schußkraft zu unberechenbaren Toren verwandelte.

Alf Ramsey jedoch war das Risiko, beim WM-Turnier 1966 im eigenen Land mit neun Feldspielern und einem Torjäger anzutreten, nach den Vorrundenspielen, in denen Greaves nicht überzeugen konnte, zu groß. Er nahm ihn aus der Mannschaft, und so kam es, daß dieser eigenwillige Torjäger schließlich nicht zu den eigentlichen „Weltmeistern“ gehörte.

GUNNAR GREN
Nervenstarker Taktiker

Der schwedische Fußball und seine Erfolge in den vierziger und fünfziger Jahren sind untrennbar mit dem Namen Gunnar Gren verbunden. Der Blondschopf mit der einzigartigen Ballbehandlung und Spielübersicht auf dem Spielfeld war als 19jähriger internationaler Debütant wie auch als Fußball-Methusalem mit schütterem Haar ein Beweis dafür, wie ein Mann den Erfolg einer ganzen Mannschaft bestimmen kann. Der unterkühlte nervenstarke Taktiker war ein Fußball-Narr, der vom runden Leder nicht loskam. Sein Privatleben spielte sich auf dem Fußballplatz ab, eine Ehe ging darüber in die Brüche, aber der Erfolg, der ihm als Profi-Kicker in Italien auch stattliche Summen einbrachte und ihn zu einem wohlhabenden Mann machte, war ihm wichtiger.

Am Anfang seiner Karriere war Gren der typische Torjäger. Das bekamen vor allen Dingen die Jugoslawen 1948 beim Finale des olympischen Fußball-Turniers in London zu spüren. Beim 3:1-Sieg besiegelte Gren durch seine beiden entscheidenden Treffer den ersten überragenden Erfolg in der Geschichte des schwedischen Fußballs.

Spieler-Einkäufer aus Italien hatten den jungen Klasse-Fußballer gesehen und kurzerhand für den AC Milan verpflichtet. Gren machte Furore. Nach Mailand in Florenz. Als er mit 36 Jahren in seine Heimat zurückkehrte, war er ein gemachter Mann und hätte die Fußballschuhe getrost an den Nagel hängen können. Aber er wollte nicht. Der Methusalem warf seine Kräfte noch einmal in die

Fußball-Professor: Gunnar Gren

Waagschale mit den Jungen. 1958 bei der Weltmeisterschaft in Schweden stand er 18 Jahre nach seinem ersten Länderspiel wieder im Drei-Kronen-Team. Diesmal als Regisseur. Er trieb seine jungen Nebenleute zu einem begeisternden Fußball-Feuerwerk, das erst im Finale von den brasilianischen Virtuosen gelöscht wurde.

Dem Erfolg als Spieler folgte der Erfolg als Trainer: Gunnar Grens Einsatz für seinen Sport hat sich in jeder Beziehung gelohnt.

GERHARD HANAPPI
Unermüdlicher Kämpfer

Mit 19 Jahren debütierte er 1948 in der Nationalmannschaft, deren Rekordnationalspieler er schließlich mit 93 Berufungen wurde. Gerhard Hanappi brachte es auf eine Serie von über 60 Länderspielen in ununterbrochener Folge und stand 1962 gegen die CSSR zum letzten Mal in der österreichischen Länderelf. Er war mitbeteiligt an Österreichs größtem Fußballerfolg der Nachkriegszeit, dem dritten WM-Rang 1954 in der Schweiz. Dann machte er auch noch die erstaunliche Siegesserie der Jahre 1960/61 (Siege über Spanien 3:0, Schottland 4:1, UdSSR 3:1, Italien 2:1, England 3:1, Ungarn 2:1, UdSSR 1:0, Ungarn 2:1) mit.

Gerhard Hanappi war kein Blender, sondern ein unermüdlicher Kämpfer und Schlepper. Bei der WM 1954, als das Mittelfeldduo von Ernst Ocwirk und Karl Koller gebildet wurde, stellte Hanappi als Außenverteidiger seinen Mann. Er spielte auch 1953 in London im FIFA-Team (4:4 gegen England) neben seinen Landsleuten Walter Zeman (Tor) und Ernst Ocwirk (Mittelfeld).

Hanappi als Repräsentant der letzten großen Fußballzeit Österreichs wäre Fixstarter in einem zeitlosen Nationalteam. Er hatte schon während seiner aktiven Laufbahn das Architekturstudium abgeschlossen, wurde erfolgreicher Sportplatzbauer, der auch für Rapid das neue Wiener Weststadion plante.

JUPP HEYNCKES
Ein Profi mit Herz

„Der Jupp saß schon immer auf dem Geld", erzählt der ältere Bruder. Andere sagen, der Jupp hat sein Geld zielstrebig und gewinnbringend eingesetzt. Und darin sieht Jupp Heynckes nichts Verwerfliches.

Als zweitjüngstes von zehn Geschwistern hat er zwar keinen Hunger gekannt, aber auch keinen Luxus. Was Privilegien sind, erfuhr er als Balljunge im Tennisclub. Wenn sich die Herrschaften nach Hause begeben hatten und die Anlage geschlossen war, erholte er sich von der kärglich entlohnten Balljungenarbeit verbotenerweise im Swimming-pool.

Mit Fußball sein Geld zu verdienen, war recht früh sein Ziel. Fritz Langner, Weisweilers Vorgänger beim VfL Borussia, erkannte als erster das große Talent des Stürmers. Weisweiler machte ihn zur Attraktion. Mit Netzer und Rupp bildete er das Fohlentrio, das Mitte der sechziger Jahre mehr Tore schoß als irgendeine andere Sturmreihe in Deutschland.

Doch weil ihn nun mal das liebe Geld reizte, verschwand er für drei Jahre nach Hannover. Vorher war er gerade erst Nationalspieler geworden.

Hier im auserwählten Kreise konnte er lange Zeit nicht recht Fuß fassen. Das lag nicht nur am Wechsel nach Hannover und am allerwenigsten am Bundestrainer. „Sehr spät erst kam ich dahinter, daß Länderspiele recht gut sind für das Image eines Spielers", gibt er zu, in dieser Hinsicht ein bißchen blind gewesen zu sein.

wien. Als erster Torhüter europäischer Fußballer des Jahres (1963). Mit Dynamo Moskau sechsmal sowjetischer Meister und zweimal Pokalsieger.

Patrick Jennings, Nordirland, Torhüter; geb. 1944. Clubs: Newry Town, Watford FC, Tottenham Hotspur, Arsenal. 71 Länderspiele (64–78). Mit Tottenham englischer Pokalsieger 1967, UEFA-Pokalsieger 1974.

Henning Jensen, Dänemark, Stürmer; geb. 17. August 1949. Clubs: Nörre Sundby, Borussia Mönchengladbach, Real Madrid; 34 Länderspiele; mit Mönchengladbach UEFA-Pokalsieger 1975, deutscher Meister 1975 und 1976, DFB-Pokalsieger 1973.

Roar Johansen, Norwegen, Verteidiger; geb. 8. Juli 1935. Club: Fredrikstad; 61 Länderspiele (58–67).

Clifford Jones, Wales, Außenstürmer; geb. 1936. Clubs: Swansea Town, Tottenham Hotspur (58–68), Fulham (69–71); 60 Länderspiele (58–70); WM-Teilnehmer 1958.

Jan Jongbloed, Holland, Torhüter; geb. 25. November 1940. Club: Roda JC Kerkrade. 22 Länderspiele (69–78), WM-Zweiter 1974 und 1978.

Robert Jonquet, Frankreich, Verteidiger; geb. 3. Mai 1925. Club: Stade Reims (42–60); 58 Länderspiele (48–60), WM-Teilnehmer 1954 und 1958. Mit der Europa-Auswahl 1955 gegen Großbritannien. Mit Stade Reims französischer Meister 1949, 1953, 1955, 1958, 1960, Pokalsieger 1950, 1958.

Erich Juskowiak, Deutschland, Verteidiger; geb. 7. September 1926. Clubs: VfR Oberhausen, Rot-Weiß Oberhausen (46–53), Fortuna Düsseldorf (53–60); 31 Länderspiele (51–59). WM-Teilnehmer 1958.

Fahrudin Jusufi, Jugoslawien, Mittelfeldspieler; geb. 8. Dezember 1939. Clubs: Pobieda, Partizan Belgrad (55–66), Eintracht Frankfurt (67–70); 53 Länderspiele (59–66); WM-Teilnehmer 1958, Olympiasieger 1960.

Hans Kalb, Deutschland, Mittelläufer; geb. 3. August 1899, gest. 1945. Club: 1. FC Nürnberg; 15 Länderspiele (20–28); Olympiateilnehmer 1928. Mit dem 1. FC Nürnberg fünfmal deutscher Meister (20, 21, 24, 25, 27); mit Süddeutschland 1922, 1924, 1926 Reichsbundpokalsieger, 1926 Sieger im Kampfspielpokal. Spielte 681mal für Nürnberg.

Manfred Kaltz, Deutschland, Abwehrspieler; geb. 6. Januar 1953. Clubs: VfL Neuhofen, TuS Altrip, Hamburger SV. 21 Länderspiele (75–79), WM-Teilnehmer 1978. Mit dem HSV Europacup-Sieger der Pokalsieger 1977, deutscher Pokalsieger 1976.

Jozef Kaluza, Polen, Stürmer; geb. 11. Februar 1896, gest. 1944. Clubs: RKS (12), Cracovia Krakau (12–32); 20 Länderspiele (21–30). 884 Spiele für Cracovia.

1974 packte ihn als Nationalspieler die Verzweiflung. Eine Zerrung beförderte ihn nach zwei Spielen aus der WM-Mannschaft. Zwei Jahre später brachte ihn eine Leistenoperation um die Endrunde der Europameisterschaft. Dieses Ereignis verkraftete er besser. Als 30jähriger war er nicht mehr bereit, mit seiner Gesundheit Schindluder zu treiben.

Solide lebt er, der Jupp. Mit Frau Iris und Tochter Kerstin führt er ein recht stilles Familienleben im Gladbacher Ortsteil Windberg. Die Verwandten schätzen, daß er auch im Erfolg der alte geblieben ist. Bruder Hans, sieben Jahre älter: „Der Jupp weiß immer, wo er hergekommen ist.“

NANDOR HIDEGKUTI

Wandernder Mittelstürmer

Nie zuvor waren die englischen Fußball-Fans so schockiert worden. An diesem schlimmen Tag im Londoner Wembley-Stadion wurde der englischen National-Mannschaft, die bis dahin noch kein Spiel auf der Insel verloren hatte, eine Lektion verpaßt, die wie eine Tracht Prügel wirkte. An diesem Tag des Jahres 1953 gewann die ungarische National-Mannschaft auf dem gepflegten Rasen des Wembley-Stadions mit 6:3 Toren. Eine Katastrophe für den englischen Fußball, eine Sensation für die internationale Presse. Ein Mann namens Hidegkuti schoß allein drei Tore in diesem Spiel, drei Treffer nacheinander.

Und diesen „Hat-Trick“ begriffen die Engländer am allerwenigsten. Wie konnte ein Mann, der nach englischen Vorstellungen selten dort zu finden war, wo ihrer Meinung nach ein Mittelstürmer nun einmal hingehörte, nämlich ins Angriffszentrum, drei Tore schießen? Wie konnte es dazu kommen, daß eine als außerordentlich clever geltende Abwehr wie die der Engländer so hereingelegt wurde?

Nandor Hidegkuti war bei seinen Toren jeweils auf leisen Sohlen gekommen, er hatte sich aus der Etappe herangeschlichen und stand zur Überraschung der englischen Abwehr plötzlich „frei“ in vorderster Linie. Die Engländer waren auf einen Mittelstürmer eingestellt, der sich wie ein „Tank“ nach vorn bewegte, unaufhaltsam, aber immerhin deutlich sichtbar.

Nach dem 6:3 vom Wembley-Stadion hatte der kontinentale Fußball eine Schlacht gewonnen. „Hidegkuti“, so hieß es damals in der englischen Presse, „wird in die Geschichte des Fußballs als der erste zurückgezogen spielende Mittelstürmer eingehen.“ Das war natürlich übertrieben ausgedrückt; denn immerhin hatte es im europäischen, kontinentalen Fußball schon eine ganze Reihe zurückhängender Mittelstürmer gegeben, die den Raum suchten, um zum Torschuß zu kommen. Auch ein Siffling gehörte dazu, oder ein Conen, die in den dreißiger Jahren bereits ihre Mittelstürmer-Funktion in der Nationalmannschaft ähnlich auffaßten wie in den fünfziger Jahren ein Hidegkuti.

Nur war Nandor Hidegkuti für die ungarische Nationalmannschaft noch spielbestimmender als es in den dreißiger Jahren die Mittelstürmer der deutschen Ländermannschaft sein konnten. Man hat oft Ferenc Puskas als den wichtigsten Mann jener berühmten ungarischen Nationalmannschaft bezeichnet, die in ihren fünf großen Jahren zwischen 1951 und 1955 nur ein einziges Spiel verlor: nämlich das im Weltmeisterschafts-Finale 1954 gegen Deutschland.

Aber Sepp Herberger beispielsweise blieb immer bei seiner Ansicht, daß der eigentliche Spielmacher, der Dreh- und Angelpunkt dieser berühmten Elf, nicht Puskas, sondern Hidegkuti gewesen ist. Und daß dieser Hidegkuti, der während seiner ganzen Laufbahn nur für einen Budapester Club, MTK Budapest, der einige Jahre lang Vörös Lobogo hieß, spielte, aus der damaligen ungarischen Nationalmannschaft am allerwenigsten wegzudenken war.

Der Aufstieg der ungarischen Nationalmannschaft zur Weltklasse begann bei den Olympischen Spielen 1952 in Helsinki. Die Ungarn hatten damals bereits technisch perfekte Spieler, aber ihnen fehlte ein Mittelstürmer von Format. Auch in Budapest suchte man damals verzweifelt nach einem Typ wie Ted Drake, der die landläufigen Vorstellungen vom robusten, draufgängerischen Torschützen erfüllte; dem man in vorderster Linie die Bälle zu servieren hatte, damit er Tore machen konnte.

Aber eben dieser Typ gedieh nicht auf ungarischen Fußballplätzen. Marton Bukovi, Trainer vom MTK Budapest, machte aus der Not eine Tugend. Er steckte Peter Palotas, der vorher als Außenläufer durch sein gescheites Zuspiel aufgefallen war, in das Trikot mit der Nummer 9. Der gute Palotas fühlte sich durch die neue Rückennummer nun keineswegs veranlaßt, anders als bisher zu spielen. Er blieb also im Mittelfeld, zog die Bälle auf sich und versorgte die übrigen Stürmer mit mustergültigen Pässen. In dieser Rolle wurde Palotas auch in die ungarische Nationalmannschaft berufen, nachdem Gustav Sebes 1950 ungarischer Nationaltrainer geworden war.

Budai, Kocsis, Palotas, Puskas, Czibor hieß die Fünferreihe des Angriffs, mit dem die Ungarn 1952 zum olympischen Fußball-Turnier nach Helsinki fuhren. Hidegkuti war Reservist. Aber Sebes stellte schon für das Spiel gegen Rumänien in der ersten Runde Hidegkuti als Mittelstürmer auf; eine Verlegenheitslösung, die zum Idealfall wurde. Denn Hidegkuti blieb bis zum Schluß seiner Karriere „Mittelstürmer“ der ungarischen Nationalmannschaft. Als er in Helsinki auf diesem Posten in der Länderelf startete – ein Versuch als Linksaußen war vorher mißglückt – war er bereits 30 Jahre alt. Noch mit 36 Jahren spielte Hidegkuti in der ungarischen Nationalmannschaft, er kam auf insgesamt 68 Länderspiele.

Der „wandernde Mittelstürmer“, aus der Not geboren, drückte dem ungarischen Fußball seinen Stempel auf. Hidegkuti hatte ein Gespür für die Möglichkeiten, wie ein Spiel weiterzugehen hatte. Er sah immer schon die nächsten Situationen, bevor er den Ball an einen Mitspieler adressierte. Er besaß ein ungewöhnliches Organisationstalent im Spiel, wobei er die eigene Abwehr so einzubeziehen verstand wie den eigenen Angriff.

Als Nandor Hidegkuti seinen Mittelstürmerposten in der ungarischen Nationalmannschaft bezog, ließ er sich nicht mehr ummodeln. Er hatte seine Begabung im Mittelfeld erkannt, und Gustav Sebes dachte nicht daran, diesen Mann umzufunktionieren, nur weil er die Nummer 9 auf dem Rükken trug. Hidegkuti zog sich also ins Mittelfeld zurück und hatte dabei den gegnerischen Mittelläufer, der „seinen Mann“ wie gewohnt zu beschatten versuchte, häufig genug in seinem Fahrwasser. So entstand viel freier Raum für die ungarischen Scharfschützen Puskas und Kocsis, die sich dafür mit eindrucksvollen Toren bedankten. Puskas und Kocsis, die erfolgreichsten Torschützen der ungarischen Nationalmannschaft, hielten sich näher am Tor des Gegners auf, als es sich damals nach dem starren englischen WM-System „gehörte“.

Natürlich waren die Ungarn damals in der glücklichen Lage, daß bei ihnen auch die anderen Schlüsselpositionen ausgezeichnet besetzt werden konnten. Für den Posten des offensiven Außenläufers gab es keinen besseren Mann als Jozsef Bozsik, als defensiver

Harry Karlsen, Norwegen, Verteidiger; geb. 14. März 1921. Clubs: Larvik Turn, Örn, Lyn Oslo; 58 Länderspiele (46–56).

Mwamba Kasadi, Zaire, Torhüter; geb. 6. März 1947. Club: Masembe. 73 Länderspiele, WM-Teilnehmer 1974.

Henryk Kasperczak, Polen, Mittelfeldspieler; geb. 10. Juli 1946; Club: Stal Mielec. 62 Länderspiele (73–78), WM-Dritter 1974, WM-Teilnehmer 1978.

Kevin Keegan, England, Innenstürmer; geb. 15. Februar 1951. Clubs: Scunthorne United, FC Liverpool, Hamburger SV; 37 Länderspiele (73–78); mit Liverpool Europacup-Sieger der Meister 1977, UEFA-Pokalsieger 1973 und 1976, englischer Meister 1973 und 1976, englischer Cup-Sieger 1974. 1976 englischer Fußballer des Jahres; europäischer Fußballspieler des Jahres 1978.

Mario Kempes, Argentinien, Stürmer; geb. 15. Juli 1954. Clubs: Talleres, Atletico Biblioteca, Instituto Cordoba, Rosario Central, FC Valencia. 38 Länderspiele (73–79), 20 Tore für Argentinien. WM-Teilnehmer 1974, Weltmeister 1978 (Torschützenkönig mit sechs Treffern).

Gerd Kische, DDR, Abwehrspieler; geb. 23. Oktober 1951. Club: Hansa Rostock. 50 Länderspiele (71–79), WM-Teilnehmer 1974, Olympiasieger 1976.

Albin Kitzinger, Deutschland, Außenläufer; geb. 1. Februar 1912, gest. 1970. Club: Schweinfurt 05; 44 Länderspiele (35–42), WM-Teilnehmer 1938; mit der Westeuropa-Auswahl 1937 gegen Mitteleuropa, mit der Europa-Auswahl 1938 gegen England.

J. A. Klaassens, Holland, Stürmer; geb. 4. September 1931. Clubs: VVV, Feyenoord Rotterdam; 66 Länderspiele (59–65).

Sandor Kocsis, Ungarn, Stürmer; geb. 30. September 1929. Clubs: Ferencvaros Budapest, Honved (50–56), Young Boys Bern (57), FC Barcelona (57–65); 68 Länderspiele (48–56); WM-Zweiter 1954, Olympiasieger 1952; 75 Tore für Ungarn; Torschützenkönig der WM 1954 (11 Treffer). Mit Ferencvaros ungarischer Meister 1949, mit Honved 1949/50, 1950, 1952, 1954, 1955; mit dem FC Barcelona spanischer Meister 1959 und 1960, spanischer Pokalsieger 1959 und 1963.

Werner Kohlmeyer, Deutschland, Verteidiger; geb. 19. April 1924, gest. 1974. Club: 1. FC Kaiserslautern; 22 Länderspiele (51–55), Weltmeister 1954; mit Kaiserslautern deutscher Meister 1951 und 1953.

Iwan Kolew, Bulgarien, Außenstürmer; geb. 1. November 1930. Club: CSKA Sofia (52–66); 75 Länderspiele (52–66); WM-Teilnehmer 1962 und 1966; Olympiateilnehmer 1952, 1956, 1960; 25 Tore für Bulgarien. Mit CSKA elfmal bulgarischer Meister, viermal Pokalsieger.

Karl Koller, Österreich, Außenläufer; geb. 8. Februar 1932. Club: Vienna Wien; 86 Länder-

Der Stratege: Nandor Hidegkuti

Außenläufer wirkte Jozsef Zakarias mit unerhörter Energie. Die Außenstürmer der berühmten ungarischen Mannschaft waren Budai und Czibor. Sie hingen immer ein bißchen zurück und stifteten dadurch bei ihren Verteidigern, die nicht mehr genau wußten, ob sie mitgehen oder hinten bleiben sollten, die beabsichtigte Verwirrung. Blieben sie hinten, dann konnte Hidegkuti aus seiner Strategenposition die Angriffe über die Flügel einleiten; gingen sie mit, dann öffnete sich für Puskas und Kocsis ein noch größerer Raum. Das war die verwirrende „Ordnung" im ungarischen Mannschaftsspiel, mit der diese Elf fast vier Jahre lang gegen die besten Mannschaften der Welt ungeschlagen blieb.

Natürlich bemühten sich die Gegner und ihre Trainer, den Schlüssel zu finden, um das Räderwerk des ungarischen Mannschaftsspiels entscheidend zu stören. Hidegkuti erzählt: „Während dieser für uns ungewöhnlich erfolgreichen Jahre 1951–1955 bemühten sich natürlich alle Gegner, ein Mittel gegen unsere Taktik zu finden, und zwar meist dadurch, daß sie unsere Angriffe sehr früh zu unterbinden versuchten. Einer dieser Abwehrpläne zielte auf mich, den zurückhängenden Mittelstürmer: die Gegner stellten einen Mann ab, dessen einzige Aufgabe es war, mich nicht ins Spiel kommen zu lassen. In solchen Fällen hatte ich die Anweisung, in unserer Spielfeldhälfte zu bleiben, während Bozsik immer wieder vorstieß und unsere Angriffe einleitete."

Daß die deutsche Nationalmannschaft 1954 im Weltmeisterschafts-Finale von Bern dieses ungarische Superteam mit 3:2 Toren bezwingen konnte, wurde als eine der größten Sensationen in der Geschichte des Fußballs bezeichnet. Aber Sepp Herberger hatte damals selbst eine Mannschaft formen können, in der sich, gestützt auf spielerische Individualität, eine taktische Ordnung manifestierte, die der der Ungarn gleichwertig war. Und ein Fritz Walter, der die Mannschaft im Mittelfeld zu organisieren verstand, ohne auf den Vorstoß in den gegnerischen Strafraum zu verzichten, war einem Hidegkuti auf der anderen Seite in seiner Spielweise mehr als ähnlich.

1958 nahm Hidegkuti, 36jährig, noch an der Weltmeisterschaft in Schweden teil. Aber der Ruhm der großen Mannschaft war wie Putz von einem Denkmal abgebröckelt. Zwei Jahre später wurde er Trainer bei seinem alten Budapester Club MTK. 1961 ging er für zwei Jahre nach Italien. Er betreute jeweils für ein Jahr die Mannschaften vom FC Florenz und vom AC Mantua; aber er

spiele (52–65), WM-Teilnehmer 1954 und 1958. Mit Vienna österreichischer Meister 1955.

Friedl Koncilia, Österreich, Torhüter; geb. 25. Februar 1948. Club: Wacker Innsbruck, RSC Anderlecht. 47 Länderspiele (73–78), WM-Teilnehmer 1978. Mit Wacker Innsbruck österreichischer Meister 1971, 1972, 1973, 1975, 1977, Pokalsieger 1970, 1973, 1975, 1978.

Francois Konter, Luxemburg, Verteidiger; geb. 20. Februar 1935. Club: Racing Luxemburg; 71 Länderspiele.

Raymond Kopa, Frankreich, Innenstürmer; geb. 13. Oktober 1931. Clubs: Angers, Stade Reims (51–56), Real Madrid (56–59), Reims (60–70); 45 Länderspiele (52–62), WM-Teilnehmer 1954 und 1958; mit der Europa-Auswahl 1955 gegen Großbritannien, mit der Weltelf 1963 gegen England. 1958 europäischer Fußballer des Jahres. Mit Real Madrid Europacup-Sieger (der Meister) 1957, 1958, 1959, spanischer Meister 1957 und 1958; mit Reims französischer Meister 1953, 1954, 1960, 1962.

Hans Krankl, Österreich, Mittelstürmer; geb. 14. Februar 1953. Clubs: Rapid Wien (67–70), WAC (70–71), Rapid (71–78), FC Barcelona; 45 Länderspiele (72–79), WM-Teilnehmer 1978. Mit Rapid österreichischer Pokalsieger 1972 und 1976. 1977/78 mit 41 Treffern (in der österreichischen Bundesliga) europäischer Torschützenkönig.

Jürgen Kreische, DDR, Mittelfeldspieler; geb. 19. Juli 1947, Club: Dynamo Dresden. 50 Länderspiele (68–75), WM-Teilnehmer 1974, 25 Tore.

Hans Krankl

faßte keinen Fuß im italienischen Profi-Fußball.

Im Sommer 1963 kehrte er dann um einige Enttäuschungen, aber auch um einige Trainer-Erfahrungen reicher in seine ungarische Heimat zurück und übernahm das Training des damals noch ziemlich bedeutungslosen Provinzvereins Vasas Györ. Ein Jahr später war dieser Verein ungarischer Meister.

Er hatte seinen Leuten die spielerische Freiheit gelassen, die ihm in der ungarischen Nationalmannschaft selbst gewährt worden war. Hidegkuti: „Man sollte sich nie auf eine Spielweise versteifen, die Fähigkeiten und Auffassungsgabe der vorhandenen Spieler übersteigt. Desgleichen darf das eingelernte System dem einzelnen nie die Möglichkeit nehmen, selbständig zu denken und zu handeln."

RUDI HIDEN

Keeper des Wunderteams

Der 16jährige Bäcker-Lehrling, der das Tor des Grazer Athletik Klubs hütete, sollte Profi beim Wiener Athletik Club werden. Doch anstatt die Hand aufzuhalten, wollte das junge Talent lieber die Garantie für eine sichere Stellung als Bäcker-Geselle.

Das war österreichischer Profi-Fußball der zwanziger Jahre. Das war die Zeit, in der Rudi Hiden zum Torwart des Wunder-Teams wurde. Die Sicherheit, die Hiden für seine Existenz forderte, gab es für ihn zwischen den Torstangen nicht. Die gelungene Torwart-Show ging ihm über alles, selbst über die Gesundheit. Spektakuläre Paraden im Pulk gegnerischer Spieler, harter körperlicher Einsatz, das war seine Leidenschaft. Dabei riß er sich ein Ohr ab und holte sich eine Verletzung, die nicht ausheilte und später dazu führte, daß man ihm das Bein amputieren mußte.

Hiden war schon mit 21 Jahren Weltklasse, und Fußball-Europa feierte ihn, weil er wie keiner Show-Talent und sportliches Können vereinigte. Er hätte viel Geld in England verdienen können, wenn man ihm die „Arbeits-Bewilligung" für Arsenal gegeben hätte.

Doch Hiden, der dandyhafte Frauenliebling, der mit 1,77 Metern alles andere als ein ideales Torwart-Maß hatte, machte seinen Weg auch so. In der neuformierten Elf Österreichs eilte er von Erfolg zu Erfolg. Die Schotten hatten sich bei ihrer 0:5-Niederlage die Zähne ausgebissen, ebenso wie die Spanier, die trotz des großen Zamora im Tor mit 1:7 eingingen. Auch im Wembley-Stadion beim knappen 3:4 gegen England konnte er zeigen, was die Engländer verpaßt hatten, als sie ihn nicht spielen ließen.

PAUL VAN HIMST
Wie ein Slalomläufer

Als Paul van Himst seinen 17. Geburtstag feierte, saß er im Antwerpener Stadion auf der Ersatzbank der Nationalmannschaft, die gegen Holland spielte. Und die Experten feierten ihn schon als den Nachfolger der Braine, Mermans und Coppens. Schon bald danach erhielt er seine internationale Feuertaufe, und für Anderlecht wurde er der Fahnenträger einer unerreichten Serie von Erfolgen. Neunmal errang er mit dem RSC die belgische Meisterschaft.

Der flämische Schriftsteller Maurice Roelants hat van Himst mit einem Skiläufer verglichen, der im Slalom durch die Tore flitzt. Genauso umspiele van Himst seine Gegner. Aber mancher seiner Gegner zermalmte ihn, den intelligenten Spieler mit der gefälligen Technik. Manche Kritiker nannten ihn einen Faulenzer, weil er nicht kämpfen wollte, weil er einfach nur auf seine Technik baute.

Dennoch war er dreimal Torschützenkönig der belgischen Liga, viermal wurde er als Spieler des Jahres mit dem „Goldenen Schuh" ausgezeichnet. Und als erster belgischer Fußballspieler wurde er zum „Sportler des Jahres" gewählt. Helmut Schön berief ihn zweimal in die Europa-Auswahl (gegen Skandinavien und gegen England). Mit 81 Länderspielen wurde er Belgiens Rekordnationalspieler.

HORST-DIETER HÖTTGES
Kompromißloser Eisenfuß

Rheinländer ist er nur von Geburt. „Ich bin nicht der lustige Rheinländer, der das Palaver liebt. Ich gehe auch nicht in Kneipen", sagt Horst-Dieter Höttges über sich selbst.

Seine Gegner wissen, daß er nicht einmal dann die Klappe aufreißt, wenn er im Zweikampf hart getroffen wird. Seiner Härte verdankt er den Namen „Eisenfuß", seiner Aufgabentreue eine lange Karriere in der Nationalelf.

Außerdem resigniert er nie. Nur so war denkbar, daß er nach dem verkorksten WM-Finale 1966 noch einmal den Fuß in die Tür bekam. Höttges vor allem waren die drei Tore zugeschrieben worden, die Geoff Hurst beim 4:2 in Wembley erzielte. 1972 in Belgien bei der EM-Endrunde hatten seine Gegenspieler nichts zu schießen und zu lachen.

Höttges ist der kompromißlose Draufgänger, von dem Altbundestrainer Herberger einmal sagte: „Es ist für jeden Stürmer eine Strafe, gegen Höttges spielen zu müssen."

Privat hält er es mehr mit der Vorsicht. Nach einem Einbruch 1967 bewahrt der Bungalowbesitzer und Familienvater Höttges einen Revolver im Nachtschränkchen auf. Auch in die aktive Politik will er sich nicht mehr einmischen: 1972 versuchte er als CDU-Mitglied in den Stadtrat seiner Wohngemeinde Achim (bei Bremen) zu kommen. Höttges fiel mit nur 23 Stimmen kräftig auf den Allerwertesten.

ERICH HOF
Kunststücke mit dem Ball

Erich Hof war der wohl genialste Fußballer Österreichs in der Zeit nach dem Zweiten Weltkrieg. Ein Mann, der mit dem Ball die erstaunlichsten Kunststücke vollführte, seine Mitspieler durch Traumpässe einzusetzen verstand und einen großartigen Torriecher hatte.

Hof hatte seine große Zeit beim Wiener Sportklub, den er 1958 und 1959 zur Meisterschaft führte. Sein größtes Kunststück als „Chef" des Sportklub war jenes legendäre 7:0 gegen Juventus Turin im Europacup 1959, als er und seine entfesselten Nebenleute im Wiener Stadion die völlig deprimierten italienischen Stars austricksten und k. o. schossen.

Eines fehlte dem „südländisch" beeinflußten Erich Hof – seine Mutter ist Italienerin – zur Weltklasse: Er war nur selten bereit, sich kämpferisch voll einzusetzen. Als er es einmal tat, erreichte Österreich in Budapest mit 2:1 den ersten Auswärtserfolg über die Ungarn seit 1933.

Hof war 1959 (32 Tore) und 1963 (21 Tore) Schützenkönig, er hat auch gemeinsam mit Hans Horvath (je 28) die meisten Treffer im Nationalteam erzielt.

Nach dem Ende seiner Laufbahn wurde er einer der begehrtesten jungen Trainer Österreichs. Bei seinem Stammclub engagiert, wollte ihn Ex-Meister Innsbruck als Nachfolger von Branko Elßner haben. Aber der Sportklub, der zurück in die Bundesliga wollte, gab ihn nicht frei.

für die DDR. Viermal DDR-Meister mit Dynamo Dresden (1971, 1973, 1976, 1977), zweimal Pokalsieger (1971, 1977); viermal Torschützenkönig der DDR-Liga. DDR-Fußballspieler des Jahres 1973.

Erwin Kremers, Deutschland, Außenstürmer; geb. 24. März 1949; Clubs: Borussia Mönchengladbach, Offenbacher Kickers, Schalke 04; 15 Länderspiele (72–74), Europameister 1972.

Willibald Kreß, Deutschland, Torhüter; geb. 13. November 1906; Clubs: Rot-Weiß Frankfurt, Dresdner SC, FSV Frankfurt; 16 Länderspiele (29–34), WM-Teilnehmer 1934 (3.); mit dem Dresdner SC deutscher Meister 1943 und 1944, DFB-Pokalsieger 1940 und 1941.

Willy Kreuz, Österreich, Angriffsspieler; geb. 29. Mai 1949. Clubs: Admira Wien, Feyenoord Rotterdam. 40 Länderspiele (69–78), WM-Teilnehmer 1978.

Ruud Krol, Holland, Abwehrspieler; geb. 24. März 1949. Club: Ajax Amsterdam. 64 Länderspiele (69–79), WM-Zweiter 1974 und 1978. Mit Ajax Europacup-Sieger 1972 und 1973.

Laszlo Kubala, Ungarn, CSR, Spanien; Stürmer; geb. 10. Juni 1927. Clubs: Ferencvaros Budapest (45–46), Bratislava (46–47), Vasas Budapest (48–49), Pro Patria (49–50), AC Milan (50–51), FC Barcelona (51–62), Espanol (63–65), FC Zürich (66–67), Toronto Falcons (69); sieben Länderspiele für die Tschechoslowakei (46–47), drei Länderspiele für Ungarn (48), 19 Länderspiele für Spanien (53–61). Mit Barcelona Sieger im Pokal der Messestädte (58, 60), fünfmal spanischer Meister, viermal Pokalsieger. Mit der FIFA-Auswahl 1953 gegen England.

Jakob Kuhn, Schweiz, Mittelfeldspieler; geb. 12. Oktober 1943. Club: FC Zürich; 62 Länderspiele (62–76); WM-Teilnehmer 1966; mit Zürich sechsmals Schweizer Meister und fünfmal Pokalsieger.

Andreas Kupfer, Deutschland, Außenläufer; geb. 7. Mai 1914. Club: Schweinfurt 05 (30–54); 44 Länderspiele (37–50). Mit der Europa-Auswahl 1938 gegen England; WM-Teilnehmer 1938.

Lothar Kurbjuweit, DDR, Mittelfeldspieler; geb. 6. November 1950. Club: FC Carl Zeiss Jena. 56 Länderspiele (70–76), WM-Teilnehmer 1974, Olympiasieger 1976.

Ernst Kuzorra, Deutschland, Mittelstürmer und Halbstürmer; geb. 16. Oktober 1905; Club: Schalke 04 (21–50); 12 Länderspiele (27–38); mit Schalke 04 sechsmal deutscher Meister (34, 35, 37, 39, 40, 42), DFB-Pokalsieger (37).

Andrej Kvasnak, CSSR, Mittelfeldspieler; geb. 19. Mai 1936; Clubs: Kosice, Dukla Pardubice, Sparta Prag (60–68), Mechelen (69–71). 48 Länderspiele (60–69), WM-Zweiter 1962.

Mihaly Lantos, Ungarn, Läufer; geb. 29. September 1928. Club: MTK Budapest; 52 Länderspiele (49–56), WM-Teilnehmer 1954 (2.), Olympiasieger 1952.

RICHARD HOFMANN

Tore – serienweise

Nach einem schweren Autounfall hatte er ein Ohr verloren. Das sollte nach Meinung der Ärzte – wegen des dadurch in Mitleidenschaft gezogenen Gleichgewichtssinns – das Ende seiner Karriere bedeuten. Der robuste Sachse überwand jedoch dieses Tief, wie er alle Tiefs während seiner langen Karriere im deutschen Fußball überwand – mit Energie und Ausdauer. Diese beiden Eigenschaften gepaart mit phänomenaler Schußkraft und Spielwitz machten Richard Hofmann vor dem Zweiten Weltkrieg zu einem der besten Stürmer auf dem Kontinent.

Seine Tore schoß er in den Spielen meist serienweise. In 25 Länderspielen erzielte er allein fünfmal einen Hat-Trick. Bis in die siebziger Jahre blieb er der einzige deutsche Stürmer, dem das sogar gegen die englische Nationalmannschaft gelang. Das war am 10. Mai 1930 im Grunewald-Stadion von Berlin.

Doch nicht nur im Nationalteam hatte sich Hofmann Respekt bei den Abwehrspielern verschafft, auch für seinen Verein Dresdner SC, wo er beinahe zehn Jahre lang Helmut Schön unter seinen Fittichen hatte, sorgte er durch Bombenschüsse für Erfolge. Einziger Unsicherheitsfaktor in seinem souveränen Spiel war sein eigenes Temperament, das er nur schwer im Zaum halten konnte, wenn er sich ungerecht behandelt fühlte. 1928, bei den Olympischen Spielen in Amsterdam im Spiel gegen Uruguay hatte das wohl die schlimmsten Folgen: Kalb war wegen einer Revanche-Tätlichkeit vom Platz gestellt worden, Hofmann ärgerte sich, ließ sich provozieren, wurde ebenfalls tätlich und mußte auch vom Platz. Die deutsche Mannschaft schied aus.

JOSEF HÜGI

Entscheidende Tore

Der Schweizer Vollblut-Stürmer, der beim FC Basel kickte, war kein Mann der vielen, sondern der entscheidenden Tore. So sind seine 23 Länderspiel-Tore in 34 Spielen für das eidgenössische Team keine herausragende Leistung, wenn man sie nicht näher analysiert.

Josef Hügi, vom Typ her zwar prädestiniert, war kein Goal-Getter, der nur als Vollstrecker auf seine Chancen wartete. Seine

Kompromißlos: Geoff Hurst

Treffer entsprangen aus aktiver Mitarbeit im Team. Oft bereitete er seine Chancen als Aufbau-Spieler selbst vor, und häufig gab er Spielen durch seine guten Einfälle entscheidende Impulse. Nicht nur durch seine Tore, sondern gerade deshalb nahm Hügi unter den Stürmern der fünfziger Jahre eine besondere Stellung ein.

So eine Glanzstunde erlebte Hügi zum Beispiel 1960 in einem Länderspiel gegen Frankreich. Nach schleppendem Beginn ergriff er die Initiative. Die Folge: fünf Tore innerhalb von 46 Minuten. Die Schweiz gewann mit 6:2. Entscheidende Tore schoß Hügi auch schon beim WM-Turnier 1954 in der Schweiz, wo er mit sechs Treffern zusammen mit dem Deutschen Max Morlock auf Rang zwei der Torschützen-Liste stand.

Schnell, technisch perfekt und nur schwer vom Ball zu trennen, hatte Hügi immer seine liebe Not mit den gegnerischen Verteidigern, und so klingt ein Satz in dem Buch, das er veröffentlichte, wie eine Regie-Anweisung für Stürmer: Um den Schiedsrichter von einem Foul zu überzeugen, meinte er, müsse man sich hin und wieder schon einmal mit einem theatralischen Aufschrei zu Boden werfen.

GEOFF HURST

Drei Tore im Endspiel

Mit seiner eleganten, hochgewachsenen Erscheinung hätte der Engländer eigentlich besser in einen distinguierten Cricket-Club gepaßt. Tatsächlich war sich Hurst auch lange Zeit nicht klar darüber, ob er nun lieber Cricket oder Fußball spielen sollte. Außergewöhnliches Talent besaß er für beide Sportarten.

Das war auch noch so, als er bereits einige Jahre als Profi für West Ham kickte. Sein eigentlicher Aufstieg zum Weltstar am runden Leder begann nämlich relativ spät und ging ausgerechnet auf Kosten seines besten Freundes: Jimmy Greaves. Das war beim WM-Turnier 1966 in England. Alf Ramsey brauchte einen schnellen, trickreichen Ball-Artisten im Sturm, der sich notfalls auch mehr als 90 Minuten abrackern konnte. Eigenschaften, die Hurst absolut besaß.

Daß der lange Beau zusätzlich auch noch knallhart und präzise schießen konnte, gab schließlich den Ausschlag dafür, daß Ramsey ihn Greaves vorzog. Der Einsatz lohnte sich. Ungeachtet der wohl nie endenden Diskussionen, ob Tor drei im Endspiel gegen Deutschland nun drinnen war oder nicht, ist Geoff Hurst der bislang einzige Stürmer, dem es gelang, in einem Endspiel um die Weltmeisterschaft einen Hat-Trick zu landen.

Das Erfolgsrezept des smarten Engländers war der kompromißlose Einsatz im Zweikampf und die gründliche Erfüllung der ihm zugewiesenen taktischen Aufgaben. Der Grund, weshalb Hurst vermutlich immer zu den meistgetretenen Spielern auf dem Platz gehörte. Eine Ursache auch seiner frühen Fußball-Invalidität.

ALEX JAMES

Vielgeliebter Giftzwerg

Der kleine Schotte, der als vielgeliebter Fußball-Giftzwerg in die Geschichte des britischen Fußballs eingehen sollte, pflegte sich vor jedem Spiel die Füße mit Whisky zu waschen. Überhaupt war er eine recht komische Erscheinung, die Gegenspieler nur allzu leicht dazu veranlaßte, ihn zu unterschätzen: Gnomenhaft klein, rachitisch gebaut, dafür aber ein kugelrunder Puttenkopf mit Popo-

Jean-Michel Larqué, Frankreich, Mittelfeldspieler; geb. 8. September 1947. Club: AS St-Etienne; 14 Länderspiele (69–76). Mit St-Etienne französischer Meister 1967, 1969, 1970, 1974, 1975; Pokalsieger 1970, 1974.

Bo Larsson, Schweden, Mittelfeldspieler; geb. 5. Mai 1944. Clubs: Malmö FF, VfB Stuttgart, Malmö FF. 70 Länderspiele (64–78); WM-Teilnehmer 1974 und 1978.

Grzegorz Lato, Polen, Stürmer; geb. 8. April 1950. Club: Stal Mielec. 75 Länderspiele (71–79), WM-Dritter 1974 (Torschützenkönig mit sieben Treffern), WM-Teilnehmer 1978, Olympia-Teilnehmer 1972 und 1976. Mit Stal Mielec polnischer Meister 1973 und 1976.

Denis Law, Schottland, Mittelstürmer; geb. 24. Februar 1940. Clubs: Huddersfield (57–59), Manchester City (59–60), AC Turin (60–62), Manchester United (62–74); 55 Länderspiele (59–74), WM-Teilnehmer 1974; mit der Weltelf 1963 gegen England; mit der Europa-Auswahl 1964 gegen Skandinavien. Mit Manchester United englischer Meister 1965 und 1967, Cup-Sieger 1963. 1964 europäischer Fußballer des Jahres.

Tommy Lawton, England, Stürmer; geb. 6. Oktober 1919. Clubs: Bolton Wanderers, Burnley FC (35–37), Everton FC (37–45), Chelsea (45–54). Arsenal (54–57); 29 Länderspiele (38–49), 23 Tore für England. Mit Everton englischer Meister 1939.

Emerson Leao, Brasilien, Torhüter; geb. 11. Juli 1949. Club: Palmeiras. 68 Länderspiele (71–78), WM-Teilnehmer 1974 und 1978.

Kucukandonyadis Lefter, Türkei, geb. 1926; Clubs: Fenerbahce Istanbul, AC Florenz, OGC Nizza, AEK Athen; 50 Länderspiele (48–63), WM-Teilnehmer 1954.

Ernst Lehner, Deutschland, Außenstürmer; geb. 7. November 1912. Clubs: Schwaben Augsburg (27–40), Blau-Weiß Berlin; 65 Länderspiele (33–42), 30 Tore für Deutschland; WM-Teilnehmer 1934 (3.) und 1938. Olympiateilnehmer 1936. Mit der Westeuropa-Auswahl 1937 gegen Mitteleuropa.

Victor Lemberechts, Belgien, Außenstürmer; geb. 18. Mai 1924. Club: FC Mechelen; 42 Länderspiele; 1947 mit der Europa-Auswahl gegen Großbritannien.

Leonidas, Brasilien, Stürmer; bürgerlicher Name: Leonidas da Silva, geb. 11. November 1910. Clubs: Sao Cristovao, Bonsucesso, Vasco da Gama, Flamengo, Sao Paulo; 25 Länderspiele (32–46), 25 Tore für Brasilien; WM-Teilnehmer 1934 und 1938. Torschützenkönig der WM 38 mit acht Treffern.

Werner Liebrich, Deutschland, Mittelläufer; geb. 18. Januar 1927. Club: 1. FC Kaiserslautern; 16 Länderspiele (51–56), Weltmeister 1954; mit Kaiserslautern deutscher Meister 1951 und 1953; über tausend Spiele für Kaiserslautern.

Wolfram Löwe, DDR, Angriffsspieler; geb. 15.

scheitel-Frisur, schlotternde Trikots und Fußballhosen, die bis zum Knie reichten. Alex James war der Charlie Chaplin des Weltfußballs. Seine gekonnten Ball-Slapsticks sorgten jedoch dafür, daß den Verteidigern gegnerischer Teams das Lachen verging.

Seine Karriere begann er als ballverliebter, egoistischer Dribble-Künstler bei dem schottischen Verein Raith Rovers. Obwohl sein Spiel nicht gerade mannschaftsdienlich war, befruchtete er doch, dank des enthusiastischen Beifalls für seine Ball-Eskapaden, das Sturmspiel seiner Mannschaft. Aus „Wee Alex", dem winzigen Alex, wurde für die Fans „Alexander der Große", als er das schottische Nationalteam im Wembley-Stadion zu einem 5:1-Sieg über den Erzfeind England führte und dabei auch selbst noch mit satten Schrägschüssen zwei Tore beisteuerte.

Und dennoch, seinen eigentlichen Höhepunkt erreichte er erst, als er bei Arsenal, zu dem er nach dieser Glanzvorstellung überwechselte, nach anfänglichen Schwierigkeiten seinen Eigensinn über Bord warf und zum Spielgestalter und Kopf der Mannschaft wurde. 1939 beendete er seine aktive Laufbahn und wurde dann mit wechselndem Erfolg Geschäftsmann. 1953 starb er im Alter von 50 Jahren an Lungenkrebs.

LEW JASCHIN
Held der Sowjetunion

Helden der Sowjetunion, das sind Männer wie Juri Gagarin, die sich in die Ungewißheit des Alls schießen ließen. Ihnen verleiht der Kreml Orden, den Lenin-Orden, den Verdienstorden Roter Stern. Daß ein Fußball-Torwart zu dieser Elite von dekorierten Sowjetmenschen zählt, dokumentiert wohl am nachdrücklichsten Persönlichkeit, Taten und Verdienste des Lew Jaschin.

Der Westen würdigte den Moskauer Keeper mit einem vergoldeten Fußball, die Auszeichnung für den besten europäischen „Fußballer des Jahres" (1963). Eine derartige Ehrung für einen Torwart ist so ungewöhnlich wie die Verleihung des Nobelpreises für Literatur an einen Buchdrucker. Denn Regisseure und Torjäger sind die schillernden Figuren des Spiels. Lew Jaschin ist denn auch der einzige Torhüter, dem bislang dieser Oscar des Fußballs verliehen wurde.

Und Max Urbini, Chefredakteur der für diesen Star-Kult verantwortlichen Fußball-Zeitschrift „France Football", fand, aus gutem Grund: „Ich habe in meinem Leben viele Torhüter gesehen", begann der Fußball-Papst seine Laudatio auf Jaschin, „den Swift und den Ramallets, den Zeman und den Grosics, den Gilmar und den Costa Pereira. Aber man darf nicht denken, daß ich alles verbrenne, was ich einmal verehrt habe, wenn ich nun sage, daß Jaschin sie alle übertraf und noch immer übertrifft."

Für Urbini war Jaschin gleichzeitig Combi, Zamora und Planicka. Seine Kollegen suchten passende Vergleiche weniger in der Geschichte der Torhüter, sondern in der Tierwelt. Die Briten tauften Lew Jaschin bei der Weltmeisterschaft 1966 „black octopus" (schwarzer Tintenfisch). Geläufiger war im internationalen Blätterwald indes die Bezeichnung „schwarzer Panther".

Doch weder seine polypenhaften Arme noch seine pantherartigen Sprünge charakterisierten das außergewöhnliche Torwartspiel des Lew Jaschin. Der lange Lulatsch mit den Storchenbeinen und dem tristschwarzen, altmodischen Dress galt vielmehr als „ein Stratege der vier Dimensionen" (Urbini), was wohl seine seltene Fähigkeit beschreiben sollte, seinen Machtbereich vor der Torlinie über den Strafraum hinaus auf das Spielfeld auszudehnen. Jaschin war

„Schwarzer Tintenfisch": Lew Jaschin

immer ein zusätzlicher Feldspieler seiner Mannschaft, „der vierte Verteidiger" (Urbini), bevor sie das 4-2-4 erfanden. Ohne zum Vabanquespieler zu werden, verließ er nahezu in jedem Spiel seinen Hoheitsraum. Er hatte ein fast untrügerisches Gespür für die Situationen, in denen er den Ball (er verstand ihn obendrein mit beiden Füßen zu beherrschen) noch vor dem anpreschenden Stürmer erwischen würde.

Mit diesen „Ausflügen" sind auch die bemerkenswertesten Episoden in der 20jährigen Laufbahn Lew Jaschins verknüpft. Die eine Anekdote erzählte er selbst in einem Interview mit der Monatszeitschrift „Sowjetunion heute". Sie handelte vom Beginn seiner Karriere, als er seinen Vorgänger und Lehrmeister im Dynamo-Tor, Alexej Chomitsch, erstmals vertrat: „Der gegnerische Torwart machte einen Abschlag bis an unseren Strafraum. Ich lief heraus, stieß mit einem Verteidiger zusammen, und der Ball sprang über uns hinweg ins Tor. Alles lachte, doch mir war zum Heulen zumute."

Die zweite Story war weniger lustig. Beim Pokalendspiel Dynamo gegen CSKA hatte ihn Agapow bereits zweimal bezwungen, und da jagte eben dieser gefährliche Agapow einer Steilvorlage nach. Jaschin stürzte aus seinem Tor heraus, wie üblich fest davon überzeugt, den Ball noch vor dem Torjäger des Armee-Clubs zu erreichen. Doch Jaschin hatte sich diesmal verkalkuliert und brachte in einer Art Kurzschlußreaktion Agapow mit einem häßlichen Foul zu Fall. Platzverweis (der einzige) und Sperre von einem Monat kratzten an seinem Image.

Doch weder dieser Zwischenfall noch sein Alter (er beendete seine Laufbahn erst mit 41 Jahren!) hielten ihn in den letzten fünf, sechs Jahren seiner ruhmreichen Karriere immer mehr auf der Torlinie zurück. Es war vielmehr das neue Spielsystem. Jaschin klagte: „Mit dem modernen Defensivspiel hat sich für uns Torhüter viel verändert. Wir sind an die Torlinie gekettet, und vor uns steht ein Wald von Abwehrspielern und nimmt uns die Sicht. Ist es früher schon einmal passiert, daß ich einen Ball ohne jede Bewegung ins Tor ließ?"

Er dachte dabei wohl an das Halbfinalspiel der Weltmeisterschaft 1966 gegen Deutschland, als ihn in Liverpool ein fulminanter 20-Meter-Schuß Franz Beckenbauers überraschte.

Die Karriere des Lew Jaschin (geboren am 22. Oktober 1929 in Bogorodskoje bei Moskau) in der Statistik spiegelt sich so wider: 20 Jahre lang ununterbrochen Torwart in der

Mai 1945; Club: FC Lok Leipzig. 41 Länderspiele (67–76), WM-Teilnehmer 1974, Olympiasieger 1976.

Nat Lofthouse, England, Mittelstürmer; geb. 27. August 1925. Club: Bolton Wanderers (44–61); 33 Länderspiele (52–59), WM-Teilnehmer 1954, 30 Tore für England; mit Bolton Cup-Sieger 1953, im gleichen Jahr britischer Fußballer des Jahres.

Gyula Lorant, Ungarn, Mittelläufer; geb. 6. Februar 1923. Clubs: Vasas Györ, Honved Budapest. 37 Länderspiele (48–55). WM-Zweiter 1954, Olympiasieger 1952.

Wlodzimierz Lubanski, Polen, Stürmer; geb. 28. Februar 1947. Clubs: Sosnica, GKS Gliwice, Gornik Zabrze (63–76), KSC Lokeren. 77 Länderspiele; 46 Tore für Polen, Olympiasieger 1972, WM-Teilnehmer 1974 und 1978. Mit Zabrze sechsmal polnischer Meister (64, 65, 66, 67, 71, 72); 186 Ligatore.

Knut Lundberg, Dänemark, Stürmer; geb. 14. Mai 1920. Club: AB Kopenhagen; 39 Länderspiele (38–58).

Leopoldo Luque, Argentinien, Angriffsspieler; geb. 3. Mai 1949. Club: River Plate. 41 Länderspiele (74–78), Weltmeister 1978.

Ole Madsen, Dänemark, Stürmer; geb. 21. Dezember 1934; Clubs: Hellerup, Sparta Rotterdam (61–66); 44 Länderspiele (57–65). Mit der Skandinavien-Auswahl 1964 gegen Europa.

Karl Mai, Deutschland, Außenläufer; geb. 27. Juli 1928. Clubs: SpVgg Fürth, Bayern München; 21 Länderspiele (53–59), Weltmeister 1954.

Sepp Maier, Deutschland, Torhüter; geb. 28. Februar 1944; Club: FC Bayern München (58–79); 89 Länderspiele (66–78), im WM-Aufgebot 1966, WM-Teilnehmer 1970 (3.), und 1978, Weltmeister 1974; Europameister 1972, EM-Finalist 1976. Mit Bayern Europacup-Sieger der Meister (74, 75, 76), der Pokalsieger (67), deutscher Meister (69, 72, 73, 74), DFB-Pokalsieger (66, 67, 69, 71). Deutscher Fußballer des Jahres 1975, 1977 und 1978.

Jean Jacques Marcel, Frankreich, Läufer; geb. 13. Juni 1931. Clubs: Sochaux, Olympique Marseille, Racing Club Paris. 44 Länderspiele (53–61), WM-Dritter 1958.

Roger Marche, Frankreich, Verteidiger; geb. 5. März 1924. Clubs: Stade Reims, Racing Club Paris; 63 Länderspiele (47–59), WM-Teilnehmer 1954 und 1958 (3.); mit Reims französischer Meister 1949 und 1953, Pokalsieger 1950.

Enver Maric, Jugoslawien, Torhüter; geb. 25. April 1948. Clubs: Velez Mostar, Schalke 04, Velez Mostar. 32 Länderspiele (72–78), WM-Teilnehmer 1974.

Blagoje Marjanovic, Jugoslawien, Halbstürmer; geb. 1904. Clubs: BSK, Jugoslavija, Dinamo, Pancevo; 57 Länderspiele (26–38), WM-Teilnehmer 1930.

ersten Mannschaft von Dynamo Moskau. In seinem großen Jahr 1963 brachte er das Kunststück fertig, in 27 Meisterschaftsspielen ganze sechs Treffer zuzulassen. 78mal hütete er das Tor der sowjetischen Nationalmannschaft, mit der er 1956 in Melbourne die olympische Goldmedaille und 1960 in Paris den Europa-Nationenpokal gewann. Dreimal, 1958, 1962 und 1966, nahm er an Weltmeisterschaften teil. Auch 1970 gehörte er als 40jähriger in Mexiko noch zum sowjetischen WM-Aufgebot, wurde aber nicht mehr eingesetzt.

Jaschin war stets ein netter, leutseliger und bescheidener Mensch, „ein Mensch", so fand Urbini, „dessen Anwesenheit die Gegner entmutigt und die Freunde begeistert". Die Freunde kamen daher alle zu seinem Abschiedsspiel am 27. Mai 1971 ins riesige Moskauer Leninstadion: 103 000 Zuschauer (den Kartenwünschen nach zu urteilen, hätten es 400 000 sein können) und die attraktivsten Fußball-Stars der Welt. 2:2 trennten sich Dynamo und eine Weltauswahl. Als nach genau einer Stunde – beim Stande von 2:0 für Jaschins Dynamo-Team – der große Meister das Tor für immer dem jungen Wladimir Pilgui räumte, brauste ein Beifallsorkan durch die mächtige Arena. Der Engländer Bobby Charlton wurde sentimental: „Es ist ein Jammer, daß wieder eine große Persönlichkeit vom aktiven Fußball Abschied nimmt."

Geld, Gagen und Gewinn, davon war in Lew Jaschins Fußball-Leben nie die Rede. Das lag am System. Auch an den Einnahmen der „Farewell Party", als letzter großer Zahltag scheidender Fußball-Heroen in Mode gekommen, bereicherten sich die Jaschins nicht. Das Geld kam Waisenkindern zugute.

HANS KALB

Eleganz und Übersicht

Vielleicht wäre er der Franz Beckenbauer der zwanziger Jahre geworden, wenn sich bei ihm alles so schön hätte koordinieren lassen. Das ungewöhnliche Ballgefühl mit der Schwäche, daß er eigentlich nur links richtig schießen konnte. Oder seine Eleganz in der Ballführung, seine Übersicht mit dem oft rüpelhaften Benehmen auf dem Spielfeld. Oder seine athletischen Gaben mit der Liebe zu gutem Essen.

Aber auch so war Hans Kalb, der zusammen mit Stuhlfauth beim 1. FC Nürnberg „groß" wurde, vom Ende des 1. Weltkrieges bis 1928 ein Mittelfeld-Spieler der Spitzen-

Präzise im Zuspiel: Hans Kalb

klasse. Mit 21 gab er 1920 sein Debüt in der deutschen National-Mannschaft, im gleichen Jahr war es vor allem auch seiner Regie zu verdanken, daß Nürnberg deutscher Meister wurde. Auch in der National-Mannschaft bewies Kalb bald, daß es ohne ihn nicht ging. Sein Zuspiel war präzise, seine Technik brillant und seine Regie so intelligent, daß man lange darüber hinwegsah, daß er eigentlich ziemlich unbeweglich war.

Seinen Verein, den Club, dirigierte er dennoch von Meisterschaft zu Meisterschaft. Immer wieder gelang es ihm, mangelnde Kondition durch überragenden Spielwitz zu tarnen. Von 1925 an wurde er dann als Mittelfeld-Spieler des National-Teams immer schwächer, so daß man 1927 bereits an das Ende seiner internationalen Karriere dachte.

Doch überraschend zeigte Kalb noch einmal Trainingsfleiß, trainierte überflüssige Pfunde ab und wurde so Spielführer der deutschen Auswahl, die beim olympischen Turnier 1928 zum erstenmal wieder spielberechtigt war. Beim 4:0 gegen die Schweiz trumpfte er groß auf, aber schon beim zweiten Spiel, gegen Uruguay, war er mit seinem Latein am Ende. Wo Kondition und spielerische Fähigkeit nicht mehr mitmachten, wurden sie bei Kalb durch Unfairness ersetzt. So endete Kalbs letztes Länderspiel vorzeitig durch einen Platzverweis.

SANDOR KOCSIS
Tore mit dem Kopf

Von 1952 an bis zur Mitte der fünfziger Jahre sprachen die Experten im Weltfußball eigentlich nur von einer Mannschaft. Es blieb ihnen auch praktisch gar nichts anderes übrig, denn diese Mannschaft fegte in einer Art Wirbelwind so alles vom Platz, was bisher in den Gazetten für Schlagzeilen gesorgt hatte.

Der Wirbelwind aus der Pußta hatte Namen, die jedes Schulkind kannte: Puskas, Hidegkuti, Czibor – und dann war da noch einer, der aussah wie ein echter Zigeunerprimas und einen schier unaussprechlichen Namen hatte – Sandor Kocsis. Dieser Sandor Kocsis, dessen Popularität immer ein wenig im Schatten des legendären „einbeinigen Majors“ Ferenc Puskas stand, weil ihre Karriere über lange Jahre so parallel verlief, war durch die Tore, die er in Serie fabrizierte, maßgeblich an den überragenden Erfolgen der Magyaren beteiligt.

Den ersten großen Höhepunkt seiner Laufbahn erlebte er 1952 mit dem Sieg beim olympischen Fußball-Turnier in Helsinki. Die Ungarn zeigten Traumfußball: das Duo Puskas–Kocsis sorgte mit perfektem Zusammenspiel für die siegbringenden Bilderbuch-Tore.

Von Helsinki zog der Pußta-Sturm von Erfolg zu Erfolg. Am härtesten traf es dabei die Engländer, die bis dahin auf eigenem Boden noch nie besiegt worden waren. Ausgerechnet in der als uneinnehmbar geltenden Festung Wembley-Stadion erlebten sie mit 3:6 ein Waterloo.

Keiner zweifelte daran, daß die Ungarn auch Weltmeister würden. Für Sandor Kocsis sollte dann dieses WM-Turnier 1954 in der Schweiz zum absoluten Gipfelpunkt seiner Karriere werden.

Wie es ausging, ist bekannt. Ein Symptom für die Niederlage der Ungarn war vielleicht auch die Tatsache, daß Kocsis in diesem Spiel kein Tor erzielte. Seine 11 Tore, die ihn zum Schützenkönig dieses WM-Turniers machten, waren ein schlechter Trost.

Wie Puskas so wurde auch Kocsis in den Jahren darauf durch die Folgen des Ungarn-Aufstandes in Europa hin und her getrieben, bis schließlich auch er in Spanien, beim FC Barcelona, eine neue Fußball-Heimat gefunden hatte, in der er noch einmal viel umjubelt seine Karriere auch finanziell erfolgreich beenden konnte.

William Martinez, Uruguay, Läufer; geb. 1928. Club: Penarol; 59 Länderspiele, WM-Teilnehmer 1954.

Josef Masopust, Tschechoslowakei, Mittelfeldspieler; geb. 9. Februar 1931. Clubs: Most (46–49), Teplice (50–52), Dukla Prag (52–67), Crossing (67–70); 63 Länderspiele (54–66), WM-Teilnehmer 1958 und 1962 (2.), mit der Weltelf 1962 gegen England, mit der Europa-Auswahl 1964 gegen Jugoslawien; 1962 europäischer Fußballer des Jahres. Mit Dukla achtmal tschechoslowakischer Meister, dreimal Pokalsieger.

Sandor Matrai, Ungarn, Verteidiger; geb. 20. Februar 1932. Club: Ferencvaros Budapest; 80 Länderspiele (56–67), WM-Teilnehmer 1958, 1962, 1966.

Stanley Matthews, England, Außenstürmer; geb. 1. Februar 1915. Clubs: Stoke City (30–47), Blackpool (47–61), Stoke City (61–65); 54 Länderspiele (35–57), WM-Teilnehmer 1950, 1954; 24 Tore für England. Mit England 1938, 1947, 1953, 1955 und mit einer britischen Auswahl 1965 gegen die FIFA(Welt)-Auswahl. 1953 mit Blackpool Cupsieger, 886 Ligaspiele, zweimal englischer Fußballer des Jahres (48 und 53); 1956 europäischer Spieler des Jahres.

Etienne Mattler, Frankreich, Abwehrspieler; geb. 25. Dezember 1905. Club: FC Sochaux; 46 Länderspiele (30–39), WM-Teilnehmer 1934 und 1938.

Ladislao Mazurkiewicz, Uruguay, Torhüter; geb. 14. Dezember 1945. Club: Racing Montevideo (64–65), Penarol (65–70), FC Sao Paulo (70–74), Penarol; 37 Länderspiele, WM-Teilnehmer 1966 und 1970; mit der FIFA-Auswahl 1968 gegen Brasilien. Mit Penarol Weltpokalsieger 1966.

Sandro Mazzola, Italien, Stürmer; geb. 7. November 1942. Club: Inter Mailand (61–77); 70 Länderspiele (63–75), WM-Teilnehmer 1966, 1970 (2.), 1974; Europameister 1968. Mit Inter viermal italienischer Meister (63, 65, 66, 71), je zweimal Europacup-Sieger der Meister (64, 65) und Weltpokalsieger (64, 65).

Valentino Mazzola, Italien, Stürmer; geb. 26. Januar 1919, gest. 4. Mai 1949. Clubs: Venezia, Turin; 12 Länderspiele (42–49). Fünfmal italienischer Meister mit Turin (43, 46, 47, 48, 49). (Vater von Sandro Mazzola.)

Jimmy McIlroy, Nordirland, Stürmer; geb. 25. Oktober 1931; Clubs: Glentoran Belfast, Burnley FC, Stoke City; 55 Länderspiele (52–66), WM-Teilnehmer 1958; mit Großbritannien 1955 gegen Europa.

Peter McParland, Nordirland, Außenstürmer; geb. 1931. Clubs: Newry Town, Dundalk, Aston Villa, Wolverhampton Wanderers, Plymouth Argyle; 34 Länderspiele (54–62). WM-Teilnehmer 1958. Mit Aston Villa englischer Cup-Sieger 1957.

Giuseppe Meazza, Italien, Mittel- und Verbindungsstürmer; geb. 23. August 1910. Club: Am-

RAYMOND KOPA
Spielgestalter

Als er geboren wurde, hieß er noch Kopaczewski, war nicht Franzose, sondern Pole, und sein Vater schuftete in der Kohlengrube des französischen Bergwerks-Städtchens Noeux-les-Mines. Wahrscheinlich hätte Raymond das Schicksal seines Vaters geteilt, hätten ihm nicht schon im Alter von 16 Jahren bei einem Grubenunglück herabfallende Steine die Hand verkrüppelt. Der Früh-Invalide gebrauchte seine gesunden Beine und spielte Fußball.

So gut, daß er nach zwei Jahren in einem kleinen Provinz-Club als 20jähriger Profi zu Stade Reims kam. Der junge Pole wurde zum spielgestaltenden Fußball-Star. Doch für einen Star in Frankreich war sein Name zu kompliziert. Aus Kopaczewski wurde Kopa, aus dem polnischen Twen ein Franzose, und das nicht ohne Hintergedanken, denn die Grande Nation brauchte den Jung-Bürger für das National-Team.

Als Kopa 1952 die Regie im Team Tricolore übernahm, begann die bisher stärkste internationale Serie des französischen Fußballs, die 1958 dank Kopas Kopf und Fontaines Toren mit einem dritten WM-Rang durch ein 6:3 gegen Deutschland gekrönt wurde. (In der Zeit dazwischen blieb die Mannschaft der Bundesrepublik schon zweimal mit 1:3 auf der Strecke – beim zweiten Mal sogar als frischgebackener Weltmeister!)

Kopa nützte seinen frischen Ruhm und verdiente das große Geld neben Puskas und Di Stefano bei Real Madrid. So richtig glücklich wurde er dabei nicht. Immer störten ihn die Ketten der Profi-Verträge, und so startete er, nach Beendigung seiner Karriere, den „Arbeitskampf“. Es ist zu einem Großteil ihm zu verdanken, wenn Frankreich schließlich die liberalsten Profi-Gesetze im Weltfußball bekam.

HANS-JÜRGEN KREISCHE
Sensibler Sturmführer

Die Wiedergeburt des Dresdner Fußballs nach einem Dornröschenschlaf von über 25 Jahren war eng verknüpft mit den Namen des Trainers Walter Fritzsch und seines Sturmführers und Torjägers Hans-Jürgen Kreische, in sechs Jahren viermal Torschützenkönig und DDR-Fußballer des Jahres 1973.

Dort, wo einst ein Richard Hofmann Tore am laufenden Band schoß, Helmut Schön seine Kreise zog und der DSC Deutschlands Nummer eins der vierziger Jahre wurde, wuchs „Hansi" zur Zentralfigur des zugkräftigsten mitteldeutschen Clubs (Zuschauerschnitt: fast 30 000).

1965 war der 17jährige erstmals ins Rampenlicht getreten, als die DDR in Essen mit einem 3:2-Endspielsieg das UEFA-Jugendturnier gegen den hohen Favoriten England gewann. Kreische schoß das Siegestor. Es war der erste Triumph der DDR in einem internationalen Fußball-Wettbewerb überhaupt.

„Hansi" ist der Typ des sensiblen, spielenden Sturmführers. Sein Vater gehörte zu jener verlorenen Generation, die sich nach dem Kriege vergeblich mühte, im zerbombten Dresden nach dem Auszug der DSC-Heroen an die „unerreichbare Tradition" wieder anzuknüpfen.

Vom Vater, der sein erster Trainer auch im Verein war, lernte Kreische junior, daß der linke Fuß nicht nur als Standbein zu gebrauchen ist. Einsatzwillen und Härte gelten nicht als seine größten Tugenden. Verletzungen warfen ihn monatelang zurück. Deshalb fehlte er bei den großen Europapokalspielen gegen die Bayern. Aber beim Bronzemedaillengewinn im Olympiaturnier in München und beim 1:0-Sieg über die Bundesrepublik in Hamburg war er dabei. Da hätte er fast das 2:0 gegen Sepp Maier geschossen.

LASZLO KUBALA
Fußball-Bonvivant

Er war ein typischer Bonvivant, stets auf seinen persönlichen Vorteil bedacht. Er intrigierte, hing sein Mäntelchen immer nach dem Wind und jonglierte einzigartig mit Staatsbürgerschaften.

Mit knapp 22 konnte er schon auf einen ungewöhnlichen Rekord verweisen: drei Spiele für Ungarns National-Team, sieben für die Tschechoslowakei, ungarischer Meister mit Ferencvaros, slowakischer Meister mit Bratislava. Als sich der Kommunismus in seinen Heimatländern breitmachte, suchte er das Weite und vagabundierte eineinhalb Jahre – da gesperrt – in der Fußball-Welt herum, bis ihn sein Schwager Daucik, der Trainer des FC Barcelona geworden war, nach Spanien holte.

Der blauäugige Blondschopf eroberte die Hafenstadt im Handumdrehen. Nicht nur

Laszlo Kubala

durch sein hervorragendes und geniales Spiel auf dem Rasen, sondern auch als charmanter Gesellschafter. Immerhin, der FC Barcelona stieg zur europäischen Fußball-Elite auf, wurde unter Kubalas Regie fünfmal spanischer Meister und viermal Pokalsieger. In seinen 314 Spielen für diesen Club schoß er 256 Tore.

Die Spanier lagen ihm zu Füßen, er bekam noch eine Staatsbürgerschaft und erreichte durch seine 19 Spiele für Spaniens Nationalmannschaft einen einsamen Rekord: Er spielte in nicht weniger als drei verschiedenen National-Teams. Kubala wurde reich und hinter den Kulissen – gestützt durch seine enthusiastischen Fans – so eine Art „Pate" in der Fußball-Maffia des FC Barcelona. Selbst der eiserne Helenio Herrera biß sich an ihm die Zähne aus.

GRZEGORZ LATO
Wie ein Raubvogel

Osteuropäische Fußball-Journalisten nennen ihn den Habicht. Denn wie ein Raubvogel schlägt er zu; pfeilschnell im Antritt – er läuft die 100 Meter in 10,8 Sekunden –, bestimmt vom Instinkt, getrieben vom unwiderstehlichen Drang zum Tor. Ein „Killer" wie Helmut Rahn. Seine blitzschnellen Attacken als Ergänzung der Dribblekunst Ga-

brosiana/Inter Mailand; 53 Länderspiele (30–39), Weltmeister 1934 und 1938; mit Ambrosiana/Inter Mailand italienischer Meister 1930, 1938 und 1940. Mit Mitteleuropa 1937 gegen Westeuropa.

Victor Mees, Belgien, Läufer; geb. 26. Januar 1927. Club: Royal Antwerpen; 68 Länderspiele (49–60); WM-Teilnehmer 1954.

Eugen Meier, Schweiz, Stürmer; geb. 30. April 1930. Club: Young Boys Bern. 42 Länderspiele (53–62), WM-Teilnehmer 1954 und 1962. Mit den Young Boys viermal Schweizer Meister (57, 58, 59, 60) und zweimal Pokalsieger.

William Meredith, Wales, Außenstürmer; geb. 7. August 1876, gest. 1950. Clubs: Manchester City (94–05), Manchester United (05–24); 48 Länderspiele für Wales (95–20); englischer Meister mit Manchester United 1908 und 1911, Cup-Sieger mit Manchester City 1904, mit Manchester United 1909; 670 Ligaspiele.

Jef Mermans, Belgien, Mittelstürmer; geb. 16. Februar 1922. Club: RSC Anderlecht; 56 Länderspiele (45–55), WM-Teilnehmer 1954, 23 Tore für Belgien.

Kalman Meszöly, Ungarn, Abwehrspieler; geb. 16. Juli 1941. Club: Vasas Budapest. 61 Länderspiele (1961–1971).

Oktay Metin, Türkei, Stürmer; geb. 1936. Clubs: Besiktas, Galatasaray, Palermo, Galatasaray; 49 Länderspiele (55–71).

Slawa Metreweli, UdSSR, Läufer; geb. 1936. Clubs: Torpedo Moskau, Dynamo Tiflis; 44 Länderspiele (58–66), WM-Teilnehmer 1958 und 1962, Europameister (Nationenpokal) 1960.

A. Y. van der Meulen, Holland, Torhüter; geb. 23. Januar 1903. Club: Haarlem FC; 54 Länderspiele (23–34), WM-Teilnehmer 1934; Olympiateilnehmer 1924 und 1928.

Henri Michel, Frankreich, Mittelfeldspieler; geb. 20. Oktober 1947. Club: FC Nantes. 53 Länderspiele (67–78), WM-Teilnehmer 1978.

Severino Minelli, Schweiz, Verteidiger; geb. 6. September 1909. Clubs: Servette Genf, Grasshoppers Zürich, FC Zürich; 80 Länderspiele (30–43), WM-Teilnehmer 1934 und 1938. Sechsmal Schweizer Meister mit Servette (30) und mit Grasshoppers (31, 37, 39, 42, 43), achtmal Pokalsieger mit Grasshoppers (32, 34, 37, 38, 40, 41, 42, 43).

Rajko Mitic, Jugoslawien, Stürmer; geb. 6. November 1922. Clubs: Koszutniak (36–40), Belgrader SK (40–44), Roter Stern Belgrad (45–58); 59 Länderspiele (46–57), WM-Teilnehmer 1950 und 1954, Olympiazweiter 1948 und 1952. Mit Roter Stern dreimal jugoslawischer Meister (51, 56, 57), viermal Pokalsieger (48, 49, 50, 58).

Luisito Monti, Argentinien, Italien; Mittelläufer; geb. 15. Januar 1901. Clubs: Huracan San Lorenzo, Juventus Turin; 17 Länderspiele für Argentinien, 18 Länderspiele für Italien. Mit Argentinien WM-Finalist 1930, mit Italien Weltmeister 1934.

dochas machten ihn mit sieben Treffern zum Schützenkönig der Fußball-Weltmeisterschaft 1974 in Deutschland.

Seine Heimat ist die tiefste Fußball-Provinz. Er kommt wie Domarski, der Schütze des legendären Wembley-Treffers (der Polen über England den Weg zum WM-Turnier '74 ebnete), aus dem galizischen Mielec, das vom Hamburger SV „irgendwo weit hinter Krakau" auf der Landkarte ausgemacht werden mußte, als der HSV im UEFA-Pokal dorthin ausgelost wurde.

Lato kann sprinten, schießen, köpfen, und so schnell wie auf dem Spielfeld katapultierte er sich auch in die Bestenliste des Fußballs. Beim Olympiaturnier 1972 saß er noch auf der Reservebank, 1973 holte ihn Gorski endgültig in den engsten Kreis der Nationalspieler. Ein Jahr später schon war er als Torjäger ein Star des Welt-Fußballs.

DENIS LAW
Voller Widersprüche

Wer unter den besten Stürmern der Welt nach Exzentrikern sucht, stößt unvermittelt auf den langen schottischen Stürmer mit den strähnig langen blonden Haaren. Denis Law steckt voller Widersprüche. Auf dem Spielfeld zum Beispiel kann er 90 Minuten lang hart und verbissen kämpfen, kein Weg ist ihm zu weit, keine Situation zu aussichtslos. Blitzschnell nützt er seine Chancen – knallharte Schüsse, raffinierte Kopfbälle.

Kaum hat er aber die Fußballschuhe ausgezogen, will er von Fußball nichts mehr wissen. Zu Hause bei ihm ist es strikt verboten, über Fußball zu reden, er gibt keine Kommentare und würde sich niemals ein Fußballspiel anschauen. „Fußballspielen ist der Himmel, Zuschauen die Hölle." Das ist einer seiner vielzitierten Aussprüche.

Schon mit 18 Jahren wußte er, wo er hinwollte – immer dorthin, wo es das meiste Geld gab. So ist das unstete Fußball-Leben des Denis Law, das ihn unter anderem auch zum AC Turin brachte, von hohen Transfersummen flankiert. Er war, bis George Best kam, der bestbezahlte Fußballer der Insel, und das nicht nur, weil er hervorragend und ausdauernd Fußball spielen konnte, sondern weil er auf seine merkwürdige Art auch ein perfekter Showman ist.

Dazu gehörte auch sein in Länderspielen gegen England immer wieder zutage getretener Haß auf die Engländer, obwohl er doch mit vielen seiner Gegner im Fußball-Alltag friedlich in einer Mannschaft spielte. Wenn

Hohe Transfersummen: Denis Law

er Tore schoß, artete seine Siegesfreude wie bei dem Boxer Muhammad Ali in einer Demütigung des Gegners aus. Alles Mache, denn insgeheim war der hart kickende Kreuzworträtsel-Fan ein harmloser Bursche.

ERNST LEHNER

Perfekter Rechtsaußen

Ihm wurde nachgesagt, er habe schießen können wie ein Wilddieb: Aus dem Hinterhalt, aus den unmöglichsten Winkeln, blitzschnell und zielgenau. Mit dem Ball am Fuß pirschte er sich über den rechten Flügel an die Tore des Gegners heran, und altgediente Experten mit dem Überblick langjähriger Tätigkeit behaupten trotz Matthews und Garrincha heute noch, er sei der perfekteste Rechtsaußen aller Zeiten gewesen.

Der fidele Augsburger, der, wenn er lachte, wieherte wie ein Pferd, festigte seinen guten Ruf nicht nur durch sein großes Können, sondern auch durch eine tadellose sportliche Einstellung. Das Wort Kapitulation war auch bei einem großen Rückstand seiner Mannschaft ein Fremdwort für ihn. Er rannte bis zum Schlußpfiff nach jedem Ball.

Obwohl es den Berufsfußball noch nicht gab, war das Spiel mit dem runden Leder für Ernst Lehner so etwas wie eine Profession, bei der er alle ihm verfügbaren Mittel einsetzte. So war er außer dem sicherlich besten auch der beständigste Rechtsaußen, der je ein deutsches National-Trikot getragen hat. 65 Länderspiele und 30 Tore, das blieb auch später, als Länderspiele viel häufiger ausgetragen wurden, eine beachtliche Bilanz.

Sein größter internationaler Erfolg: der dritte Platz bei der Weltmeisterschaft 1934 in Italien. Er spielte noch mit Fritz Walter zusammen, ehe der Krieg seine Karriere beendete. Auch später ließ ihn der Sport nicht los. In Aschaffenburg wurde er Leiter des Sportamtes und hatte als Trainer maßgeblichen Anteil daran, daß Viktoria Aschaffenburg in die Oberliga aufstieg.

NAT LOFTHOUSE

Zerstörerische Schußkraft

Er selbst hielt sich eigentlich für das Fußballspielen nicht sonderlich begabt. Als Torhüter in einer Schülermannschaft fing er an, aber das gefiel ihm nicht. Im zweiten Spiel wurde er Mittelstürmer, und diesen Posten hat er bis zum Ende seiner Karriere im Alter von 35 Jahren beibehalten. Trotz seiner Skepsis wurde er, nachdem sich der Beginn seiner Karriere kriegsbedingt ein wenig verzögert hatte, der meistgefeierte Stürmerstar Englands in den 50er Jahren.

Lofthouse war der Typ, den man gemeinhin als Sturmtank bezeichnet. Groß, breitschultrig, geradlinig, schnell und mit einer zerstörerischen Schußkraft in beiden Beinen. Als er festgestellt hatte, daß er es als Techniker nicht weit bringen würde, verlegte er sich aufs Toreschießen, und das konnte er.

Seine Spezialitäten: Lange Sprints, an deren Ende er immer noch genug Kraft für einen sauberen Torschuß hatte, und genauestens abgezirkelte Kopfbälle. Aber das allein hätte ihn bei den Torhütern nicht zum Schrecken gemacht. Der bullige Lofthouse hatte die Angewohnheit, gegnerische Torhüter bei jeder sich nur bietenden Gelegenheit anzugehen.

Wenn das auch nicht immer zu einem unmittelbaren Erfolg führte, machte es die Goalies im Verlauf der Partie doch irgendwie nervös. Und diese Nervosität verstand Lofthouse trefflich auszunützen. Der Mann, der Schützenkönig der Liga wurde und den fünfzig Jahre alten Länderspiel-Torrekord von Steeve Bloomer überbot, hatte nur vor einer Sache wirklich Angst: Elfmeter zu schießen. In seiner langen Karriere trat er nicht einen!

Bobby Moore, England, Außen- und Mittelläufer; geb. 12. April 1941; Club: West Ham United (58–74), FC Fulham (74–77); 107 Länderspiele (62–73), Weltmeister 1966, WM-Teilnehmer 1962 und 1970. EM-Dritter 1968; Europacup-Sieger der Pokalsieger 1965; englischer Cup-Sieger 1964, 550 Ligaspiele mit West Ham; insgesamt 999 Clubspiele. 1964 englischer Fußballer des Jahres.

Max Morlock, Deutschland, Halb- und Mittelstürmer; geb. 11. Mai 1925. Clubs: Eintracht Nürnberg (36–40). 1. FC Nürnberg (40–65); 26 Länderspiele (50–58), Weltmeister 1954, 21 Tore für Deutschland. Mit dem 1. FC Nürnberg deutscher Meister 1948 und 1961; 1961 Fußballer des Jahres in Deutschland.

Dieter Müller, Deutschland, Angriffsspieler; geb. 1. April 1954. Clubs: SG Götzenhain, Kikkers Offenbach, 1. FC Köln. 12 Länderspiele (76–78), WM-Teilnehmer 1978, EM-Zweiter 1976. Mit Köln deutscher Meister 1978, Pokalsieger 1977 und 1978.

Gerd Müller, Deutschland, Mittelstürmer; geb. 3. November 1945. Clubs: TSV Nördlingen (55–64), Bayern München (64–79); 62 Länderspiele (66–74); Weltmeister 1974, WM-Teilnehmer 1970 (2.); 68 Tore für Deutschland; Torschützenkönig der WM 70 mit 10 Treffern. Mit Bayern Europacup-Sieger der Meister 1974, 1975, 1976, Europapokalsieger der Cup-Sieger 1967; deutscher Meister 1969, 1972, 1973, 1974; Pokalsieger 1966, 1967, 1969, 1971. 1970 europäischer Fußballer des Jahres; 1967 und 1969 Fußballspieler des Jahres in Deutschland.

Hansi Müller, Deutschland, Mittelfeldspieler; geb. 27. Juli 1957. Club: VfB Stuttgart. 6 Länderspiele (78), WM-Teilnehmer 1978.

Reinhold Münzenberg, Deutschland, Läufer, geb. 25. Januar 1909. Club: Alemannia Aachen; 41 Länderspiele (30–39), WM-Teilnehmer 1934 und 1938.

Georgi Najdenow, Bulgarien, Torhüter; geb. 21. Dezember 1931, gest. 1970. Clubs: CSKA, Spartak, 51 Länderspiele für Bulgarien (55–66), WM-Teilnehmer 1962 und 1966, Olympia-Teilnehmer 1956 (3.) und 1960. Achtmal bulgarischer Meister, zweimal Pokalsieger, 1961 Fußballer des Jahres in Bulgarien.

Jose Nasazzi, Uruguay, Verteidiger; geb. 1901. Club: Penarol; 64 Länderspiele (22–33); Weltmeister 1930, Olympiasieger 1924 und 1928.

Walter Nausch, Österreich, Außenläufer; geb. 5. Februar 1907; gest. 1957. Clubs: Josefstadt, Libertas, WAC, Austria, Grasshoppers Zürich, Young Boys Bern; 39 Länderspiele (29–37). Mitglied des „Wunderteams".

Johan Neeskens, Niederlande, Mittelfeldspieler; geb. 15. September 1951; Clubs: Ajax Amsterdam, FC Barcelona, Cosmos New York. 49 Länderspiele (70–78); WM-Zweiter 1974 und 1978; EM-Endrundenteilnehmer 1976. Mit Ajax Europacup-Sieger der Meister 1971, 1972, 1973,

WLODZIMIERZ LUBANSKI

Polens Fußball-Symbol

In seiner oberschlesischen Heimat nennen sie ihn liebevoll „Wlodek, das Wunderkind", wie es vor den Hütten und Gruben des Bergbaugebiets keins mehr gab seit den Tagen des Ernest Willimowski, der dann im Krieg als Ernst Willimowski auch achtmal das Trikot der deutschen Nationalelf trug und 13 Tore schoß.

Mit 16 erstmals international, wurde der elegante, antrittsschnelle Mittelstürmer von Gornik Zabrze zur Symbolfigur des jungen Fußball-Polens, ein Torjäger, aber kein Tank, eher ein spielender Mittelstürmer wie einst Edmund Conen. Kein anderer Stürmer in der Geschichte seines Landes schoß so viele Tore. Er war der Star des Gorski-Teams, das 1972 in München den Ungarn die olympische Goldmedaille entriß.

Dem Liebling der Nation und der Frauen verzieh man auch immer wieder die Leichtlebigkeit im Privatleben. Ihm schien alles zuzufallen wie Franz Beckenbauer.

Dann traf ihn ein schwerer Schicksalsschlag. Beim entscheidenden 2:0-Sieg im WM-Qualifikationsspiel gegen England in seiner Vaterstadt wurde er schwer verletzt. Im Krankenwagen verließ er die Stätte seiner großen Triumphe. Zwei Operationen warfen ihn für viele Monate aus der Bahn. Aus der Traum von der WM, die der Höhepunkt seiner Laufbahn hätte werden können! Kein Mensch vermag zu sagen, wie die WM 74 mit einem gesunden Lubanski ausgegangen wäre.

SEPP MAIER

Je älter, desto besser

Er hatte eigentlich schon alles erreicht, was es im Fußball zu erreichen gibt: Er war mit der deutschen Nationalmannschaft Welt- und Europameister geworden, hatte mit dem FC Bayern München jeweils mehrfach die deutsche Meisterschaft, den DFB-Vereinspokal und den Europacup gewonnen. Aber auf einen Titel war Sepp Maier doch noch scharf. Er wollte unbedingt einmal „Fußballer des Jahres" werden. 1975 ging der Wunsch des Torhüters in Erfüllung: Deutschlands Sportjournalisten wählten ihn mit einer klaren Mehrheit zum „Fußballer des Jahres".

Das Erstaunliche daran: Diese Ehrung wurde dem Torwart der Weltmeisterelf in einem Jahr zuteil, in dem seine Vereinsmannschaft schwächer war als je zuvor seit dem Aufstieg in die Bundesliga, in einer Saison, in der Sepp Maier mehr Gegentore hinnehmen mußte als in den vorangegangenen Spielzeiten. Man hatte eben nicht vergessen, daß Sepp Maier mit einer beständig starken Form die Bayern in ihrem Krisenjahr 1974/75 vor einem noch tieferen Sturz, ja vielleicht sogar vor dem Abstieg bewahrt hatte. Man honorierte damit auch seine Glanzleistung im Pariser Endspiel um den Europacup der Landesmeister, das die Münchner gegen Leeds United 2:0 gewannen.

„Es gibt zur Zeit keinen besseren Torhüter auf der Welt", schwärmte Bayern-Trainer Dettmar Cramer, der – wie seine Vorgänger – Trainingsfleiß und -härte Sepp Maiers in den höchsten Tönen lobte. Bundestrainer Helmut Schön und Sepp Maier arbeiten schon seit 1961 zusammen. Damals stellte Schön den 17jährigen Münchner beim UEFA-Turnier in Portugal ins Tor der deutschen Jugend-Auswahl. „Seit dieser Zeit sind wir einen gemeinsamen Weg gegangen", erzählt der Bundestrainer. „Aus dem Jugend-Nationaltorwart wurde der Amateur-Nationaltorwart und schließlich der Rekord-Torhüter der Nationalmannschaft – eine Laufbahn, wie man sie sich idealer nicht vorstellen kann." Zu Beginn war Maier nach Schöns Meinung „leicht ablenkbar". Doch das hat sich geändert: „Später ist er das geworden, was ich den idealen Torwart nenne", erklärte Schön, der neben der verbesserten Konzentrationsfähigkeit vor allem auch Sepp Maiers „Reaktionsvermögen, seine stets hervorragende körperliche Verfassung, seinen Mut und seine Fangsicherheit" hoch einschätzt.

„Ich bin wie Whisky", pflegt Sepp Maier zu sagen, „je älter, desto besser." Und er erinnert in diesem Zusammenhang an den Sportler, den er in jungen Jahren als sein großes Vorbild betrachtete, an den sowjetischen Torhüter Lew Jaschin, der mit fast 37 Jahren an der Weltmeisterschaft 1966 in England teilnahm, der mit 39 das Tor einer Welt-Auswahl hütete und mit 40 immer noch eine Stütze seiner Clubelf war.

Kein anderer deutscher Torwart hat auch nur annähernd so viele Länderspiele bestritten wie die „Katze von Anzing", wie Sepp Maier von den Mannschaftskameraden nach seinem Wohnort östlich von München benannt wird. Schon 1972, bei der Europameisterschafts-Endrunde in Belgien, übertraf er den damaligen Rekordhalter Hans Tilkowski, der es auf 39 Berufungen in die Nationalmannschaft gebracht hatte. 100 Länderspiele hat er zu seinem Ziel erklärt.

Seit 1970 sind in der deutschen Länderspiel-Statistik nur wenige Begegnungen ohne Maier verzeichnet. Er will immer die Nummer eins sein, und er selbst gibt zu: „Ich wäre ein miserabler Ersatzmann." Es ist sicherlich kein Zufall, daß die wenigen Formkrisen, die er in den letzten Jahren durchmachte, zum Teil in Zeiten fielen, in denen Helmut Schön auch einmal einem anderen Ballfänger eine Chance gab. Geld bedeutet Sepp Maier sehr viel, aber dem besessenen Fußballer kommt es nicht aufs Geld an, wenn er in der Nationalelf spielen kann.

Einmalig ist Maiers Serie von 350 Bundesligaspielen ohne Unterbrechung. Vom 21. August 1966 an, also mehr als zehn Jahre (!) lang, fehlte er in keinem einzigen Punktspiel. Dieser phantastische „Weltrekord" war mehrfach in Gefahr, denn auch ein Sepp Maier blieb nicht von Verletzungen und Krankheiten verschont. „Wenn ich immer gleich zum Arzt gerannt wäre, hätte der mir bestimmt fünfzehnmal das Spielen nicht erlaubt", sagt Maier, der in seinem brennenden Ehrgeiz manchmal sogar Verletzungen verschwieg, um seinen Einsatz nicht zu gefährden.

Die „Spinne": Sepp Maier

holländischer Meister 1970, 1972, 1973. Mit Barcelona spanischer Meister 1974, spanischer Pokalsieger 1978.

Zdenek Nehoda, CSSR, Stürmer; geb. 9. Mai 1952. Club: Dukla Prag. 53 Länderspiele (71–78), Europameister 1976. CSSR-Fußballspieler des Jahres 1978.

Terry Neill, Nordirland, Läufer; geb. 1940. Clubs: Bangor City, Arsenal London, Hull City. 59 Länderspiele (61–73).

Oldrich Nejedly, Tschechoslowakei, Stürmer; geb. 13. Dezember 1909. Clubs: Zebrak, Rakovnik, Sparta Prag (31–39); 44 Länderspiele (31–38), WM-Teilnehmer 1934 (2.) und 1938, Torschützenkönig der WM 1934 (5 Treffer). Mit der Mitteleuropa-Auswahl 1937 gegen Westeuropa.

Igor Netto, Sowjetunion, Läufer; geb. 4. September 1930. Club: Spartak Moskau (48–66); 57 Länderspiele (52–63), WM-Teilnehmer 1958 und 1962, Olympiasieger 1956, Sieger im Europanationenpokal 1960. Mit Spartak fünfmal sowjetischer Meister, dreimal Pokalsieger.

Günter Netzer, Deutschland, Halbstürmer; geb. 14. September 1944. Clubs: 1. FC Mönchengladbach, Borussia Mönchengladbach (61–73), Real Madrid (73–76), Grasshoppers Zürich (1976); 36 Länderspiele (65–75); WM-Teilnehmer 1974, Europameister 1972. Mit Mönchengladbach deutscher Meister 1970 und 1971, DFB-Pokalsieger 1973; mit Real Madrid spanischer Meister 1975 und 1976, Pokalsieger 1974. 1972 Fußballspieler des Jahres in Deutschland und Europa.

Olav Nilsen, Norwegen, Stürmer; geb. 24. Januar 1942. Club: Viking Stavanger; 62 Länderspiele (62–68).

Gunnar Nordahl, Schweden, Mittelstürmer; geb. 19. Oktober 1921. Clubs: Degerfors, IFK Norrköping, AC Milan (48–55), AS Rom (55–57); 33 Länderspiele (42–48), Olympiasieger 1948. 1947 in der Europa-Auswahl gegen Großbritannien, mit der Weltelf 1953 gegen England. Italienischer Meister mit AC Milan (51 und 55). Fünfmal italienischer Torschützenkönig; 225 Tore in 257 italienischen Ligaspielen.

Björn Nordqvist, Schweden, Abwehrspieler; geb. 6. Oktober 1942. Club: IFK Göteborg. 115 Länderspiele (63–78), WM-Teilnehmer 1970, 1974 und 1978.

Ladislav Novak, Tschechoslowakei, Verteidiger; geb. 5. Dezember 1931. Clubs: Louna, Teplice, Dukla Prag (52–67), Jablonec (67–69); 75 Länderspiele (52–66), WM-Teilnehmer 1954, 1958, 1962 (2.). Mit Dukla tschechoslowakischer Meister 1953, 1956 und 1958.

Ion Nunweiller, Rumänien, Läufer; geb. 1936. Clubs: Dinamo Bukarest, Fenerbahce Istanbul (68–71); 40 Länderspiele (58–67).

Branko Oblak, Jugoslawien, Mittelfeldspieler; geb. 27. Mai 1947. Clubs: Hajduk Split, Olimpija Ljubljana, Schalke 04, Bayern München; 48 Länderspiele (70–78), WM-Teilnehmer 1974, EM-Endrundenteilnehmer 1976.

Fußball-Legende: Stan Matthews

JOSEF MASOPUST

Intelligenz-Fußballer

Der große Pelé bezeichnete ihn einmal als Gentleman des Fußballs. „France Football" kürte den 31jährigen in seinem Glanzjahr 1962 zu Europas Fußballer des Jahres. Dabei konnte sich niemand, der den molligen schwarzgelockten Tschechoslowaken in Straßenkleidung sah, so recht vorstellen, daß Masopust überhaupt Fußball spielen konnte.

Der Schein trog. Der Mann, der so unbeweglich wirkte, war in Wirklichkeit ein wahres Laufwunder von ungewöhnlicher Kondition und ein Meister im Dribble-Slalom, der obendrein eine Vielzahl herrlicher Tore schoß, obwohl er eigentlich nicht über besonders ausgeprägte Schußkraft verfügte.

Masopust war der Prototyp des Intelligenz-Fußballers, der mit der Begabung eines geschickten Regisseurs, mit Übersicht und perfektem Können am Ball Dukla Prag von ihrer Entstehung zu einer Spitzenstellung im europäischen Vereinsfußball führte. Er war das Vorbild, mit dem sich der tschechoslowakische Fußball nach einem langen internationalen Tief zu Beginn der sechziger Jahre wieder Ansehen im Weltfußball verschaffte.

Sein Trainingsfleiß war immens, sein Einsatz für die Mannschaften, in denen er spielte, ging bis zur Erschöpfung. So war Masopust auch maßgeblich an dem sensationellen zweiten Platz bei der Weltmeisterschaft 1962 in Chile beteiligt. Er war 36 und immer noch in bemerkenswerter Verfassung, als er endlich als Profi in Belgien auch noch ein wenig Geld mit seiner Kunst verdienen durfte. Danach kehrte er als Trainer wieder in die CSSR zurück.

STAN MATTHEWS

Der Dribblekönig

Im Herbst des Jahres 1961 ereignete sich in Stoke-on-Trent eines jener profanen Wunder, die sich durchaus erklären lassen und trotzdem immer ein bißchen unglaubwürdig bleiben. Diese von den Kohlengruben der englischen Grafschaft Staffordshire umschüttete Stadt, die in einer Londoner Zeitung kurz zuvor wenig galant als „Schmutzhaufen mit elektrischer Beleuchtung" apostrophiert worden war, erlebte eine merkwürdige Renaissance. Die Staatseisenbahn mußte zwei 1960 stillgelegte Eisenbahnstrecken wieder in Betrieb nehmen, die Ho-

Ernst Ocwirk, Österreich, Mittelläufer; geb. 7. März 1926. Clubs: Floridsdorfer AC, Austria Wien, Sampdoria Genua (57–62), Austria Wien; 62 Länderspiele (45–62), WM-Teilnehmer 1954 (3.); mit der Weltauswahl 1953 gegen England, mit der Europa-Auswahl (55) gegen Großbritannien. Mit Austria dreimal österreichischer Meister (49, 50, 63), Pokalsieger (48, 49).

Karl Odermatt, Schweiz, Mittelfeldspieler; geb. 17. Dezember 1942. Club: FC Basel; 50 Länderspiele (63–73), WM-Teilnehmer 1966. Mit dem FC Basel fünfmal Schweizer Meister (67, 69, 70, 72, 73), zweimal Pokalsieger (63, 67).

Yasuhiko Okudera, Japan, Stürmer; geb. 12. März 1952. Clubs: FC Furukawa Tokio, 1. FC Köln. 42 Länderspiele. Mit Köln 1978 deutscher Meister und Pokalsieger.

Anton Ondrus, Tschechoslowakei, Verteidiger; geb. 1950. Club: Slovan Bratislava; 43 Länderspiele, Europameister 1976. Mit Slovan CSSR-Meister 1974 und 1975, Pokalsieger 1975.

Raimondo Orsi, Argentinien, Italien, Außenstürmer; geb. 2. Dezember 1901. Clubs: Independiente, Juventus Turin. 16 Länderspiele für Argentinien, 35 Länderspiele für Italien; mit Italien Weltmeister 1934. Mit Juventus fünfmal italienischer Meister.

György Orth, Ungarn, Stürmer; geb. 1901, gest. 1962. Club: MTK Budapest; 30 Länderspiele (17–27), Olympiateilnehmer 1924. Mit MTK neunmal ungarischer Meister in ununterbrochener Folge von 1917 bis 1925, zweimal Pokalsieger (23, 25).

Motor der Austria: Ernst Ocwirk

tels ließen ihre Fassaden streichen, die Pubs vergrößerten ihren Vorrat an Biergläsern.

Was war geschehen?

Eigentlich nur dies, daß Stanley Matthews nach 14 Jahren zum erstenmal wieder das Fußball-Trikot von Stoke City angezogen hatte, als 46jähriger. Als sich derselbe Stan Matthews 14 Jahre vorher zum FC Blackpool hatte transferieren lassen, da tat er es eigentlich nur, weil ihn Stoke nur noch in der Reserve spielen lassen wollte, und weil er sich selbst noch zu jung für das Abstellgleis fühlte. Stoke City konnte innerhalb von vier Monaten die Hälfte seiner Schulden abtragen. Stoke-on-Trent erwachte aus dem Dornröschenschlaf, Karawanen von Fußball-Fans übervölkerten wieder die Straßen der Stadt. Man wollte ihn wieder „zu Hause" spielen sehen, den berühmtesten Spieler des englischen Fußballs.

Bevor der große Stan nach Stoke zurückkehrte, hatte der Club einen Zuschauerdurchschnitt von 8 000, stand am Rande des Abstiegs in die Dritte Division des englischen Profi-Fußballs. Als Matthews auftrat, ging es unablässig aufwärts, 23 000 kamen jetzt im Durchschnitt.

Gewiß, Stanley Matthews war langsamer geworden, aber seine Ballführung war immer noch perfekt und selbst der berühmte „Matthews-Trick" – links antäuschen, rechts vorbeigehen – klappte noch vorzüglich. Vor allem die jungen Leute bei Stoke City fühlten sich durch den großen alten Mann in ihren Reihen animiert, noch mehr zu laufen, noch mehr zu kämpfen, noch mehr zu leisten.

1963 spielte Stanley Matthews immer noch. Am 18. Mai dieses Jahres gewann er mit Stoke City gegen Luton Town mit 2:1 Toren. Stoke holte sich damit den Titel der zweiten Division und stieg in die höchste Spielklasse auf. Und er war auch am 26. August 1963 dabei, als Stoke das erste Spiel in der ersten Division gegen Tottenham mit 2:1 gewann.

1932 hatte Stanley Matthews zum erstenmal in der Ligamannschaft von Stoke City gespielt, 1965 nahm er in ebendiesem Club Abschied vom Fußball. In der Zwischenzeit hatte sich der Fußball gewandelt, neue taktische Systeme waren immer wieder wie der Weisheit letzter Schluß angeboten worden. Stanley Matthews überlebte sie. Dreißig Jahre lang spielte er „modernen Fußball".

1965 endlich war auch für Stanley Matthews Schluß. Am 1. Januar wurde ihm von Königin Elizabeth der persönliche Adel verliehen. Der Herzog von Edinburgh gratulierte mit den Worten: „Stan, Sie sind eine Legende." Einige Wochen später, am 28. April 1965, verabschiedete er sich auch auf dem Rasen von seinen Fans. Nach dem Abschiedsspiel gegen eine FIFA-Auswahl wurde er mit Ovationen überschüttet. Und Sir Stanley weinte.

Stanley Matthews war 15 Jahre alt, als er sich Stoke City anschloß. Seine Schulleistungen waren nicht eben überragend gewesen, und weil Vater Matthews selbst ein tüchtiger Sportler (nebenberuflich Profi-Boxer) gewesen war, schien es nicht weiter verwunderlich, daß es auch den kleinen Stan danach drängte, seine Lehre in einem Sportclub zu beginnen. Er wurde Laufbursche bei Stoke City, verdiente sich damit ein Pfund in der Woche und konnte – was wichtiger für ihn war – in unmittelbarer Nähe des großen Fußballs leben.

Schon mit 16 Jahren erhielt er seine erste Chance. In der Reservemannschaft fehlte eines Tages ein Rechtsaußen, Stanley Matthews meldete sich schüchtern und durfte spielen. Gewiß, man hatte schon viel Talent an dem kleinen schmächtigen Burschen entdeckt; aber daß er auf Anhieb in der Reserve auftrumpfen würde, das war von niemandem vorhergesehen worden. Da spielte also einer, der aussah, als könnte man ihn in die Hosentasche stecken, mit einer derartigen Cleverness auf, als hätte er schon jahrelang zum Kreis der Profis gehört.

Natürlich, Stanley Matthews durfte auch am nächsten Wochenende wieder in der Reserve spielen. Er erhielt fünf Pfund pro Woche, als an seinem 17. Geburtstag auch ein Vertrag unterzeichnet wurde. Damit war Stanley Matthews der jüngste Profispieler des englischen Fußballs. Er eroberte sich bald einen Stammplatz in der Ligamannschaft und wurde als „Dribblewunder von Stoke" gefeiert. 1935 stand er zum erstenmal in der englischen Nationalmannschaft. In Cardiff wurde Wales mit 4:0 bezwungen. Von diesem Zeitpunkt an war Matthews nicht mehr aus der Nationalmannschaft wegzudenken.

Er war ein Torjäger auf dem Rechtsaußenposten, ohne selbst reihenweise Tore zu schießen. Natürlich, auch seine Trefferquote war beachtlich, aber in die Rubrik der Torschützenkönige rückte er nicht auf. Dafür waren die Tore, die er mit mustergültigen Pässen vorbereitete, Legion. Matthews beherrschte sie alle, die Tricks, die Finten, die Körpertäuschungen, mit denen sich clevere Abwehrspieler reihenweise aufs Kreuz legen ließen.

Aber der Trick war für ihn nicht Selbstzweck, er brauchte ihn, um sich an seinem Bewacher vorbeizuspielen, die gegnerische Deckung aufzureißen. Er sagte selbst einmal: „Wenn ich den Ball habe, dann mache ich das Spiel; ich weiß, was ich tun werde, meine Gegner müssen raten." Und wie sie raten mußten, wenn der Dribblekönig am Ball war. Er hatte immer gleich mehrere Trümpfe in der Tasche, die er nach Belieben ausspielen konnte. Und da er außerordentlich spurtschnell war, kam die Gegenreaktion, etwa nach dem berühmten „Matthews-Trick", meistens zu spät. Bis 1947 spielte Matthews bei Stoke City. Und als man begann, in Stoke-on-Trent vom „alten" Stanley zu faseln, wechselte er das Trikot. Beim FC Blackpool war man bereit, 11 500 Pfund Sterling auf den Tisch zu blättern; Stanley Matthews sagte „ja", und aus dem „alten" Mann wurde für das nächste Jahrzehnt der wichtigste Blackpool-Spieler. In Stoke wurden dem City-Vorstand die bittersten Vorwürfe gemacht, diesen Mann verkauft zu haben.

1950 hatte Matthews ein schlechtes Jahr. Stan ignorierte die notorischen Nörgler und gewann 1953 endlich auch die begehrte Cup-Medaille. Dieses Cup-Final 1953 gehörte nicht zuletzt wegen der spielbestimmenden Persönlichkeit eines Stanley Matthews zu den denkwürdigsten Endspielen im englischen Fußball-Pokal. Zweimal hatte Stanley Matthews bereits im Cup-Finale gestanden. Beide Male war er mit seiner Mannschaft gescheitert. In diesem dritten Endspiel führten die Bolton Wanderers eine halbe Stunde vor Schluß mit 3:1.

Doch dann kam die große Zeit des 38jährigen Dribblekönigs. Matthews kam immer häufiger an seinem Verteidiger vorbei. Die Abwehr der Wanderers wurde von diesem Flügel her aufgerissen. Matthews holte seiner Elf das verlorengegangene Selbstbewußtsein zurück, seine Pässe schnitten die gegnerische Abwehr entzwei, dreimal bedankte sich der Innensturm des FC Blackpool für die mustergültige Vorbereitung mit mustergültigen Toren. Der letzte Treffer wurde wenige Sekunden vor Spielschluß erzielt. Blackpool hatte mit 4:3 gewonnen, und Stanley Matthews hatte seinen Triumph.

Am 1. Dezember 1954 konnte sich die deutsche Mannschaft, Weltmeister von Bern, davon überzeugen, daß der inzwischen 39jährige Matthews nichts weniger als ein „alter Mann" war. Werner Kohlmeyer hatte diesen Matthews gegen sich, und er wurde in den neunzig Minuten dieser Begegnung vom Hexenmeister an der Außenlinie zum Anfänger

Stanislaw Oslizlo, Polen, Verteidiger; geb. 13. November 1937. Clubs: Wodzislaw, Katowice, Gornik Radlin, Gornik Zabrze (60–73); 57 Länderspiele (61–71).

Wolfgang Overath, Deutschland, Mittelfeldspieler; geb. 29. September 1943. Clubs: Siegburg 04, 1. FC Köln (63–76); 81 Länderspiele (63–74), WM-Teilnehmer 1966 (2.), 1970 (3.), Weltmeister 1974; mit der Weltauswahl 1968 gegen Brasilien. Mit dem 1. FC Köln 1964 deutscher Meister, 1968 und 1977 DFB-Pokalsieger.

Pak Doo Ik, Nordkorea, Stürmer; geb. 17. Dezember 1943. Club: SC Pjönjang, 82 Länderspiele, WM-Teilnehmer 1966. Schoß das Tor zur 0:1-Niederlage Italiens, der größten Überraschung der Weltmeisterschaft 1966.

Ali Parvin, Iran, Mittelfeldspieler; geb. 12. Oktober 1946. Club: Persepolis, 83 Länderspiele, WM-Teilnehmer 1978.

Daniel Passarella, Argentinien, Abwehrspieler; geb. 25. Mai 1953. Club: River Plate; 33 Länderspiele (74–78), Weltmeister 1978.

Pelé, Brasilien, Halbstürmer; bürgerlicher Name: Edson Arantes do Nascimento; geb. 21. Oktober 1940. Clubs: Bauru (50–56), FC Santos (56–75), Cosmos New York; 93 Länderspiele (57–71), Weltmeister 1958 und 1970, WM-Teilnehmer 1962 (aber im Endspiel, das Brasilien gewann, nicht eingesetzt) und 1966. Mit dem FC Santos neunmal Meister von Sao Paulo, fünfmal (61–65) brasilianischer Pokalsieger, dreimal Gewinner des Südamerika-Pokals, zweimal Weltpokalsieger. Über 1200 Tore für Santos in rund 950 Spielen.

Juhani Peltonen, Finnland, Verteidiger; geb. 16. Juni 1936. Clubs: Haka Valkeakoski, Hamburger SV (64–66), Haka (66–71); 67 Länderspiele (56–70). Zweimal in der Skandinavien-Auswahl. Mit Haka finnischer Meister 1960 und 1962, Pokalsieger 1955, 1959, 1960, 1969.

Martin Peters, England, Außenstürmer; geb. 8. November 1943. Clubs: West Ham United, Tottenham Hotspur. 67 Länderspiele (67–74), Weltmeister 1966, WM-Teilnehmer 1970. Mit West Ham englischer Cup-Sieger 1964 und Europacup-Sieger der Pokalsieger 1965; mit Tottenham UEFA-Pokalsieger 1972.

Pedro Petrone, Uruguay, Mittelstürmer; geb. 1902, gest. 1970. Club: Nacional Montevideo; 58 Länderspiele (23–32), Weltmeister 1930, Olympiasieger 1924 und 1928.

Bruno Pezzey, Österreich, Abwehrspieler; geb. 2. März 1955. Clubs: Wacker Innsbruck, Eintracht Frankfurt. 35 Länderspiele (75–78). WM-Teilnehmer 1978.

Roger Piantoni, Frankreich, Stürmer, geb. 26. Dezember 1931. Clubs: AS Nancy, Stade Reims, OGC Nizza; 38 Länderspiele (52–61), WM-Teilnehmer 1958 (3.). Mit Reims dreimal französischer Meister (58, 60, 62), Pokalsieger 1958.

Silvio Piola, Italien, Mittelstürmer; geb. 29. September 1913. Clubs: Pro Vercelli (29–34), La-

degradiert. Tatsächlich war die einzige Macht der Fußball-Macht England in diesem Spiel der phänomenale, fast 40jährige Stanley Matthews gewesen. Und so blieb denn auch seine Popularität ungebrochen.

1957 erhielt er von Königin Elizabeth die Auszeichnung „Commodore des Ordens vom Britischen Empire". Die Fußball-Fans verlangten mehr. Sie wollten den Adelstitel für den großen alten Mann des englischen Fußballs. Am 25. Juli 1963 erhielt er, zurückgekehrt nach Stoke-on-Trent, die Ehrenbürgerschaft dieser Stadt. Und am 1. Januar 1965 sprach der Herzog von Edinburgh bei der Adelsverleihung den denkwürdigen Satz: „Stan, Sie sind eine Legende."

SANDRO MAZZOLA

Inters Erfolgsmotor

Der Anfang seiner Karriere war trotz des unübersehbaren Talentes dornenreich. Das lag nicht an den Schwierigkeiten, die ihm gegnerische Verteidiger-Beine machten, sondern an dem Schatten, den er in den Lehrjahren stets auf dem Fußball-Platz mit sich herumtrug.

Der Schatten des berühmten Valentino Mazzola, seines Vaters, der als vielumjubelter Nationalspieler 1949 bei einem Flugzeug-Absturz auf tragische Weise ums Leben kam. Sandro mußte es sich gefallen lassen, daß er immer, mitunter sogar auf bösartige Weise, an seinem Vater gemessen wurde. So war es auch bei Inter Mailand, wo er als Jugendlicher begann; er wurde dort eher gemieden.

Helenio Herrera freilich erkannte in ihm die Begabung, die haargenau in sein taktisches Konzept paßte: Ein schneller Mann mit lupenreiner Technik, mit Übersicht und taktischem Gespür, der in Abwehr und Angriff gleichermaßen eine lenkende Rolle spielen konnte. Sandro Mazzola wurde der Motor für Inters Erfolge: Meisterschaften, Europa-Cups, Welt-Pokale.

In der Rolle, die er für Inter spielte, eroberte er sich auch einen Stammplatz in der italienischen National-Elf, die 1968 die Europameisterschaft gewann und bei der Weltmeisterschaft 1970 in Mexiko nur von Brasilien bezwungen wurde. Längst hatte er den Schatten seines Vaters abgestreift und war wie dieser zu einem Idol der „Tifosi" geworden. Sein Spiel ist typisch italienisch, aber im Gegensatz zu manchem seiner Mannschaftsgefährten ist der schnelle Ball-Ästhet mit dem Menjou-Bärtchen immer ein Musterbild an Fairness geblieben.

Lupenreine Technik: Sandro Mazzola

GIUSEPPE MEAZZA

Zweimal Weltmeister

Der italienische Sportjournalist von heute hat für eine ganz bestimmte Art von Toren eine ganz bestimmte Bezeichnung: Gol à la Meazza!

Tore, die ein Spieler in der eigenen Hälfte vorbereitet und nach einem vehementen Sturmlauf über das ganze Spielfeld selbst erzielt. Sie waren die Spezialität eines Mannes, der in den dreißiger Jahren im italienischen Fußball für Schlagzeilen sorgte und der unvergessen blieb, weil er das erreichte, was die Riveras, Rivas, Mazzolas und Facchettis nicht erreichen konnten: Er wurde Weltmeister, und das gleich zweimal: Giuseppe Meazza.

Der gebürtige Mailänder startete seine Karriere als 13jähriger bei Inter Mailand. Ausgerechnet als Verteidiger. Schon bald jedoch erkannte man seine wahren Fähigkeiten, und die lagen eben in einem ungeheuren Spurt- und Schuß-Vermögen.

Mit 17 spielte er zum ersten Mal in der ersten Mannschaft von Inter und feierte seinen Einstand gleich derartig mit Toren, daß ihm eine Gazette bescheinigte, er sei kein Mittelstürmer, sondern ein Dämon.

Der Dämon im Teenager-Alter wurde bald darauf Torschützen-König, und mit 20 Jahren berief man ihn ins National-Team. Meazzas Tore waren bald auch im Team der Azzurri so selbstverständlich geworden, daß die aufgebrachten Tifosi ihn immer dann sofort an den Galgen knüpfen wollten, wenn sie einmal ausblieben.

Mehr als umsichtiger Führer des italienischen Sturms denn als Goal-Getter sorgte der Mailänder auch für die beiden WM-Siege, die die Italiener 1934 in Rom und 1938 in Paris errangen.

20 Jahre spielte Meazza aktiv Fußball und verdiente eine Menge Geld dabei, ehe er 1947 endlich die Fußball-Schuhe an den Nagel hängte. In der Folge arbeitete er als Trainer und mit viel Erfolg auch als Sportjournalist. Es muß wohl an der Zeit gelegen haben, daß ihm von seinem Geld nicht viel blieb. Sein Ruhm jedoch blieb ungetrübt.

SEVERINO MINELLI

Riegel-Spezialist

Wer den Schweizer Riegel für eine Schokoladen-Spezialität hält, wird mit dem Namen Minelli nichts anfangen können. Bei Fußball-Fans ist jedoch der Schweizer mit dem klangvollen italienischen Namen als Angelpunkt dieser eidgenössischen Spielvariante unvergessen. Der Verteidiger mit einem enormen Ballgefühl, das er später auch als Tennis- und bis ins hohe Alter als Golf-Spieler bewies, war in den dreißiger Jahren absolute Welt-Spitzenklasse.

Temperamentvoll, unerschrocken hart im Geben und Nehmen, ein Meister in Tackling und Kopfballspiel, lenkte er mit Fleiß und Übersicht dreizehn Jahre lang die Abwehr der Schweizer National-Elf. Bis in die siebziger Jahre blieb er mit 80 Länderspielen Rekord-Internationaler der Schweiz. Sein umsichtiges Spiel war über ein Jahrzehnt Garant für eine danach nie wieder erreichte eidgenössische Spitzenstellung im Weltfußball. Zweimal, 1934 in Italien und 1938 in Frankreich, trug er mit dazu bei, daß seine Mannschaft die Viertelfinals erreichte.

Unter den Stürmern im Schweizer Liga-Fußball war Minelli bis zum 37. Lebensjahr der „bestgehaßte" Verteidiger. Seine Erfolgsliste ist beachtlich: Einmal Meister mit Servette Genf, fünfmal Meister mit den Grasshoppers Zürich. Dazu kommen noch acht Siege im Schweizer Cup. Geschickt, wie er im Spiel war, fand er auch den Zeitpunkt zum Abschied vom aktiven Fußball. Geld hat er zwar mit dem Fußball nicht verdient, aber wohlhabend ist er als geschickter Geschäftsmann doch geworden.

zio Rom (35–43), AC Turin (44–45), Juventus (45–52), Novara (52–54); 34 Länderspiele (35–52), Weltmeister 1938, 30 Tore für Italien. Mit Mitteleuropa 1937 gegen Westeuropa, mit der Europa-Auswahl 1938 gegen England. 337 Ligatore.

Jose Martinez Pirri, Spanien, Abwehrspieler; geb. 11. März 1945. Club: Real Madrid (64–79). 41 Länderspiele (66–78), WM-Teilnehmer 1978. Mit Real achtmal spanischer Meister (65, 67, 68, 69, 72, 75, 76, 78), dreimal Pokalsieger (70, 74, 75), Europacup-Sieger der Meister 1966.

Frantisek Planicka, Tschechoslowakei, Torhüter; geb. 2. Juni 1904. Clubs: Bubenec (19–23), Slavia Prag (23–38); 74 Länderspiele (25–38), WM-Teilnehmer 1934 (2.) und 1938. Mit Slavia Prag Mitropapokalsieger 1938, neunmal tschechoslowakischer Meister, sechsmal Pokalsieger.

Svatopluk Pluskal, Tschechoslowakei, Läufer; geb. 28. Oktober 1930. Clubs: Gottwaldov, Dukla Prag (51–66), Jablonec; 57 Länderspiele (52–65); WM-Teilnehmer 1954, 1958, 1962 (2.). Mit der Weltelf 1963 gegen England, mit der Europa-Auswahl 1964 gegen Jugoslawien. Mit Dukla Prag achtmal tschechoslowakischer Meister, viermal Pokalsieger.

Laurent Pokou, Elfenbeinküste, Mittelstürmer; geb. 10. August 1947. Clubs: Asec Abidjan, Rennes. Torschützenkönig im Afrika-Nationenpokal 1968.

Ernest Pol, Polen, Stürmer; geb. 3. November 1932. Clubs: Slavia N. Ruda, Legia Warschau, Gornik Zabrze (57–67). 49 Länderspiele (55–65). 40 Tore für Polen.

Jan Popluhar, Tschechoslowakei, Außenläufer; geb. 12. September 1935. Clubs: Slovan Bratislava, Olympique Lyon (68–70), Zbrojovka Brno (71); 62 Länderspiele (58–67), WM-Teilnehmer 1958 und 1962 (2.). Mit der Weltelf 1963 gegen England, mit der Europa-Auswahl 1964 gegen Skandinavien.

Jupp Posipal, Deutschland, Läufer und Verteidiger; geb. 20. Juni 1927. Clubs: Linden 07 Hannover, Arminia Hannover, Hamburger SV; 32 Länderspiele (51–56), Weltmeister 1954, mit der FIFA-Auswahl 1953 gegen England.

Carl Aage Praest, Dänemark, Außenstürmer; geb. 26. Februar 1922. Clubs: Österbros, BK Kopenhagen, Juventus Turin; 24 Länderspiele (45–48); Olympiadritter 1948; mit der Europa-Auswahl 1947 gegen Großbritannien; mit Juventus italienischer Meister 1950, 1952.

Herbert Prohaska, Österreich, Mittelfeldspieler; geb. 8. August 1955. Club: Austria Wien. 37 Länderspiele (74–79), WM-Teilnehmer 1978.

Antonin Puc, Tschechoslowakei, Außenstürmer; geb. 16. Mai 1907. Clubs: Smichow (20–24), Slavia Prag (25–38); 59 Länderspiele (26–38), WM-Teilnehmer 1934 (2.) und 1938. Mit Slavia siebenmal tschechoslowakischer Meister, sechsmal Pokalsieger.

BOBBY MOORE

Eisenhart, aber fair

Weil der Jugend-Trainer von West Ham United von seinen Zöglingen eine stramme Haltung und einen geraden Blick in seine Augen verlangte, wurde Bobby Moore, der Mann, dem die „Hammers" später mit einen Großteil ihrer Erfolge verdanken sollten, viermal abgewiesen, ehe ihm die Ehre zuteil wurde, Vereins-Mitglied zu werden.

Doch der junge Mann zeigte Beharrlichkeit. Beharrlichkeit, mit der er stets Talent-Unterschiede zu anderen Spielern wettmachte.

Moores Erfolge basierten auf dem cleveren Kalkül, der Umsicht und dem Fleiß eines Geschäftsmannes. Und so vermochte er auch wie kaum ein anderer Star des englischen Fußballs Erfolge in bares Geld umzumünzen. Eisenhart, aber fair hat er sich seinen Wert an der Kicker-Börse erarbeitet, und entsprechend nimmt sich auch die Bilanz seiner Erfolgsjahre aus.

In drei aufeinanderfolgenden Jahren hielt er drei verschiedene Pokale in den Händen. Ein jeder bedeutete Wertsteigerung: 1964 den englischen Cup, 1965 den Europapokal der Pokal-Sieger und 1966 als Kapitän der englischen Nationalmannschaft die Weltmeisterschafts-Trophäe, den Coupe Jules Rimet.

GERD MÜLLER

Bomber der Nation

Er schoß das Tor, durch das Deutschland am 7. Juli 1974 zum zweitenmal Fußball-Weltmeister wurde. Nach dem 2:1-Sieg über Holland im Münchner Olympiastadion verkündete der damals 28jährige seinen Rücktritt aus der Nationalmannschaft. Gerd Müller traf seine Entscheidung auf dem Höhepunkt einer beispiellosen Karriere. Der Mann, der als erfolgreichster Tore-Produzent in die deutsche Fußball-Geschichte eingehen wird, befand, daß es keinen besseren und schöneren Abschied für ihn geben könne.

Es fehlte nicht an Versuchen, ihn zu einem Comeback zu überreden, doch Müller stand zu seinem Wort. Das Kapitel Nationalelf war für ihn abgeschlossen.

In jungen Jahren schwärmte Gerd Müller für den 1. FC Nürnberg. Damals lernte er als Weber und erzielte für seinen Heimatverein TSV Nördlingen im bayerischen Schwaben Tore am laufenden Band – als Jugendspieler einmal 197 in einer Saison. Das war sein erster Rekord, dem er noch viele andere hinzufügte. Der ruhmreiche Club nahm jedoch keine Notiz von dem stämmigen Stürmer, der liebend gerne nach Nürnberg gegangen wäre. So landete Müller im Alter von 18 Jahren für ein Handgeld von 5000 Mark und ein monatliches Grundgehalt von 160 Mark beim FC Bayern, der dem ebenfalls auf den Torjäger aufmerksam gewordenen Lokalrivalen TSV 1860 um wenige Stunden zuvorkam.

Von einem Senkrechtstart im Profi-Fußball konnte keine Rede sein. Beim damaligen Bayern-Trainer Zlatko Cajkovski („Müller haben unmögliche Figur") stand er zunächst nicht allzu hoch im Kurs. Erst nach einem Machtwort von Präsident Wilhelm Neudekker erhielt er seine Chance in der ersten Mannschaft – und schon bald sprach auch „Tschik" Cajkovski nur liebevoll von „kleines, dickes Müller". Diese Bezeichnung blieb den Fußballfans selbst dann noch im Bewußtsein, als aus dem etwas fülligen Torjäger längst ein austrainierter, drahtiger Athlet ohne überflüssige Pfunde geworden war.

Der Stürmer mit der Nummer 9 auf dem Trikot reifte innerhalb weniger Jahre zu einem Spieler der Extraklasse, unübertroffen im Ausnutzen von Torchancen. Spätestens

Schießt, bevor er denkt: Gerd Müller

bei der Weltmeisterschaft 1970 in Mexiko wurde der Schützenkönig des Turniers mit zehn Treffern zu einem Weltstar. Ohne die in zahlreichen Spielen entscheidenden Tore Müllers hätte die deutsche Nationalmannschaft in Mexiko nicht den dritten Platz belegt, wäre sie 1972 nicht Europa- und 1974 nicht Weltmeister geworden.

„Müllers gibt es viele, aber einen wie den Gerd nur alle 50 Jahre einmal." Dieser Satz wird Bundestrainer Helmut Schön zugeschrieben. Und Professor Dr. Hanns Schoberth, bis zur WM 1974 Arzt der Nationalelf, meinte: „Der schießt schon, bevor er denkt. Der Mann hat einfach keine Komplexe und keine Schwierigkeiten mit sich selbst."

Gerd Müller hat schon vor Jahren aufgehört, seine Tore zu zählen. Das überläßt er den Journalisten, die ihn auch mit mehr oder weniger zutreffenden Titeln wie Strafraumgespenst, Schußbein der Nation, Tor-Rakete, Hexer oder Tore-Fabrik bedachten. Zeitweise verwendete ein Teil der Presse die Wortschöpfung „müllern" als Synonym für Toreschießen. Und vom „Bomber" Müller wird man vielleicht noch sprechen, wenn er schon Großvater ist. Dabei verkörpert der Bayern-Stürmer eigentlich das Gegenteil von dem, was man sich im Fußball gemeinhin unter einem Bomber vorstellt. Nur einen geringen Teil seiner Treffer erzielt er mit geballter Kraft aus größerer Entfernung. Gerd Müller ist vielmehr, wie es Helmut Schön einmal treffend formulierte, der „Mann der kleinen Tore". Das war keineswegs abwertend gemeint, denn – so Schön: „Solche Tore zu machen, ist auch eine Kunst." Müller beherrscht diese Kunst durch seine meisterliche Ballbehandlung auf kleinstem Raum, dank seiner dynamischen und doch rationellen Körperbeherrschung.

Seine größte Stärke ist es zweifellos, Chancen zu erkennen und ohne langes Überlegen das Richtige zu tun. Aber der oft zitierte „Tor-Riecher" Müllers ist nicht allein mit Instinkt zu erklären. Er resultiert auch aus unermüdlichem Freistellen und aus Einsatz selbst bei scheinbar aussichtslosen Situationen, aus harter Arbeit im Dienst der Mannschaft. Bei ihm, der im Spiel wie im Gespräch überflüssige Schnörkel vermeidet, hört sich das ganz einfach so an: „Man braucht halt gute Nebenspieler, eine gute Nase und eine Portion Glück. Und man muß 90 Minuten aufpassen wie ein Luchs." Mit diesem Rezept traf er in elf Bundesligajahren mehr als 300mal ins Schwarze. Das ist eine so außergewöhnliche Leistung, daß sogar der nicht zu großen Sprüchen neigende Müller

Ferenc Puskas, Ungarn, Spanien, Innenstürmer; geb. 2. April 1927. Clubs: Kispest, Honved Budapest (43–56), Real Madrid (58–65); 84 Länderspiele für Ungarn (1945–56), 83 Tore für Ungarn; 4 Länderspiele für Spanien (61–62), WM-Teilnehmer 1954 (2.) mit Ungarn, 1962 mit Spanien. Mit der FIFA-Auswahl 1963 gegen England. Mit Real Madrid 1960 Europacup-Sieger (4 Tore gegen Eintracht Frankfurt). Mit Honved Budapest viermal ungarischer Meister, mit Real fünfmal spanischer Meister. 1176 Ligatore.

Alfredo Quesada, Peru, Mittelfeldspieler; geb. 22. September 1949. Club: Sporting Cristal. 53 Länderspiele, WM-Teilnehmer 1978.

Helmut Rahn, Deutschland, Außenstürmer; geb. 16. August 1929. Clubs: BC Altenessen, Oelde 1909, Sportfreunde Katernberg, Rot-Weiß Essen (51–59). 1. FC Köln (59–60). SC Enschede (60–63), Meidericher SV (63–65); 40 Länderspiele (51–60), 21 Tore für Deutschland. Weltmeister 1954, schoß die Tore zum 2:2 und 3:2 beim Endspielsieg über Ungarn in Bern. Mit Rot-Weiß Essen deutscher Meister 1955.

Antonio Ramallets, Spanien, Torhüter; geb. 4. Juli 1925. Clubs: Cerdena, Valladolid, FC Barcelona; 35 Länderspiele (50–61), WM-Teilnehmer 1950. Mit Barcelona viermal spanischer Meister, fünfmal Pokalsieger.

Alf Ramsey, England, Verteidiger; geb. 22. Januar 1920. Clubs: Southampton, Tottenham Hotspur; 32 Länderspiele (49–54). WM-Teilnehmer 1950.

Der „Boß": Helmut Rahn

glaubt: „Dieser Rekord wird ewig halten."

Hunderte von Toren haben Gerd Müller in aller Welt bekannt und reich gemacht. Doch er ist so geblieben, wie er vor seinem Höhenflug war: Bescheiden und natürlich („Mir ist wurscht, ob ich berühmt bin"), ein „Kumpeltyp", der offen und geradeheraus sagt, was er denkt. Die Familie geht ihm über alles. Mit Frau Uschi und Töchterchen Nicole bewohnt er einen Bungalow in Straßlach vor den Toren Münchens. Sein Jahreseinkommen wird auf mehr als eine halbe Million Mark geschätzt, die Zukunft hat er mit Immobilien und zwei Sportgeschäften abgesichert.

JOHAN NEESKENS
Augen zu – und drauf!

Ein riesiger Schuldenberg von einer Pleite-Bar in Zaandam, die er mit seinen 22 Jahren nicht erfolgreich zu führen verstand, hätte seine Karriere beinahe frühzeitig beendet. Da griffen Freund Johan Cruyff und dessen Schwiegervater Cor Coster rechtzeitig ein. Auf Betreiben von Holland- und Barcelona-Trainer Rinus Michels als Drittem im Bunde wurde Johan II., wie die Holländer Johan Neeskens seit seinen ersten Amsterdamer Ajax-Tagen liebevoll nennen, zum FC Barcelona transferiert.

Am 20. Juni 1974 machte Manager Caraben vom vielfachen spanischen Meister bei einem Umtrunk auf der Terrasse des „Waldhotels Krautkrämer" am Hiltruper See bei Münster alles klar: 500 000 Dollar mußte Barcelona auf das Neeskens-Konto mit den vielen roten Zahlen einzahlen. Soviel hatte seine Unterschrift unter einen Drei-Jahres-Kontrakt dem auch im Kreis seiner Spielerkollegen meist stillen jungen Mann eingebracht. Die Zukunft von Johan Neeskens war – vorerst – gesichert. Und damit auch sein Aufstieg bei der Weltmeisterschaft 1974, bei der er durch sein hartes, kompromißloses Mittelfeldspiel und seine Tore (vor allem die wuchtigen Elfmeter) zu einem der Stars avancierte.

„Ausdauer, Kampfgeist und unermüdliche Spielfreude" von Englands Mittelfeld-Zwerg Nobby Stiles hatten bei den Fernseh-Übertragungen der Weltmeisterschaft 1966 den damals Fünfzehnjährigen aus Heemstede bei Haarlem sehr beeindruckt. Zusammen mit seinen Brüdern Piet und Jilles hauste Johan bei den Eltern in einem Arbeiterviertel, hatte nichts gelernt und mußte sich seine wenigen Gulden als Putzmann in einem großen Appartementhaus verdienen.

Manchmal unbeherrscht: Johan Neeskens

Bei RC Heemstede begann er Fußball zu spielen und wurde 1970 (mit 18 Jahren) von den Scouts des AFC Ajax entdeckt. Drei Monate nach seinem Transfer nach Amsterdam stand Neeskens schon in der Nationalmannschaft.

Kurz vor der Weltmeisterschaft 1974 wurde Johan Neeskens von Rinus Michels zum Elfmeter-Schützen bestimmt. Als er gegen Bulgarien gleich zwei Strafstöße verwandelte (im Endspiel beim 1:2 gegen Weltmeister Deutschland einen in der ersten Minute), da wurde Neeskens um seine Eindrücke vor und während der Strafstoß-Ausführung befragt.

Ausführliche Antworten mit genauen Begründungen liegen ihm nicht. „Augen zu – und drauf!" Nach diesem Motto setzte er seinen Körper auch meistens im Spiel selbst ein, so daß Mannschaftsarzt Dr. Fritz Kessel vom Koninklijke Nederlandsche Voetbalbond bei der Weltmeisterschaft zugeben mußte: „Neeskens ist unser härtester Spieler. Er ist vor allem hart gegen sich selbst."

Schließlich hatte er sich vom Putzmann in Haarlem zum Fußball-Millionär auf der Europabühne auch sehr mühevoll emporboxen müssen. Weil er aber seine Nerven nicht im Zaum halten konnte (getreu seinem Vorbild Johan I.), wurde Neeskens schon mehrfach vorzeitig in die Kabine geschickt (wie Cruyff). Am härtesten trafen ihn und Hollands Nationalmannschaft der Platzverweis im Zagreber Vorrundenspiel der Europameisterschaft 1976, so daß Neeskens das erfolgreiche Spiel um Platz drei gegen Jugoslawien nicht mitmachen konnte.

ZDENEK NEHODA

Vollblut aus Mähren

Als die späteren Weltmeister Breitner, Hoeneß und Bonhof noch 18jährige Fußballjungen waren und ihnen eine Qualifikation zur Europameisterschaft der Jugend etwas galt, kreuzte ein stämmiger Mittelstürmer aus dem mährischen Gottwaldov, dem alten Zlin des Schuhkönigs Bata, ihren Weg nach oben. Keiner verwirrte die deutsche Abwehr so schlimm, wie dieses Vollblut Nehoda. Aber die Deutschen siegten am Ende in Passau mit 2:1 und durften nach Schottland zum UEFA-Turnier.

Zwei Jahre darauf gehörte er zur Nationalelf unter 23, die in Moskau und Ostrava gegen die sowjetische Mannschaft (mit Blochin) die Junioren-Europameisterschaft gewann.

Nehoda stürmte längst bei Dukla Prag und war einer der wenigen aus der Metropole unter acht Slowaken im „Team des Aufbruchs", das in 20 Spielen (auch gegen England, die Sowjetunion, Holland und Deutschland) unbesiegt blieb.

Mit seinem wichtigen Führungstor in der Verlängerung gegen Holland im EM-Semifinale hatte er endgültig das Steuer zum Sieg über die verschreckten Holländer wieder herumgerissen, mit seinen Flügelwechseln und mutigen Einzelattacken die Oranjehemden schon vorher aus der Fassung gebracht.

Als der Student der Rechte nach sechs Jahren Hoeneß und Bonhof wiedertraf, holte er nach, was er damals in Passau versäumte.

OLDRICH NEJEDLY

Tore mit Technik

Unter den großen Torjägern der Fußballgeschichte war Oldrich Nejedly eine Ausnahme. Wo andere zur Wahrnehmung auch nur der kleinsten Chance im Strafraum selbst hart attackieren, da verzichtete er auf körperlichen Einsatz. Er war nicht eben groß gewachsen und auch nicht vom bulligen Körperbau erfolgreicher Goalgetter. Und seine „Glas-Knochen" beschworen eine permanente Verletzungsgefahr herauf.

Daß Nejedly trotzdem Tore am Fließband produzierte, war kein Wunder, denn der

Rudolf Ramseyer, Schweiz, Außenstürmer, später Verteidiger; geb. 17. September 1897, gest. 1943. Clubs: Young Boys Bern, FC Bern; 59 Länderspiele (20–31), Olympiazweiter 1924 in Paris; mit Young Boys zweimal Schweizer Meister, einmal Pokalsieger.

François Remetter, Frankreich, Torhüter; geb. 8. August 1928; Clubs: Metz, Sochaux, Bordeaux, Limoges, Straßburg, Grenoble; 26 Länderspiele (53–59). WM-Teilnehmer 1958.

John Rep, Niederlande, Stürmer; geb. 25. November 1951. Clubs: Ajax Amsterdam, SEC Bastia. 29 Länderspiele (73–78). WM-Zweiter 1974 und 1978. Mit Ajax Europacup-Sieger der Meister 1973.

Hervé Revelli, Frankreich, Stürmer; geb. 5. Juni 1946; Clubs: Gardanne, Saint-Etienne (66–76); 30 Länderspiele für Frankreich (67–74). Mit St-Etienne siebenmal französischer Meister (67, 68, 69, 70, 74, 75, 76), Pokalsieger 1968 und 1970.

Luigi Riva, Italien, Außenstürmer; geb. 7. November 1944. Clubs: Varese, Legnano, US Cagliari; 42 Länderspiele (65–75), 35 Tore für Italien; WM-Zweiter 1970 und WM-Teilnehmer 1974, Europameister 1968. Mit Cagliari italienischer Meister 1970.

Roberto Rivelino, Brasilien, Mittelfeldspieler; geb. 1. Januar 1946. Clubs: Corinthians, Fluminense. 90 Länderspiele (68–78), Weltmeister 1970, WM-Teilnehmer 1974 und 1978.

Gianni Rivera, Italien, Innenstürmer; geb. 18. August 1943. Clubs: Alessandria, AC Milan (61–76); 60 Länderspiele (62–74), WM-Teilnehmer 1962, 1966, 1970 (2.), 1974, EM-Endrundenteilnehmer 1968 (im Endspiel nicht eingesetzt). Olympiateilnehmer 1960. Mit Milan zweimal Sieger im Europapokal der Meister (63, 69) und im Weltpokal (63, 69), zweimal italienischer Meister (62, 68), dreimal Pokalsieger (67, 72, 73). 1969 europäischer Fußballer des Jahres.

Pedro Rocha, Uruguay, Mittelfeldspieler; geb. 3. Dezember 1942. Clubs: Penarol, Sao Paulo. 62 Länderspiele (62–75), WM-Teilnehmer 1962, 1966, 1970, 1974. Mit der FIFA-Auswahl 1968 gegen Brasilien.

Virginio Rosetta, Italien, Verteidiger; geb. 16. Juli 1902, gest. 1975. Clubs: Pro Vercelli, Juventus Turin; 52 Länderspiele (20–34), Weltmeister 1934, Olympiateilnehmer 1924 und 1928.

Paolo Rossi, Italien, Mittelstürmer; geb. 23. September 1956. Clubs: Juventus, Lanerossi Vicenza. 9 Länderspiele für Italien; WM-Teilnehmer 1978. Inter Mailand bot 1979 für Rossi 12,8 Millionen DM Ablösesumme.

Kyle Rote, USA, Stürmer, geb. 25. Dezember 1950. Club: Dallas Tornados. 12 Länderspiele (73–75). Gilt als „bestbekannter Amerikaner“ in der US-Profi-Liga.

Rolf Rüßmann, Deutschland, Abwehrspieler; geb. 13. Oktober 1950. Clubs: Schwelm, FC

kleine Tscheche gehörte eben nicht nur zu den Großen im Sturm, sondern er war auch ein absoluter Ausnahme-Techniker. Abstauber-Tore, die sonst zum Repertoire eines Torjägers zählen, waren deshalb dem Oldrich Nejedly weitgehendst fremd.

Seine Tore waren keine Bomben, sondern das Produkt von einzigartigem Stellungsspiel, vollendeter Körperbeherrschung und feinfühligster Ball-Behandlung. Wenn Nejedly schoß, kickte er nicht blindlings, sondern placierte so, daß auch spektakulärste Torwart-Paraden meist ohne Erfolg blieben.

Diese Fähigkeit machte ihn schon kurz nach Beginn seiner Karriere bei dem Verein seines kleinen Heimatstädtchens Zebrak in der Nähe von Prag zu einem begehrten Spieler. Es begann ein allgemeines Werben, und schließlich konnte der arme Provinz-Club Rakovnik, wohin man Nejedly geholt hatte, den Verlockungen nicht widerstehen: Für 20 000 Kronen und der Zusicherung eines Freundschaftsspieles erhielt Sparta Prag den Zuschlag. Nejedly gefiel das zunächst gar nicht. Die eingesessenen Sparta-Stars hatten nämlich keine Lust, sich von einem Provinzler verdrängen zu lassen. Sie schnitten Oldrich so, daß der am liebsten wieder nach Hause gegangen wäre.

Doch Spartas Trainer waren bereit, für ihr neues Kleinod hart durchzugreifen, und das machte sich bezahlt, denn in den zehn Jahren, in denen Nejedly für die Sparta stürmte, bestritt er nicht weniger als 421 Spiele und schoß dabei 391 Tore. Das blieb ein einsamer Rekord im tschechoslowakischen Fußball.

Auch im National-Team wollte man auf Nejedly-Tore nicht verzichten: Knapp sechs Wochen nach seinem Wechsel zu Sparta stand der grazile Torjäger bereits im Aufgebot gegen Polen. Und mit Nejedly im Sturm verschaffte sich der tschechische Fußball in den Arenen Europas im Handumdrehen Respekt, und überall war man gespannt darauf, wie sich die Tschechoslowaken wohl bei der zweiten Fußball-Weltmeisterschaft schlagen würden, die 1934 in Italien ausgetragen wurde.

Tatsächlich wurde dieses WM-Turnier für das CSR-Team und vor allem auch für Oldrich Nejedly zu einer Sternstunde. Wie stark die Tschechoslowaken mit ihrem Torjäger waren, bekamen vor allem die Deutschen zu spüren, die ins Halbfinale vorgedrungen waren und sich große Hoffnungen machten. Doch Nejedly sorgte mit seinen drei Toren beim 3:1-Sieg seiner Mannschaft für ein rasches Ende dieses Traumes.

Erst im Finale konnten die Italiener den

Siegeszug der Tschechoslowaken stoppen, Oldrich Nejedly war der bestaunte Torschützenkönig dieses WM-Turniers.

Auch danach blieb Nejedly weiter in Tor-Laune. Diejenigen, die bis dahin von seinem Torhunger nur gehört hatten, bekamen ihn bald auch zu spüren. Nejedly wurde in den Strafräumen europäischer Mannschaften zum meistgefürchteten Mann.

Dieser Ruf eilte ihm voraus, als es in Frankreich 1938 wieder um den Coupe Jules Rimet ging. Doch nach einem leichten Sieg gegen Holland erfolgte im Viertelfinalspiel gegen Brasilien eine Art Wachablösung. In der südamerikanischen Mannschaft stand mit Leonidas ein anderer torhungriger Stürmer, der mit seinen zwei Toren in dem mit Haken und Ösen geführten Spiel für den 2:1-Sieg seiner Mannschaft sorgte und später auch neuer WM-Schützenkönig wurde. Nejedly ging leer aus. In seiner Verzweiflung suchte er, was er sonst nie tat, die Chance im Zweikampf – und prompt brach er sich das Bein.

Nejedly kickte bis zum 48. Lebensjahr. Auf dem Weg, auf dem seine Karriere begonnen hatte, war er über Rakovnik, dem er zum Wiederaufstieg in die erste Liga verhalf, wieder in seine Heimatstadt Zebrak zurückgekehrt. Erst ein neuerlicher Beinbruch veranlaßte ihn, seine Karriere zu beenden.

IGOR NETTO
Virtuoses Flachpaßspiel

Im letzten Jahr des Zweiten Weltkrieges begann seine Karriere – mit Umwegen. Bei einem Trainings-Spiel von Dynamo Moskau war der lange Teenager, der nur aus Armen und Beinen zu bestehen schien, nicht besonders aufgefallen. Zu langsam – lautete das einhellige Urteil. Ein Fehlurteil, wie sich schon ein paar Monate später herausstellte.

Die „Langsamkeit", dieses unbewußte Ballschleppen, erkannte Pawel Lapsin, damals Trainer beim Konkurrenz-Club Spartak, als Bestandteil eines angeborenen natürlichen taktischen Empfindens: Abwarten, Übersicht bekommen, Gegner auf sich ziehen, um die Verteidigung aufzureißen.

Tatsächlich war Igor Netto ein außergewöhnliches Natur-Talent. Seine elegante Ballbeherrschung, seine offensive Einstellung machten ihn zum Läufer modernen Stils, der dem als Reißbrett-Fußball gelästerten Spiel der Sowjets in den fünfziger Jahren entscheidende Impulse gab. Der „langsame" Moskauer verfügte in Wirklichkeit über einen enormen Antritt, mit dem er sich nach Belieben die gewünschte Bewegungsfreiheit auf dem Feld sicherte. Entnervendes Ballhalten wechselte blitzschnell mit raschem, virtuosem Flachpaß-Spiel.

Obwohl Netto nur über geringe Schußkraft verfügte, kam er so immer wieder zu brillanten Treffern. Als Mannschafts-Kapitän und Spielmacher sorgte er im Jahre 1960 für den bisher größten internationalen Erfolg des Sowjet-Teams; im Europa-Pokal für Nationalmannschaften. Der verdiente Held des Sports arbeitet seit dem Abschluß seiner Karriere als Wissenschaftler in einem Forschungs-Institut.

GÜNTER NETZER
Millimetergenaue Pässe

Es klingt immer ein wenig nach Anmaßung, wenn man im Zusammenhang mit dem Fußball von Genies spricht. Doch um die fußballerische Begabung des Mönchengladbachers umfassend zu würdigen, gibt es keine treffendere Vokabel. Wie viele Genies brauchte auch Netzer eine geraume Zeit, um voll gewürdigt zu werden. Das hing damit zusammen, daß er menschlich schwierig ist und daß seinem natürlichen Hang zur Fußball-Diva immer zuviel Rücksicht beigemessen wurde.

So war es bei Borussia Mönchengladbach: Netzer verspritzte seinen fußballerischen Esprit, seine Nebenleute verrichteten die Arbeit. Das brachte seiner Mannschaft zwar den Bundesliga-Aufstieg und gleich zwei Meistertitel hintereinander, kostete ihn aber andererseits die Teilnahme an zwei WM-Turnieren. Denn in der National-Elf mußte jeder hart arbeiten. Verletzungen seiner Mannschaftskameraden erzwangen dann die Wende.

Netzer mußte selbst hart ran und mauserte sich vom eleganten und begabten zum emsig schaffenden Mittelfeld-Strategen, der sich mit unwiderstehlichen Sturmläufen, millimetergenauen Pässen und Flanken, mit herrlichen Toren Weltruhm erarbeitete und wesentlich zum Europameisterschafts-Sieg der Bundesrepublik 1972 beitrug.

Das machte den Ausnahme-Fußballer mit dem Aussehen eines teutonischen Knappen zwar zum vermutlich meistgetretenen Spieler im internationalen Fußball, aber andererseits auch zum reichen Mann, dessen Wert am Fußballmarkt schließlich in Millionenhöhe stieg.

Drei Jahre diente Netzer von 1973 bis 1976 als hochbezahlter Fremdenlegionär dem kö-

Brügge, Schalke 04. 19 Länderspiele (77–78), WM-Teilnehmer 1978.

Karl-Heinz Rummenigge, Deutschland, Stürmer; geb. 25. September 1955. Clubs: Borussia Lippstadt, Bayern München. 17 Länderspiele (76–78), WM-Teilnehmer 1978.

Guy Saint-Vil, Haiti, Stürmer; geb. 21. Oktober 1940. Club: Violette. 83 Länderspiele, WM-Teilnehmer 1974.

Leonel Sanchez, Chile, Stürmer; geb. 25. April 1936. Club: Universidad de Chile; 62 Länderspiele, WM-Teilnehmer 1962 (3.) und 1966. Mit Universidad siebenmal chilenischer Meister.

Roland Sandberg, Schweden, Stürmer; geb. 16. Dezember 1946. Clubs: Kalmar FF, Atvidabergs FF (69–73), 1. FC Kaiserslautern (73–76); 34 Länderspiele (69–76), WM-Teilnehmer 1974.

Karoly Sandor, Ungarn, Außenstürmer; geb. 28. Dezember 1928. Club: MTK Budapest; 75 Länderspiele (49–64), 27 Tore für Ungarn; WM-Teilnehmer 1958 und 1962.

Jose Santamaria, Uruguay, Spanien; Abwehrspieler; geb. 1930; Clubs: Nacional Montevideo, Real Madrid (57–65); 35 Länderspiele für Uruguay (51–56), WM-Teilnehmer 1954; 17 Länderspiele für Spanien (58–62), WM-Teilnehmer 1962. Mit Nacional viermal Meister von Uruguay; mit Real Madrid Europacup-Sieger der Meister 1958, 1959, 1960; sechsmal spanischer Meister (58, 61, 62, 63, 64, 65), Pokalsieger 1962.

Djalma Santos, Brasilien, Verteidiger; geb. 27. April 1929; Clubs: Portugueasa (48–57), Palmeiras (58–68); 100 Länderspiele (52–68), Weltmeister 1958, 1962, WM-Teilnehmer 1954 und 1966. Mit der Weltelf 1963 gegen England. Mit Palmeiras dreimal Meister von Sao Paulo, zweimal brasilianischer Pokalsieger.

Nilton Santos, Brasilien, Verteidiger; geb. 16. Mai 1927. Club: Botafogo; 83 Länderspiele (49–63); WM-Teilnehmer 1954, Weltmeister 1958 und 1962. Mit Botafogo viermal Meister von Rio.

Robert Sara, Österreich, Abwehrspieler; geb. 9. Juni 1946. Club: Austria Wien. 48 Länderspiele (65–79), WM-Teilnehmer 1978. Mit Austria österreichischer Meister 1969, 1970, 1976, 1978, Pokalsieger 1967, 1971, 1974, 1977.

György Sarosi, Ungarn, Mittelläufer und Stürmer; geb. 12. September 1912. Club: Ferencvaros Budapest; 61 Länderspiele (31–43), 42 Tore für Ungarn; WM-Teilnehmer 1934 und 1938 (2.); 1937 mit der Mitteleuropa-Auswahl gegen Westeuropa; mit Ferencvaros fünfmal ungarischer Meister, dreimal Torschützenkönig der ungarischen Liga.

Ettore Scarone, Uruguay, Innenstürmer; geb. 21. Juni 1898, gest. 1967. Club: Nacional Montevideo; 73 Länderspiele (20–31); Weltmeister 1930, Olympiasieger 1924 und 1928. Mit Nacional siebenmal uruguayischer Meister.

Hans Schäfer, Deutschland, Außen- und Halb-

niglichen Club Real Madrid in Spanien, dann durfte er sich einen neuen Club suchen. Inzwischen gab er immer einmal wieder Gastspiele in der deutschen Nationalelf, wurde für die Weltmeisterschaft 1974 in Deutschland noch aufgeboten, durfte am Triumph der deutschen Mannschaft im Endspiel gegen Holland jedoch nicht teilhaben. In der 1. Finalrunde schickte ihn Helmut Schön in der 69. Minute der Begegnung mit der DDR (0:1) ins Spiel und dann aufs Abstellgleis.

GUNNAR NORDAHL

Schußgewaltiger Schwede

Von Gunnar Nordahl müßten die Italiener eigentlich träumen. Denn als Torjäger des AC Mailand Anfang der fünfziger Jahre schoß der schußgewaltige Schwede in einer Saison allein mehr Tore als etwa im Spieljahr 1972/73 dreizehn der sechzehn Liga-Clubs. Nur die Angriffsreihen von Juventus Turin, AC Mailand und AC Florenz blieben über Gunnar Nordahls Rekord von 35 Toren aus dem Jahr 1950.

Die Gewalt seiner Torschüsse entdeckten die Einkäufer des AC Mailand beim olympischen Fußballturnier 1948 in London. Für eine Ablösesumme von 50 000 DM an den Amateurclub IFK Norrköping und ein Handgeld von 80 000 DM wurde der stämmige Mittelstürmer von Mailands Millionären eingekauft. Mit 22 Toren in vier Spielen hatte das Innentrio Gren–Nordahl–Liedholm Schweden zum Olympiasieg geschossen. Kein Wunder also, daß die Mailänder, um die einzigartigen Schußfähigkeiten Nordahls auch voll zur Geltung zu bringen, Gunnar Gren und Niels Liedholm nachkauften.

71 Tore schoß das schwedische Traum-Trio in der Saison 1949/50, davon Nordahl allein 35 in 37 Spielen. Im nächsten Jahr verhalfen die Tore der Schweden (56, davon Nordahl allein 34) dem AC Mailand endlich zur ersten Meisterschaft. Wenn jemals die Bezeichnung „Sturmtank" für einen Spieler zutraf, dann für den 1,80 Meter großen und 88 Kilo schweren Schweden und seine geballte Kraft.

ERNST OCWIRK

Prototyp des Mittelläufers

Zwanzig Jahre dauerte die glanzvolle Karriere des Wieners, der auch in den 70er Jahren, längst ein erfolgreicher Trainer, als bester Fußballspieler Österreichs nach dem Zweiten Weltkrieg gefeiert wird. Der gelernte Modellschreiner zimmerte als Regisseur einer Reihe hervorragender Ball-Athleten das Gerüst einer österreichischen National-Mannschaft, die sich in der ersten Hälfte der fünfziger Jahre im Weltfußball nicht zu verstecken brauchte.

Mit gefühlvoller Eleganz, hinter der sich eine enorme Schußkraft verbarg, und der Übersicht eines virtuosen Dirigenten war er der Prototyp des Mittelläufers alten Stils. Obwohl sich längst schon eine System-Änderung im Fußball bemerkbar gemacht hatte, beherrschte Ocwirk noch lange Jahre in dieser alten Rolle allein die gegnerischen Innentrios.

Der „Motor" der Wiener Austria spielte 62mal für Österreich, war zweimal Kapitän der FIFA-Auswahl und wurde 1952 von „France Football" zum besten Fußballer Europas gekürt. In der einzigen Weltmeisterschaft, an der er im Verlauf seiner langen Karriere teilnahm, führte er Österreichs National-Team zu seinem größten Erfolg: zum dritten WM-Rang 1954 in Bern mit einem 3:1-Sieg über Weltmeister Uruguay. Der Regisseur selbst steuerte das alles entscheidende Tor bei. Als erster Österreicher wandelte er dann 1957 als Profi bei Sampdoria Genua seinen frischen Ruhm in bare Münze um.

Wolfgang Overath

GYÖRGY ORTH

Meister der Anpassung

Der Ungar mit den schwäbischen Vorfahren spielte in einer Zeit, als Fußball-Stars noch so eine Art Pioniere ihres Sports waren, von denen man Vielseitigkeit und Anpassungsfähigkeit an widrige Verhältnisse verlangte.

György Orth war ein Meister an Vielseitigkeit und Anpassung. Als 14jähriger trat er in den MTK Budapest ein, und bereits sechs Jahre später hatte er alle nur erdenklichen Spieler-Positionen im ersten Team seines Stammvereins mit Erfolg durchprobiert.

Ob Torwart, Verteidiger, Mittelfeld-Regisseur oder Stürmer – Orth fand sich auf jedem Posten mit Bravour zurecht. Nach einem kurzen Gastspiel 1923 in Wien wurde Orth zur herausragenden Spieler-Persönlichkeit Ungarns – und das trotz solcher Könner wie Schaffer und Schlosser.

Vermutlich wird es selten Menschen geben, die das Fußballspiel so durchdacht, so minutiös analysiert haben wie der Ungar. Als 1928 eine schwere Knieverletzung seiner Karriere ein Ende bereitete, war es klar, daß dieser Mann Trainer werden mußte. Er bewies sich auch bei dieser zweiten Fußball-Karriere als anpassungsfähige Allround-Begabung. Gleichgültig, wo er Mannschaften trainierte, ob in Südamerika, Italien, Deutschland oder Portugal, er führte sie zum Erfolg.

Als er 1962 nach einem Herzschlag auf dem Trainingsfeld starb, trauerte die Welt weniger um einen großen Fußballspieler als um einen der großen Lehrmeister dieses Spiels.

WOLFGANG OVERATH

... und kam immer wieder

Sich selbst gesteht er: „Gelingt mir der erste Paß, gelingt mir das ganze Spiel." Zwei Dinge sagt dieser Satz aus. Erstens, daß er seinen Ruhm im Fußball der Tatsache verdankt, Pässe so präzise schlagen zu können wie kaum ein anderer, und zweitens daß es mit dem Selbstvertrauen dieses deutschen Mittelfeld-Asses nicht so weit her ist.

So war auch der Verlauf seiner Karriere, vom Wankelmut bestimmt, ein ewiges Auf und Ab. Bereits in der DFB-Schülerauswahl durfte er sein ungewöhnliches Talent als Aufbau- und Deckungsspieler unter Beweis stellen. Es ging steil bergauf, bereits mit 19 Jahren kam er (noch bei Sepp Herberger) zu seinem Länderspiel-Debüt. Die Vorberei-

stürmer; geb. 19. Oktober 1927. Clubs: Rot-Weiß Zollstock, VfR Volkmarsen, 1. FC Köln (48–66); 39 Länderspiele (52–62), Weltmeister 1954, WM-Teilnehmer 1958 und 1962. Mit dem 1. FC Köln 1962 und 1964 deutscher Meister. 1963 deutscher Fußballer des Jahres.

Alfred Schaffer, Ungarn, Stürmer; geb. 24. August 1890. gest. 1949. Clubs: MTK Budapest, 1. FC Nürnberg, Wacker München, Austria Wien; 20 Länderspiele (13–21). Mit MTK sechsmal ungarischer Meister (14 und 17–21), Pokalsieger 1914.

Albert Schesternjew, Sowjetunion, Verteidiger; geb. 1941; Club: CSKA Moskau (59–71); 91 Länderspiele (64–71); WM-Teilnehmer 1966 und 1970, EM-Teilnehmer 1968 (4.);mit der Weltelf 1968 gegen Brasilien; mit CSKA sowjetischer Meister 1970.

Juan Alberto Schiaffino, Uruguay, Italien; Halbstürmer; geb. 28. Juli 1925; Clubs: Penarol Montevideo, AC Milan (54–60), AS Rom (60–62); 30 Länderspiele für Uruguay, Weltmeister 1950, WM-Teilnehmer 1954; 4 Länderspiele für Italien (54–58); mit Milan dreimal italienischer Meister (55, 57, 59).

Angelo Schiavio, Italien, Mittelstürmer; geb. 15. Oktober 1905. Club: AC Bologna; 21 Länderspiele (25–34), Weltmeister 1934, Olympiateilnehmer 1928 (3.). Mit Bologna viermal italienischer Meister (25, 29, 36, 37).

Imre Schlosser, Ungarn, Stürmer; geb. 24. Januar 1889, gest. 1959; Clubs: Ferencvaros Budapest (05–19), MTK Budapest (19–24), Wiener AC (24–26), Ferencvaros (26–28); 68 Länderspiele (06–27), Olympiasieger 1912, 59 Tore für Ungarn. Mit Ferencvaros neunmal ungarischer Meister (05, 07, 09, 10, 11, 12, 13, 27, 28), dreimal Pokalsieger; mit MTK fünfmal ungarischer Meister (20, 21, 22, 23, 24), Pokalsieger 1923.

Egon Schmitt, Deutschland, Abwehrspieler; geb. 12. November 1948. Clubs: Kickers Offenbach, 1. FC Saarbrücken. 78 Amateur-Länderspiele (67–78), Olympiateilnehmer 1972.

Heinz Schneiter, Schweiz, Abwehrspieler; geb. 12. April 1936. Clubs: Young Boys Bern, FC Lausanne, Young Boys Bern; 44 Länderspiele, WM-Teilnehmer 1962 und 1966. Mit Young Boys Schweizer Meister (57, 58, 59, 60), Schweizer Pokalsieger mit Young Boys (58) und Lausanne (64).

Karl-Heinz Schnellinger, Deutschland, Abwehrspieler; geb. 31. März 1939. Clubs: SC Düren 99, 1. FC Köln (58–63), AC Mantua (63–64), AS Rom (64–65), AC Milan (65–73), Tennis Borussia Berlin (74–75); 47 Länderspiele (58–71), WM-Teilnehmer 1958 (4.), 1962, 1966 (2.), 1970 (3.). Mit dem 1. FC Köln 1962 deutscher Meister, mit Rom italienischer Pokalsieger 1964, mit dem AC Milan 1968 italienischer Meister und 1969 Europacup-Sieger der Meister, 1972 italienischer Cup-Sieger und erreichte 1973 das Endspiel im Europacup der Pokalsieger (wegen Verletzung nicht eingesetzt), 1974 erneut im Cupsieger-

tungsspiele zum WM-Turnier 1966 versprachen die Geburt eines neuen Stars, doch dann kamen zum ersten Mal Pfiffe, und Pfiffe haben Overath immer wieder aus dem Konzept gebracht.

Gleichgültig, ob beim 1. FC Köln, dessen unbestrittener Regisseur er blieb, oder in der Nationalmannschaft, wo ein Beckenbauer meist die erste Geige spielt. Um so erstaunlicher, daß mit den Vabanque-Einsätzen Overaths bei WM-Turnieren immer Volltreffer gelandet wurden. 1966 trug er wesentlich dazu bei, daß die Bundesrepublik das Finale erreichte, und 1970 schoß er nach einer gleichmäßigen Spitzenleistung im gesamten Turnier gegen Uruguay das entscheidende Tor zum dritten Platz. 1972 bei der Europameisterschaft machte sein Formtief einem Konkurrenten Platz: Günter Netzer.

Doch immer einmal wieder kehrte er zurück. Und 1974 konnte er schließlich sogar Weltmeister werden. Zu Beginn des Turniers eher kritisiert wegen unzulänglicher Leistungen, hatte er zum Schluß entscheidenden Anteil an dem Triumph der deutschen Mannschaft und wurde weltweit als einer der besten Spieler des Turniers gefeiert.

PELE

Das Nationalheiligtum

Die Kinder bekamen schulfrei. Für die Beamten ordnete der Staatspräsident einen Feiertag an. Die Post gab eine Sondermarke heraus. Vereinzelt wurden Denkmäler enthüllt oder die Grundsteine dazu gelegt. Der Kult galt indes nicht Charles Conrad und Alan Bean, die auf dem Mond herumspazierten. Brasilien huldigte vielmehr einem Fußballspieler, der ein Tor geschossen hatte. Der Schütze allerdings hieß Pele, und das Tor war sein 1000. – für einen Brasilianer ein weitaus weltbewegenderes Ereignis als die zweite Mondlandung von Apollo. Am 19. November 1969 verdeckte in Brasilien der Fußball den Mond.

Jenes Datum, an dem Pele zwischen Amazonas und Uruguay dem Mond die Schau stahl, ist nicht das einzige, an dem das schwarze „Nationalheiligtum“ ein 80-Millionen-Volk in Hysterie und Ekstase versetzte. Am 18. Juli 1971 etwa, da ergossen sich im ganzen Land Sturzbäche von Tränen, beinahe von der Gewalt der berühmten Wasserfälle von Iguacu. Pele hatte im Maracana-Stadion von Rio de Janeiro, in der gigantischen Kultstätte nationaler Fußball-Leidenschaften, beim Länderspiel gegen Jugoslawien letztmals jenes gelb-grüne Trikot mit der magischen „10" auf dem Rücken getragen, das in 13 Jahren fast zu einer Art brasilianischem Staatssymbol geworden war.

Oder am 23. Juni 1970, als die Helden von Mexiko heimkehrten, wo sie unter Peles majestätischer Führung zum dritten Mal die Fußball-Weltmeisterschaft erobert und die nationale Schande von 1966 getilgt hatten. In England, in Liverpool, da hatte der Portugiese Morais den König des Fußballs brutal „abgeschlachtet", wie sich der „Daily Mirror" ausdrückte. Brasilien verlor 1:3 und schied schon im Achtelfinale aus. Daß Morais nicht zum brasilianischen Staatsfeind Nummer eins erklärt wurde, verdankt er wohl nur seiner verwandten Nationalität.

Und nun hatte Pele in Guadalajara und Ciudad de Mexico das Nationalteam zu neuer Größe geführt. Präsident Emilio Garrastazu Medici erklärte sich öffentlich zum ersten Fußballfan des Landes und empfing die Lieblinge der Nation auf dem Flugplatz Galeao höchstpersönlich.

Die drei Daten und ihre Ereignisse mögen am eindrucksvollsten dokumentieren und illustrieren, was Pele, den wohl die wenigsten Brasilianer unter seinem bürgerlichen Namen Edson Arantes do Nascimento kennen, für das Land, das Volk, die Regierung und den Fußball bedeutete. Dort, wo sich der strenge Christenglaube der Konquistadoren mit fanatischer Götzenanbetung afrikanischer Sklaven vermengte, wo Abendmahl und Macumba heute noch nebeneinander zelebriert werden, dort muß Pele, der vom zerlumpten Schuhputzjungen aus den Favelas zum Multimillionär in einer Prunkvilla aufstieg, zwangsläufig als ein übersinnliches Wesen, ein „monstro sagrado", verehrt werden.

Doch es sind nicht allein die spielerische Leichtigkeit seiner Dribblings, seine katzenhaften Finten am Ball, die Präzision seiner Pässe und seine märchenhaften Tore, die ihn zum größten Sohn Brasiliens seit Pedro II (er schaffte 1888 die Sklaverei ab) machten.-Die Brasilianer haben bei allem Gefühlsüberschwang doch ein gesundes Gespür dafür, daß bei Pele eben alles echt ist. Sie spüren, daß seine Freudentränen, seine Luftsprünge und seine verzweifelten Gesten von keinem Impresario verordnet worden sind, sondern vom Herzen kommen.

Das brasilianische Märchen vom „Wunder-Kreolen" begann an einem Oktober-Tag des Jahres 1956, als Pele noch fast ein Kind war und dennoch (mit 16 Jahren) bereits sein Debüt in der ersten Mannschaft des FC Santos gab. Damals, so wird erzählt, beim Spiel gegen die Corinthians de Santo Andre mit dem berühmten, wenn auch nicht mehr ganz jungen Torhüter Zaluar Rodriguez, dribbelte der kleine Negerjunge mit Haken, Grazie und Leichtigkeit durch die Deckung der Corinthians, machte plötzlich Halt, hob den Ball erst aufs Knie und dann auf den Kopf, ließ dadurch zwei Angreifer ins Leere laufen und stand vor Rodriguez. Er narrte ihn mit einer raffinierten Körpertäuschung und vollendete die Demütigung, indem er ihm den Ball lässig durch die gespreizten Beine ins Tor schob. Es soll das erste registrierte seiner über 1200 Tore gewesen sein.

Die Welt lernte Pele bei der Fußball-Weltmeisterschaft 1958 in Schweden kennen und lieben. Als 17jähriger erfüllte er die heißen Hoffnungen aller Brasilianer und wurde zum umjubelten Star des ersten Weltmeisterschaftstriumphes. „Seit heute haben wir", so proklamierte „L'Equipe" nach dem 5:2-Finalsieg der Brasilianer über die Schweden in Stockholm, „einen neuen Fußballkönig, einen jungen Brasilianer, den alle Pele nennen."

Vier Jahre später, als die Verteidiger der Welt längst begonnen hatten, diese phänomenalen Fußballbeine zu malträtieren, setzte ihn bei der Weltmeisterschaft in Chile ein Muskelriß bereits in der Vorrunde außer Gefecht. Doch Brasilien war stark genug, auch ohne Pele den Titel zu verteidigen. 1966, nach dem Malheur von Liverpool, waren es die „Cariocas" schon nicht mehr.

Zwischen den Weltmeisterschaften pflegte Pele seinen Weltruhm und füllte seine Taschen mit Reisen des FC Santos, der zweimal den Weltpokal gewann und im übrigen zu den „Harlem Globetrotters" des Fußballs wurde. Für den FC Santos spielt Pele, mittlerweile 33, auch in den ersten siebziger Jahren noch.

Seinen sicherlich ebenso überraschenden wie verfrühten Abschied aus der Nationalmannschaft motivierte Pele mit Familiensinn. Er wollte endlich etwas mehr Zeit für seine Frau, die Lehrerin Rose, Tochter eines Hafenarbeiters, und die Kinder Kelly, Christina und Edson haben. Das schien indes nur Vorwand, denn als vielbeschäftigter Geschäftsmann war er danach nicht minder häufig unterwegs als einst als „Fußball-Ambassador". So gibt Pele auch zu: „Solange mein Name noch im Gespräch ist, versuche ich all meine geschäftlichen Verpflichtungen zu erfüllen."

Pele wollte vielmehr den eigenen Mythos nicht zerstören. Er trat ab, ehe er dem Stress

Endspiel (0:2) gegen Magdeburg. 1962 deutscher Fußballer des Jahres; mit der Weltelf 1963 gegen England.

Helmut Schön, Deutschland, Innenstürmer; geb. 15. September 1915. Clubs: Dresdner SC (29–45), SG Friedrichstadt Dresden (45–48), Hertha BSC Berlin (50); 16 Länderspiele (37–41), 17 Tore für Deutschland; mit dem Dresdner SC deutscher Meister 1943 und 1944, DFB-Pokalsieger 1940 und 1941.

William Schrojf, Tschechoslowakei, Torhüter; geb. 2. August 1931. Clubs: Kridla Vlasti (49–54), Slovan Bratislava (55–64), Lokomotive Kosice (65), Victoria Melbourne (66–67), Vienna (68–69); 39 Länderspiele (55–65), WM-Teilnehmer 1962 (2.).

Willi Schulz, Deutschland, Abwehrspieler; geb. 4. Oktober 1938. Clubs: Union Günnigfeld, Schalke 04 (60–65), Hamburger SV (65–73); 66 Länderspiele (59–70), WM-Teilnehmer 1962, 1966 (2.) und 1970 (3.).

Georg Schwarzenbeck, Deutschland, Abwehrspieler; geb. 3. April 1948. Club: Bayern München (66–78), 44 Länderspiele (71–78), Weltmeister 1974, Europameister 1972, EM-Finalist 1976; mit Bayern Europacup-Sieger der Meister 1974, 1975, 1976; deutscher Meister 1969, 1972, 1973, 1974; DFB-Pokalsieger 1969, 1971.

Frank Sechehaye, Schweiz, Torhüter; geb. 3. November 1907. Clubs: Etoile Carouge, Servette Genf, FC Lausanne. 37 Länderspiele (27–35), WM-Teilnehmer 1934. Viermal Schweizer Meister mit Servette (33, 34) und Lausanne (35, 36), Pokalsieger mit Lausanne (35).

Uwe Seeler, Deutschland, Mittelstürmer; geb. 5. November 1936. Club: Hamburger SV (52–71); 72 Länderspiele (54–70), WM-Teilnehmer 1958 (4.), 1962, 1966 (2.), 1970 (3.), 43 Tore für Deutschland. 1963 mit der Weltelf gegen England, 1964 mit der Europa-Auswahl gegen Jugoslawien. Mit dem HSV deutscher Meister 1960, DFB-Pokalsieger 1963.

Dragoslav Sekularac, Jugoslawien, Stürmer; geb. 10. November 1937. Clubs: Roter Stern Belgrad (51–64), 1860 München, Karlsruher SC, St. Louis, OFK Belgrad (69–71); 40 Länderspiele (56–66); WM-Teilnehmer 1958 und 1962. Mit Roter Stern sechsmal jugoslawischer Meister (53, 56, 57, 59, 60, 64), dreimal Pokalsieger (58, 59, 64).

Karl Sesta, Österreich, Verteidiger; geb. 18. März 1906. Clubs: Simmering, Wiener AC, Austria Wien; 43 Länderspiele für Österreich (32–37 und 45), drei Länderspiele mit Deutschland (41–42), Mitglied des „Wunderteams"; WM-Teilnehmer 1934; mit der Mitteleuropa-Auswahl 1937 gegen Westeuropa.

Otto Siffling, Deutschland, Halbstürmer; geb. 3. August 1912, gest. 1939. Club: SV Waldhof Mannheim; 31 Länderspiele (34–38), WM-Teilnehmer 1934 (3.), Olympiateilnehmer 1936. 17 Tore für Deutschland, davon 5 beim 8:0 über Dänemark, dem ersten Spiel der sogenannten Breslau-Elf.

Das Denkmal: Pele

und den Tritten nicht mehr gewachsen war. „Die Nationalmannschaft und die Spieler müssen sich rechtzeitig daran gewöhnen, ohne mich auszukommen", widerstand er allen Bekehrungsversuchen der Nationaltrainer von Medici bis Zagalo. „Wenn Pele es wünscht, kann er jederzeit in die Nationalmannschaft zurückkehren", verkündete Mario Zagalo vor der Weltmeisterschaft 1974. Aber Brasilien spielte in Deutschland ohne Pele und ohne Erfolg, jedenfalls wurde der vierte Platz als Mißerfolg gewertet.

Edson Arantes do Nascimento freilich zog doch noch einmal die Fußballstiefel an. Als amerikanische Millionäre ihn mit traumhaften Dollar-Gagen für den US-Profi-Fußball köderten, da mochte der Geschäftsmann Pele nicht widerstehen. Er leistete gegen hohe Bezahlung einen willkommenen und unübersehbaren Beitrag zur Popularisierung des Fußballspiels in den USA.

SILVIO PIOLA

Adler von Vercelli

Vieles geht in Italien nicht ohne den Segen der Kirche. Auch der Stern des Silvio Piola wäre vielleicht nicht so blitzschnell und steil aufgegangen, wenn nicht ein fußballbegeisterter Priester auf die Ball-Talente des Kleinen aufmerksam geworden wäre.

So begann jedenfalls eine der längsten und erfolgreichsten Stürmer-Karrieren im italienischen Fußball in dem kleinen Städtchen Vercelli, dessen Verein US Pro zu den am meisten gefürchteten Außenseitern der italienischen Liga gehörte. Bereits mit 17 Jahren durfte Piola den Sturm dieser Mannschaft führen, und er tat es mit solcher Bravour, daß man bald schon, trotz seiner eher schmächtigen Figur, nur noch vom „Adler von Vercelli" sprach.

Das hing vor allem mit seiner Spielweise zusammen. Denn Piola hatte einen scharfen Blick für torreife Situationen. Wie ein Raubvogel schoß er dann aus der Lauerstellung mit langen Schritten auf den Ball zu, führte ihn blitzschnell in den Strafraum und ließ ihn erst dann wieder los, wenn er zu einem seiner knallharten Schüsse abzog. Bei seinem ersten Spiel schoß er so gegen „Fiorentina" gleich sechs Tore. Das war auch 40 Jahre danach Liga-Rekord.

1935 stand er zum ersten Mal im Team der „Azzurri", als es im Wiener Prater-Stadion gegen Österreich ging. Der junge Piola sprang für den verletzten Meazza ein. Italien gewann 2:0, und der Schütze beider Tore

Antonio Simoes, Portugal, Außenstürmer; geb. 14. Dezember 1943; Clubs: Almada, Benfica Lissabon (62–71); 43 Länderspiele (62–71), WM-Teilnehmer 1966 (3.), Europacup-Sieger der Meister 1962 mit Benfica; mit Benfica siebenmal portugiesischer Meister, viermal Pokalsieger. Mit der Europa-Auswahl 1964 gegen Jugoslawien.

Allan Simonsen, Dänemark, Stürmer; geb. 15. Dezember 1952. Clubs: Vejle BK, Borussia Mönchengladbach. 21 Länderspiele. Europäischer Fußballer des Jahres 1977. Dreimal deutscher Meister mit Mönchengladbach (75, 76, 77), UEFA-Pokalsieger 1975.

Agne Simonsson, Schweden, Stürmer; Örgryte Göteborg, Real Madrid, Real San Sebastian, Örgryte Göteborg; 51 Länderspiele (57–67), WM-Zweiter 1958.

Matthias Sindelar, Österreich, Halbstürmer; geb. 18. Februar 1903, gest. 1939. Clubs: Hertha Wien (20–21), Austria Wien (22–39); 43 Länderspiele (26–38), WM-Teilnehmer 1934, Mitglied des Wunderteams; 27 Tore für Österreich. Mit Austria Mitropacup-Sieger 1933 und 1936, österreichischer Meister 1924, sechsmal Pokalsieger.

Ferenc Sipos, Ungarn, Mittelfeldspieler; geb. 13. Dezember 1932. Club: MTK Budapest, Honved. 76 Länderspiele (57–66); davon 57 in ununterbrochener Folge, WM-Teilnehmer 1958, 1962, 1966.

Enrique Omar Sivori, Argentinien, Italien, Halbstürmer; geb. 2. Oktober 1935. Clubs: River Plate (52–57), Juventus Turin (57–65), FC Neapel (66–69); 18 Länderspiele für Argentinien; 9 Länderspiele für Italien. WM-Teilnehmer 1962; europäischer Fußballer des Jahres 1961. Mit Ju-

Matthias Sindelar

hieß Piola. Diesen ersten beiden Länderspiel-Toren sollten noch eine ganze Reihe weiterer, teilweise akrobatisch geschossener Tore folgen, denn Piola blieb 17 Jahre auf diesem Platz im National-Team.

Erst nach dem 2. Weltkrieg trat er (1952 in Florenz beim Spiel gegen England) ab. Längst war zwar der inzwischen 39jährige Piola nicht mehr der spritzige Angriffs-Führer, dafür verstand er sich aber um so besser als umsichtiger Regisseur des Sturms.

FRANTISEK PLANICKA
Torhüter mit Löwenmut

Als er 17 war, war er eigentlich erst 15 Jahre alt. Daß er so schnell „gealtert" war, verdankte der lang aufgeschossene Teenager dem Umstand, daß man ihn schon frühzeitig als eines der herausragendsten Torwart-Talente des tschechoslowakischen Fußballs erkannt hatte.

Auf so ein Talent wollten die Funktionäre seines Stammvereins Bubenec während der Prager Meisterschaft natürlich nicht verzichten. Und so machte man den jungen Planicka, weil nur Spieler mit einem Mindestalter von 17 Jahren zugelassen waren, kurzerhand zwei Jahre älter. Das sollte sich lohnen, denn so wurde aus dem Talent bereits im Teenager-Alter ein kaltblütiger Routinier, der im Trikot der Slavia auch ganz gut verdiente.

Mit 21 Jahren stand er dann zum ersten Mal im Tor der National-Mannschaft, und diesen Posten sollte er in den nächsten 13 Jahren nicht mehr abgeben. Ein Mann mit enormen Reflexen, mit Sprungkraft, Übersicht und einem wahren Löwenmut. Planicka warf sich rücksichtslos vor heranwirbelnde Stürmer-Beine. Er riskierte alles, um Tore zu vermeiden. Manchmal riskierte er allerdings auch zuviel.

Bei der Weltmeisterschaft 1938 in Paris war er nach seinen Leistungen beim WM-Turnier in Italien, wo die Tschechoslowakei auch dank seiner an Wunder grenzenden Leistungen Zweiter geworden war, der Fußball-Welt längst kein Unbekannter mehr. Er hielt wie in seinen besten Tagen und scheute nach wie vor kein Risiko. Beim Stand von 1:1 in der Begegnung mit Brasilien warf er sich wieder einmal in der gewohnten Manier vor die Beine eines Stürmers. Er fing zwar den Ball und konnte auch ein Tor verhindern. Doch der Fuß des Stürmers krachte mit voller Wucht gegen seinen Oberarm.

Es kam zur Verlängerung, aber auch die

Kein Modellathlet: Ferenc Puskas

blieb torlos. Planicka hatte weiter tapfer alle Angriffe der Brasilianer abgewehrt. Beim Rückspiel war er jedoch nicht mehr dabei, denn der Tritt hatte einen komplizierten Bruch zur Folge, der seine Karriere beendete.

FERENC PUSKAS
Taktiker und Vollstrecker

Das Geschäft mit selbstproduzierten ungarischen Wurstspezialitäten in Spanien war eigentlich das einzige im Leben von Ferenc Puskas, das mißlang. Es ging schief, weil es im eigentlichen Sinne nichts mit Fußball zu tun hatte. Wie überhaupt die Liebe des ungarischen Fußballers zu Gaumenfreuden immer wieder mit der sportlichen Passion ins Gehege kam.

Dennoch hat Puskas eines der farbenfreudigsten Kapitel der Fußball-Geschichte geschrieben. Ein Kapitel des Erfolgs, der sich immer dort einstellte, wo Puskas nach dem runden Leder trat. Daß er das beinahe ausschließlich mit dem linken Fuß tat, konnte ihn nicht schmälern, denn der Ferenc mit dem glatt nach hinten gekämmten Haar markierte mit einem Bein mehr Tore als andere mit zweien.

Als 16jähriger fing er bei Kispest, dem späteren Armee-Club Honved, damit an, und bereits zwei Jahre später machte er seinem Namen, der im Ungarischen soviel bedeutet wie Schütze, auch im Nationaldress alle Ehre. Seine Tore gaben dem berühmten Wunder-Team die zählbaren Erfolge.

Dabei war Puskas alles andere als ein Fußball-Modellathlet. Er kämpfte schon als junger Mann mit permanenten Gewichtsschwierigkeiten, und wenn er lief, glich das mehr dem Galoppieren eines lahm geschossenen Pferdes als dem Sturmlauf eines gefährlichen Goal-Getters.

Der Schein trog, denn Puskas war nicht nur ein Fußballer mit unglaublicher Übersicht, er war auch ein geschickter Taktiker, ein meisterlicher Choreograph, der auch die kleinste sich bietende Chance in lupenreine Tore verwandelte.

Elf Jahre kickte der Torjäger für Honved und Ungarn, ehe ihn 1956 der Aufstand zur Wanderschaft zwang, die in Spanien, beim königlichen Club in Madrid endete. Auch bei Real waren Puskas-Tore gleichbedeutend mit Erfolg. Zusammen mit Di Stefano sorgte er für die große Zeit dieses Vereins.

Als er schon fast vierzigjährig seine aktive Laufbahn beendete, bewies sich sein enormes taktisches Geschick auch als Trainer.

HELMUT RAHN
Der Held von Bern

Sie nannten den bulligen Bier-Liebhaber auf dem Posten des Rechtsaußen, der auch schon in seiner Glanzzeit ein rundes Bäuchlein mit sich herumtrug, den „Boß". Das war das Gütezeichen für den vermutlich eigenwilligsten (dafür aber um so brisanteren) Außenstürmer in der Geschichte des deutschen Fußballs.

Helmut Rahn, das war der nicht zu berechnende Unsicherheitsfaktor für den Gegner. Wie eine Dampfwalze preschte er über den rechten Flügel und mit fürchterlicher Schußkraft aus vollem Lauf und aus spitzesten Winkeln schoß er seine Tore. Eine Menge nicht allzu ausgeprägter Talente vereinigten sich bei ihm zu einer Zielstrebigkeit, die ihn, gepaart mit Intuition, schon knapp dreieinhalb Jahre nach dem eigentlichen Beginn seiner aktiven Fußballer-Laufbahn zum höchsten Ziel brachte: Weltmeister!

Unter den „Helden von Bern" war Rahn der Supermann, denn das entscheidende Tor zum 3:2 über Ungarn war eines seiner typischen Tore. Dieses Tor feierte Rahn vier Jahre lang, und kaum einer rechnete mit seiner zweiten Weltmeisterschafts-Teilnahme. Herberger vertraute ihm, und Rahn revanchierte sich 1958, indem er bewies, daß das

ventus dreimal italienischer Meister (58, 60, 61), zweimal Pokalsieger (59, 60).

Josip Skoblar, Jugoslawien, Stürmer; geb. 11. März 1941; Clubs: Zada, OFK Belgrad (59–67), Hannover 96 (67–69), Olympique Marseille (69–75), Rijeka (75–76); 36 Länderspiele (61–67), WM-Teilnehmer 1962 (4.). Mit OFK Belgrad zweimal jugoslawischer Pokalsieger (62, 66); mit Marseille zweimal französischer Meister (71, 72).

Luis Del Sol, Spanien, Halbstürmer; geb. 6. April 1935. Clubs: Real Madrid (59–62), Juventus Turin (62–70), AS Rom (70–71); 32 Länderspiele (58–63), WM-Teilnehmer 1962; mit Real Europacup- und Weltpokalsieger 1960. Mit Juventus italienischer Meister 1967.

Milutin Soskic, Jugoslawien, Torhüter; geb. 31. Dezember 1937. Clubs: Partizan Begrad (53–66), 1. FC Köln (67–71); 52 Länderspiele (58–66), WM-Teilnehmer 1962 (4.). Mit der Weltelf 1963 gegen England; mit Partizan viermal jugoslawischer Meister (61, 62, 63, 65), Pokalsieger 1957; mit Köln DFB-Pokalsieger 1968.

Jürgen Sparwasser, DDR, Stürmer; geb. 4. Juni 1948. Clubs: Lok Halberstadt, 1. FC Magdeburg (63–76); 45 Länderspiele (69–75), WM-Teilnehmer 1974, Olympiateilnehmer 1972 (4.); Europacup-Sieger der Pokalsieger 1974, DDR-Meister 1974, DDR-Pokalsieger 1973.

Guillermo Stabile, Argentinien, Stürmer; geb. 17. Januar 1906, gest. 1966. Clubs: Independiente Buenos Aires, Huracan, Genua, Neapel; 31 Länderspiele (26–35), WM-Teilnehmer 1930 (2.), Torschützenkönig der 1. Fußball-WM mit 8 Treffern in vier Spielen.

Jürgen Sparwasser

Bier seine Fähigkeiten nicht weggeschwemmt hatte. Wieder brachten seine Bomben die Bundesrepublik ins Halbfinale.

Herberger bezeichnete ihn als „Meister der positiven Improvisation", und als sich mit unsteten Vereinswechseln und Verletzungen das Ende seiner Karriere abzeichnete, war der Bundestrainer noch lange auf der Suche nach „einem Mann wie Rahn".

ROBBIE RENSENBRINK

Steuer-Flüchtling

Normalerweise sind sie feindliche Brüder. Aber Robbie Rensenbrink sorgt in Holland und Belgien für Jubel. Als im Frühjahr 1976 der trickreiche Linksaußen drei Tore beim holländischen 5:0 über Fußball-Erzfeind Belgien erzielte, da gerieten 50 000 im Rotterdamer Feyenoord-Stadion schier aus dem Häuschen. Knapp zwei Wochen später versöhnte er seine belgischen Fans wieder: Zwei Treffer steuerte der holländische Steuer-Flüchtling zum 4:2 von RSC Anderlecht gegen West Ham United bei – und diesmal wurde von 40 000 Belgiern im Heysel-Stadion für Robbie gebrüllt.

1971 hatte es Robert Rensenbrink satt, mehr als 50 Prozent seines Verdienstes bei DWS Amsterdam an den holländischen Fiskus abführen zu müssen. Der FC Brügge war seine erste Station, mit RSC Anderlecht gewann er wenig später Meisterschaft und Pokal. Der Kontakt zur Heimat und zur Nationalmannschaft ging allerdings nicht verloren. Schon beim entscheidenden 0:0 im November 1973 gegen Belgien war Robbie dabei. Und Rinus Michels hielt an ihm fest, obwohl viele Holländer Alt-Star Piet Keizer wie einst bei Ajax neben Johan Cruyff sehen wollten. Aber nach dem Keizer-Einbruch in Dortmund gegen Schweden kehrte Rensenbrink sofort in die Mannschaft zurück, konnte jedoch nur gegen die DDR in Gelsenkirchen beim 2:0 einen Treffer erzielen. Die große Zeit Rensenbrinks kam erst zwei Jahre nach der Weltmeisterschaft 1974 mit seinem Treffersegen gegen Belgien und für den belgischen Meister.

GIANNI RIVERA

Intelligenz und Ballgefühl

Eine Mischung aus heimlichem Hausfreund und frommem Zögling eines Priesterseminars – so hat Dr. Gianni Brera, einer der profiliertesten Sportjournalisten Italiens, einmal Gianni Rivera charakterisiert. Itali-

Gianni Rivera

ens „Goldjunge" war fast immer so brav wie er aussieht, mit 30 noch Junggeselle, eher Mamasöhnchen als Playboy. Was er tut, das tut er unauffällig, auf und außerhalb des Spielfeldes, ohne viel Aufhebens. Das Haus der Eltern steht ihm näher als die Reize einer Freundin. Gianni Rivera muckte nicht auf, nicht gegen seine resolute Mutter Edera, die seine Romanze mit einer feurigen griechischen Stewardeß beendete, und nicht gegen Ferrucio Valcareggi, der ihm 1970 bei der Fußball-Weltmeisterschaft in Mexiko einen Logenplatz auf der Reservebank reservierte.

Welcher Ballstar, und Gianni Rivera gilt immerhin als Italiens größter seit Giuseppe Meazza, hätte die Demütigung duldend hingenommen, erst in der zweiten Halbzeit die Arena zu betreten, das Finale gegen Brasilien gar erst sechs Minuten vor dem Schluß? Rivera sagte nur, daß es nichts zu sagen gebe. „Ich habe nichts zu sagen, es braucht nichts gesagt zu werden, und ich darf nichts sagen. Ich werde mich in Form halten, für den Fall, daß ich gebraucht werde." Gianni Rivera ist eben kein hitzköpfiger Italiener, sondern ein würdevoller Piemontese. Das ist ein gewaltiger Unterschied.

Valcareggi gab in Mexiko Sandro Mazzola den Vorzug, weil der als der größere Kämpfer galt. Denn zur Würde eines Piemontesen gehört es auch, daß er keine Dienstbotengänge macht. Riveras körperliche Konstitution hätte dies auch gar nicht zugelassen. Dazu ist er zu schmalbrüstig und engschultrig. Robustheit war nie sein Vorzug. Seine außergewöhnlichen Talente werden von Spielintelligenz und Ballgefühl geprägt, und beides hängt ja nicht vom Umfang des Brustkorbes ab.

Gianni Rivera war ein Akademiker des Fußballs, kein Holzfäller. Selbst im dichtesten Gedränge behielt er stets die Übersicht, um mit einem raffinierten Dribbling oder einem gefühlvollen Paß die Gegner zu überspielen. Valcareggi indes genügte diese Begabung allein nicht.

„Denn Rivera liebt es nicht, zu kämpfen und zu laufen, er erholt sich nicht schnell genug von seinen Anstrengungen und läßt dann oft genug seine Kameraden im Stich" (Brera). Nur so ist zu erklären, warum er mit den Jahren nicht der große Star der italienischen Nationalmannschaft blieb, warum er es in dreizehn Jahren trotz der Teilnahme an vier Weltmeisterschaften nur auf 60 Länderspiele brachte, warum er in Mexiko häufiger auf der Ersatzbank saß als übers Spielfeld trabte.

Beim AC Milan hingegen verstand es Rivera, seinen Trainer und väterlichen Freund Nereo Rocco rechtzeitig dazu zu bringen, das Spielsystem ganz auf seine Begabung abzustimmen. Rivera war Mailands Schmuck und Stil – alles übrige hatte sich danach zu richten und das über ein Jahrzehnt hinweg. Er schwebte zwischen Abwehr und Angriff umher. Die harte Arbeit verrichteten die anderen. Das unterschied Gianni Rivera von anderen großen Spielregisseuren und Ballpersönlichkeiten seiner Zeit, etwa von Alfredo Di Stefano oder Bobby Charlton.

Dennoch hat Gianni Rivera, Sohn eines Eisenbahners und als 18jähriger bereits vom AC Milan für 120 Millionen Lire (etwa 780 000 DM) von US Alessandria gekauft, mit dem AC Milan und der italienischen Nationalmannschaft Erfolge errungen, die nur von wenigen übertroffen werden. Gianni Rivera wurde mit Milan 1963 und 1969 Europa-Pokalsieger der Landesmeister, 1968 und 1973 Europa-Pokalsieger der Cup-Sieger, 1963 und 1969 Weltpokal-Sieger, mit der italienischen Nationalmannschaft 1968 Europameister und 1970, wenn auch nur in den letzten sechs Minuten, Vize-Weltmeister. 1969 wurde er in Europa zum „Fußballer des Jahres" gewählt. Aber er hatte auch teil an der größten Schmach des italienischen Fußballs, als die Nationalmannschaft bei der

August Starek, Österreich, Mittelfeldspieler; geb. 16. Februar 1945. Clubs: Simmering (60–65), Rapid (65–67), 1. FC Nürnberg (67–68), Bayern München (68–69), Rapid (69–71), 1. FC Nürnberg (71–72), Rapid (72–76), 22 Länderspiele (68–75). Mit Rapid österreichischer Meister 1967, deutscher Meister 1968 mit dem 1. FC Nürnberg und 1969 mit dem FC Bayern München; mit Rapid österreichischer Pokalsieger 1972.

Alfredo Di Stefano, Argentinien, Spanien, Stürmer; geb. 4. Juli 1926. Clubs: River Plate (42–49), Millonarios (50–52), FC Barcelona (53), Real Madrid (54–64), Espanol (64–66); sieben Länderspiele für Argentinien (47–49), 31 Länderspiele für Spanien (57–61); europäischer Fußballer des Jahres 1957 und 1959; mit Real Madrid fünfmal Europacup-Sieger der Meister (1956–60), Weltpokalsieger 1960; achtmal spanischer Meister, einmal Pokalsieger. Mit der Weltelf 1963 gegen England.

Ernst Stojaspal, Österreich, Außen- und Halbstürmer; geb. 14. Januar 1925. Clubs: SC Ostbahn Wien, Austria Wien; 31 Länderspiele (46–54), WM-Teilnehmer 1954 (3.); mit Austria Wien dreimal österreichischer Meister (49, 50, 53), Pokalsieger 1948.

Joachim Streich, DDR, Stürmer; geb. 13. April 1951. Club: Hansa Rostock. 49 Länderspiele (69–76), WM-Teilnehmer 1974.

Jakob Streitle, Deutschland, Verteidiger und Mittelläufer; geb. 11. Dezember 1916. Club: Bayern München; 15 Länderspiele (38–52), WM-Teilnehmer 1938.

Eduard Strelzow, Sowjetunion, Stürmer; geb. 1937. Club: Torpedo Moskau (53–58, 65–71); 39 Länderspiele (55–68), WM-Teilnehmer 1958, 25 Tore für die Sowjetunion. Mit Torpedo UdSSR-Meister 1965, Pokalsieger 1968.

Heiner Stuhlfauth, Deutschland, Torhüter; geb. 11. Januar 1896, gest. 1966. Club: 1. FC Nürnberg; 21 Länderspiele (20–30); mit Nürnberg fünfmal deutscher Meister (20, 21, 24, 25, 27).

Luis Suarez, Spanien, Stürmer; geb. 2. Mai 1935. Clubs: Coruna, FC Barcelona (53–60), Inter Mailand (61–70), Sampdoria Genua (70–71); 32 Länderspiele (57–66), 1960 europäischer Fußballer des Jahres; mit Barcelona Sieger im Cup der Messestädte (58, 60), zweimal spanischer Meister (59, 60); mit Inter Mailand Europacup-Sieger der Meister (64, 65), Weltpokalsieger 1964 und 1965, dreimal italienischer Meister (63, 65, 66).

Wim Suurbier, Niederlande, Abwehrspieler; geb. 16. Januar 1945. Clubs: Ajax Amsterdam, Schalke 04. 59 Länderspiele (65–78), WM-Zweiter 1974 und 1978. Mit Ajax Amsterdam Europacup-Sieger der Meister 1971, 1972, 1973.

Thorbjörn Svenssen, Norwegen, Läufer; geb. 22. April 1924. Club: Sandefjord, 104 Länderspiele (47–62).

Karl Svensson, Schweden, Torhüter; geb. 11. November 1925. Club: Hälsingborgs Idrottsforening; 73 Länderspiele (49–58), WM-Teilnehmer 1950 (3.), 1958 (2.).

Weltmeisterschaft 1966 in England gegen Nordkorea 0:1 verlor und bei der Rückkehr mit faulen Eiern und Tomaten empfangen wurde.

Obwohl die Rivalen Mazzola und Rivera sich versöhnten und die Nationalmannschaft im Juni 1973 zu Siegen über Brasilien und England führten, glaubte denn auch Dr. Gianni Brera nicht, daß der fast 31jährige Gianni Rivera 1974 in Deutschland zum vierten Mal an einer Fußball-Weltmeisterschaft teilnehmen würde. Doch in den Gruppenspielen gegen Haiti und Argentinien kickte Rivera wieder für Italien. Im blamablen Spiel gegen Haiti erzwang er mit dem Ausgleich zum 1:1 die Wende zum 3:1-Sieg, aber nach dem 1:1 gegen Argentinien nahm er seinen Abschied von der Nationalelf. Für Milan aber war er auch in der Saison 1976/77 noch aktiv, von dem Großindustriellen Duina jedoch bereits dazu bestimmt, am Ende der Saison das Amt des Milan-Präsidenten zu übernehmen.

NILTON SANTOS
Raffinierter Taktiker

Der hochgewachsene Mestize war fromm wie ein Lamm, und das will etwas heißen, wenn man ein Verteidiger ist, wie Nilton Santos es war. Selten griff er zu unfairen Mitteln, weil er das bei seiner Souveränität einfach nicht nötig hatte. Daß er einmal doch vom Platz gestellt wurde, hatte nichts mit Fußball zu tun, sondern war eine Geschmacklosigkeit, die sich Niltons ungarischer Gegenspieler Czibor bei der Weltmeisterschaft 1954 leistete.

Da Czibor seinem Gegenüber nicht anders beikommen konnte, versuchte er es mit Schmähungen. Dabei fiel auch das Wort „Neger", und mit nichts konnte man den brasilianischen Abwehr-Recken, der sich als Weißer fühlte, mehr auf die Palme bringen. Der Kriegsdienst-Verweigerer Santos vergaß alle pazifistischen Gefühle und wurde tätlich.

Kriegsdienst-Verweigerung und Fußball-Karriere hängen für Nilton Santos übrigens untrennbar zusammen. Weil er sich dem Wehrdienst entzogen hatte, mußte er eine Festungs-Strafe absitzen, bei der der fußballbegeisterte Kommandant auf die ungewöhnlichen fußballerischen Fähigkeiten seines Delinquenten aufmerksam wurde. Der Kommandant war ein glühender Anhänger Botafogos, und so kam es, daß der Häftling einen Profi-Vertrag bei diesem Verein unterschrieb und ihm 22 Jahre lang die Treue hielt.

Der Routinier Santos war vermutlich der beste Abwehr-Spieler, den der brasilianische Fußball je hervorgebracht hat. Er spielte bei vier Weltmeisterschaften, kam aber erst in reiferen Jahren, 1958 in Schweden und 1962 in Chile, zu Weltmeister-Ehren.

Er war nicht nur ein ungewöhnlich geschickter Abwehr-Stratege, sondern auch ein raffinierter Taktiker, der den brasilianischen Nationaltrainern mitunter wesentliche Hilfe leisten konnte und als Spieler auch Einfluß auf die Aufstellung der National-Elf hatte.

ALFRED SCHAFFER

Der Fußball-Nomade

Der ungarische Lebenskünstler, der in den zwanziger Jahren mit seiner eleganten Technik und seinen mitunter umwerfenden Fußball-Clownerien ganz Mittel-Europa von den Stadionsitzen riß, war ein Nomade des runden Leders, der in einer Zeit, da es noch keinen Fußball-Professionalismus gab, immer dorthin ging, wo es mit seiner Kunst doch etwas zu verdienen gab. So wurde nach dem Start beim MTK Budapest, mit dem er 1914 und (in ununterbrochener Folge) von 1917 bis 1921 insgesamt sechsmal ungarischer Meister geworden war, Süddeutschland seine eigentliche Fußballheimat.

Mit ihm, den alle „Spezi" nannten, erlebte der 1. FC Nürnberg eine Glanzzeit, in der Tore nur in Serie fabriziert wurden. Wie Cassius Clay die Rundenzahl angab, in der er seine Gegner auf die Bretter schicken wollte, so kündigte Schaffer vor vielen Spielen die Zahl der Tore an, die er zu schießen gedachte, und gewann dabei so manche Wette.

Tatsächlich war der blonde bullige Ungar ein Ausnahme-Mittelstürmer, bei dem alles stimmte: Technik, Schußkraft, Übersicht und Schnelligkeit. Mitunter wirkte seine überlegene Fußball-Demonstration wie eine Demütigung seiner Gegner. Der Bohemien war beliebt, aber auch schwierig zu halten. Wenn die Kasse nicht mehr stimmte, zog er weiter. Zum FC Wacker in München, nach Prag, nach Wien oder in die Schweiz, bis ihm die Puste ausging. Als erfolgreicher Trainer machte er weiter, 1938 führte er Ungarn ins WM-Finale, das sie in Paris gegen Italien 2:4 verloren, 1941 den AS Rom zur italienischen Meisterschaft. Kurz nach dem Kriege starb er ziemlich einsam in Prien am Chiemsee.

KARL-HEINZ SCHNELLINGER

Ein beispielhafter Profi

Der Rotschopf, der sein durch vollendetes Verteidiger-Spiel erworbenes Vermögen zum Teil auch in Gemälden anlegte, ist, obwohl er keinen Weltmeister-Titel aufzuweisen hat, nicht nur einer der reichsten, sondern auch einer der beständigsten und erfolgreichsten Fußball-Spieler, die Deutschland hervorgebracht hat.

Schnellinger, vom Spiel und auch von der Lebensauffassung her ein Vollprofi, ging deshalb beizeiten dorthin, wo man mit Fußball das meiste Geld verdienen konnte – nach Italien, wo er einen Beliebtheitsgrad erreichte, der den einheimischen Idolen um nichts nachstand.

Der Grund liegt in den Erfolgen: 1964 mit AS Rom, 1967 mit AC Milan italienischer Pokalsieger, 1968 mit Milan die Meisterschaft, im gleichen Jahr Europapokal der Pokalsieger, 1969 Europapokal der Landesmeister und Weltpokal. 1974 stand er mit dem AC Milan noch einmal in einem europäischen Pokalfinale, aber der FC Magdeburg verhinderte mit dem 2:0-Sieg in Rotterdam den Triumph zum Abschied aus Italien. Die Rückkehr nach Deutschland machte Schnellinger noch einmal zu einem guten Geschäft, aber die Rolle beim Aufsteiger (und Absteiger) Tennis Borussia Berlin in der Saison 1974/75 war dem Ruhm des einstigen Top-Stars nicht angemessen. Schmähungen begleiteten seinen Abschied.

Zweimal hatte Schnellinger schon mit der deutschen Nationalelf an Weltmeisterschaftsturnieren teilgenommen, ehe er 1963 nach Italien ging. Seinen Stammplatz im Weltmeisterschaftsaufgebot des DFB konnte er aber trotz der Bundesliga-Abstinenz behaupten. Und so las sich seine WM-Bilanz am Ende seiner Karriere: 1958 Vierter, 1962 im Viertelfinale, 1966 Zweiter, 1970 Dritter.

Weil er in den Jahren dazwischen aber selten für die Nationalmannschaft spielte, kam er nur auf insgesamt 47 Länderspiele; die deutsche Nationalelf trug zwischen seinem ersten (1958 gegen die CSR) und seinem letzten (1971 gegen Albanien) 112 Begegnungen aus.

Sein Spiel strahlte immer die Sachlichkeit des Big Business aus. Für ihn gab es nie ein schönstes Spiel oder eine beste Leistung. Job ist Job, und ein Job muß gut gemacht werden. Das ist der einfache Schlüssel zu seiner einzigartigen konstanten Karriere.

Frank Swift, England, Torhüter; geb. 1914, gest. 1958. Club: Manchester City; 19 Länderspiele (47–49). Mit Manchester City englischer Meister 1937, Cup-Sieger 1934.

Andrzej Szarmach, Polen, Außenstürmer; geb. 3. Oktober 1950. Clubs: Gornik Zabrze, Stal Mielec. 52 Länderspiele (73–78), WM-Teilnehmer 1974 und 1978.

Henryk Szczepanski, Polen, Abwehrspieler; geb. 7. Oktober 1933. Clubs: Polonia Bydgoszcz, LKS, Odra Opole. 47 Länderspiele (57–65).

Fritz Szepan, Deutschland, Mittelläufer und Innenstürmer; geb. 2. September 1907, gest. 1975. Club: Schalke 04; 34 Länderspiele (29–39), WM-Teilnehmer 1934 (3.) und 1938; mit Schalke sechsmal deutscher Meister (34, 35, 37, 39, 40, 42), 1937 DFB-Pokalsieger.

Zygfryd Szoltysik, Polen, Mittelfeldspieler; geb. 24. Oktober 1942. Club: Gornik Zabrze. 52 Länderspiele (63–72), Olympiasieger 1972.

Horst Szymaniak, Deutschland, Mittelfeldspieler; geb. 29. August 1934. Clubs: Wuppertaler SV, Karlsruher SC, CC Catania, Inter Mailand, FC Varese, Tasmania Berlin, Chicago Spurs. 43 Länderspiele (56–66).

Antoni Szymanowski, Polen, Abwehrspieler; geb. 13. Januar 1951; Clubs: Wisla Krakau, Gwardia Warschau. 81 Länderspiele (70–79), Olympiateilnehmer 1972, WM-Dritter 1974, WM-Teilnehmer 1978.

Fritz Szepan

UWE SEELER

Idol und Ideal

Millionen-Angebote aus Italien konnten ihn nicht von Hamburg fortlocken. Uwe Seeler blieb immer das, wozu ihn die Fans gemacht hatten – eine Art Fußball-Heiligtum, dessen Nimbus auch über die Stadiontore hinaus auf die strahlte, die gemeinhin mit dem Fußball nicht allzuviel im Sinn haben. Mit Fleiß, Zuverlässigkeit, Können und Bescheidenheit im Zeichen sportlichen Erfolgs war er ihr Ideal-Bild – auch in puncto beruflicher Tüchtigkeit.

Denn Uwe Seeler verdankt seinen Wohlstand zwar indirekt dem Fußball, aber gemehrt hat er ihn selbst, und das nicht nur durch die Kickerei auf dem grünen Rasen. Tatsächlich gab es für das Wunderkind Uwe, das schon früh knallhart schießen und auf kleinstem Raum dribbeln konnte, in den ersten erfolgreichen Jahren seiner Karriere vergleichsweise nicht viel zu verdienen.

Dennoch: Uwe Seeler lebte und handelte schon damals wie ein Profi, und das war der eigentliche Schlüssel zum Erfolg: Meister und Pokalsieger mit dem HSV, dem er immer treu blieb, und von 1958 bis 1970 herausragende Figur in vier WM-Teams der Bundesrepublik.

Der bullige Prototyp eines Mittelstürmers, der gewaltig, aber auch technisch raffiniert und feinfühlig schießen konnte, der, obwohl von geringer Statur, meist höher sprang als seine Gegenspieler, mußte zum Schluß noch einmal umlernen, einem Jüngeren mit noch ausgeprägterem Tor-Riecher Platz machen und trotz vorgerückten Alters als „Wasserträger" fungieren. Daß er das überhaupt und noch dazu so bravourös machte, bestätigt ihn als einen echten Star unter den Ausnahme-Kickern.

OMAR SIVORI

Trickreich und impulsiv

Der explosive Argentinier fiel auf dem Fußball-Platz nicht nur durch den großen Kopf mit der rabenschwarzen Mähne und die für ihn typischen, gänzlich heruntergerollten Stutzen auf, sondern verstand es neben seiner außergewöhnlichen Fußball-Kunst auch sonst noch, durch mancherlei auf sich aufmerksam zu machen. In den zwölf Jahren, in denen er im italienischen Profi-Geschäft kickte, verdarb er es sich mit allem und jedem – mit Ausnahme des Publikums, das ihn stürmisch feierte.

Knallhart schießen: Uwe Seeler

Italienische Spieler waren für ihn Stümper, die Trainer aufgeblasene Besserwisser und die Schiedsrichter verklemmte Machtbesessene. Da er zu keiner Zeit einen Hehl aus seinen Auffassungen machte, nahm es nicht wunder, daß Omar Sivori im italienischen Fußball einen Ausnahme-Rekord an Disziplinar-Sperren aufstellte. Dennoch war der Irrwisch, der durch seine herausragende Rolle in der argentinischen National-Elf auf sich aufmerksam gemacht hatte und 1957 nach Italien gekommen war, ein Spieler, auf den man wegen seiner trickreichen und wirkungsvollen Ballbehandlung und der Impulse, die er einem Spiel zu geben vermochte, nicht verzichten wollte und konnte. Mit Juventus Turin, deren Motor er war, errang er dreimal die italienische Meisterschaft, und selbst Italiens National-Team wollte beim WM-Turnier 1962 nicht auf ihn verzichten. Seine Karriere endete symptomatisch – mit einem Streit!

JOSIP SKOBLAR
In Frankreich gefeiert

Nur wenige Kicker können vermutlich von sich sagen, von einem König entdeckt worden zu sein. Josip Skoblar gehört dazu. Freilich war sein König kein regierender Monarch, sondern einer von eigenen Gnaden: König „Radi", Petar Radenkovic, „bestes Torwart von Welt", der den jugendlichen Kicker während seiner Militärzeit in Zadar entdeckte und so intensiv förderte, daß er kurze Zeit später bereits in der Liga spielte.

Zwei Jahre danach war der 21jährige Skoblar beim WM-Turnier 1962 in Chile der Mann, der, nach Meinung von Experten, durch seine jugendliche Unbekümmertheit das Sturmspiel der jugoslawischen National-Mannschaft entscheidend befruchtete. Jedenfalls erreichten die Jugoslawen durch einen Sieg über die Bundesrepublik ihr bisher bestes Ergebnis bei einer Weltmeisterschaft: den vierten Platz.

Die Bundesrepublik war überhaupt ein Faktor in der Karriere des Jugoslawen, der für sein Leben gern mit Schiedsrichtern stritt. Mit seinem letzten Länderspiel-Tor warf er das deutsche Team praktisch aus der Europameisterschaft 1968. Anschließend unterzeichnete er einen Vertrag bei Hannover 96. Noch nicht spielberechtigt, wurde er allerdings kurzerhand erst einmal an Olympique Marseille „ausgeliehen", und das war eigentlich das Sprungbrett für den Profi Skoblar. Denn als er endlich bei „96" spielte, schlug er nicht so ein, wie erwartet, und wurde nach Frankreich zurückgeholt, wo er als gefeierter Held viel Geld verdiente.

JÜRGEN SPARWASSER
Für die DDR ein Held

Am 22. Juni 1974 fuhr der bundesdeutschen Fußball-Herrlichkeit im letzten WM-Gruppenspiel der „Schock des Jahres" in die Glieder. Der schnelle Mann aus Magdeburg mit dem sinnigen Namen Sparwasser erspurtete sich einen langen Diagonalpaß von Hamann, lief Berti Vogts und seinem eben eingewechselten neuen Bewacher Horst Höttges auf und davon, legte sich den Ball mit dem Kopf vor und schoß unhaltbar für Sepp Maier das Tor des Tages. Damit war das deutsch-deutsche Duell sensationell für die DDR entschieden.

Jürgen Sparwasser löste damit das große Gewitter in der deutschen Nationalelf aus, ohne das Helmut Schön wohl ohne den Weltmeistertitel 1974 geblieben wäre.

Sparwasser ist ein Beispiel für den Erfolgsweg so manchen DDR-Talents aus der Provinz, das seinen Weg systematisch von unten über die Frühsichtung im Kindesalter, über die Jugendauswahl und das Juniorenteam in die Nationalelf ging. Er war dabei, als die DDR-Jugend in Essen das UEFA-

Edward Szymkowiak, Polen, Torhüter; geb. 13. Februar 1932; Clubs: Mala Dabrowka, Ruch Chorzow (51–52), Legia Warschau (53–56), Polonia Bytom (57–69); 53 Länderspiele (52–65).

Staffan Tapper, Schweden, Mittelfeldspieler; geb. 10. Juli 1948. Club: Malmö FF, 37 Länderspiele (71–78), WM-Teilnehmer 1974 und 1978.

Alberto Tarantini, Argentinien, Abwehrspieler; geb. 3. Dezember 1955. Club: Sporting; 49 Länderspiele (74–78), Weltmeister 1978.

Lajos Tichy, Ungarn, Stürmer; geb. 21. März 1935. Club: Honved Budapest (54–67); 71 Länderspiele (55–71), WM-Teilnehmer 1958, 1962, 49 Tore für Ungarn. Mit Honved ungarischer Meister 1955, Pokalsieger 1964.

Hans Tilkowski, Deutschland, Torhüter; geb. 12. Juli 1935. Clubs: Westfalia Herne, Borussia Dortmund, Eintracht Frankfurt; 39 Länderspiele (57–67), WM-Teilnehmer 1966 (2.); mit der Europa-Auswahl 1964 gegen Jugoslawien. Mit Borussia Dortmund Europacup-Sieger der Pokalsieger (1966), DFB-Pokalsieger 1965.

Aleksander Tirnanic, Jugoslawien, Außenstürmer; geb. 1911. Club: OFK Belgrad; 50 Länderspiele (29–40), WM-Teilnehmer 1930.

Jan Tomaszewski, Polen, Torhüter; geb. 1. Januar 1948. Clubs: Legia Warschau, LKS Lodz. 64 Länderspiele, WM-Teilnehmer 1974 (3.) und 1978.

Antonio De La Torre, Mexico, Mittelfeldspieler; geb. 21. September 1954. Club: America. 36 Län-

Jan Tomaszewski

Turnier gewann und schoß damals schon zwei Tore zum 3:2-Finalsieg.

Groß geworden ist er in Halberstadt im Harzvorland. Erster Trainer war sein Vater Kurt. Mit 15 ging er in die Bezirkshauptstadt Magdeburg, dessen 1. FCM gerade dabei war, aus der Oberliga abzusteigen. Der dann aber in den 70er Jahren zusammen mit Dynamo Dresden die Vorherrschaft der Jenaer im DDR-Fußball brechen konnte. Wenige Wochen vor dem Hamburger Husarenstück wurden diese Magdeburger als erste DDR-Mannschaft Europapokalsieger. Sparwasser war eine ihrer Korsettstangen, ein vielseitiger Stürmer, der ebenso im Mittelfeld und auf den Flügeln wie im Sturmzentrum zurechtkommt, aber am wirkungsvollsten ist, wenn er „marschieren" kann . . . wie beim 1:0 von Hamburg.

ALFREDO DI STEFANO
Fußball in Vollendung

Alfredo Di Stefano nannte selbst die Superlative, mit denen seine Genialität und seine Größe am trefflichsten zu fassen seien. Er verglich sich mit Rembrandt und Picasso. „In Vollendung praktiziert", philosophierte er einmal, „ist Fußball eine Kunst – genau wie die Malerei." Alfredo Di Stefano war Fußball in Vollendung, sein Spiel Kubismus und keine Landschaft mit Kühen.

Ein Vergleich mit Napoleon hätte sicherlich noch besser zum Bild und zur Persönlichkeit des Alfredo Di Stefano gepaßt. Er war ein Feldherr, ein Stratege zwischen den Strafräumen, der Real Madrid in seiner „Grande Epoque" zum Beherrscher ganz Fußball-Europas machte. In der „königlichen" Mannschaft herrschte er wie ein Diktator. Spieler von Weltruf, die ihm die Macht über Real eines Tages hätten streitig machen können, etwa der Brasilianer Didi, der Franzose Raymond Kopa oder der Schwede Agne Simonsson, alles intelligente Spielgestalter wie er selbst, ließ „Don Alfredo" an seiner Seite jämmerlich verkümmern.

Mit fünf aufeinanderfolgenden Siegen im Europa-Pokal hatte Alfredo Di Stefano zwischen 1956 und 1960 den eigenen und den Ruhm Reals begründet. Er galt als der beste und bestbezahlte Fußballspieler seiner Zeit. Der Brasilianer Don Fleitas Solich, 1960 beim legendären Glasgower Finale gegen Eintracht Frankfurt (7:3) Real-Trainer, versuchte das Phänomen Di Stefano zu ergründen: „Das Gerede von Di Stefanos ‚Einmaligkeit' hatte ich stets für eine maßlose Übertreibung gehalten, bis ich mich nun bei Real belehren ließ. Alfredo Di Stefano ist in jeder Hinsicht ein perfekter Fußballspieler, seine Ballfertigkeit technisch vollendet. Er besitzt einzigartige Spielübersicht, grandiose Improvisationsbegabung und den Instinkt für den Torschuß. Er erledigt ein Laufpensum, das einem Emil Zatopek zur Ehre gereichen würde. Er ist auf dem ganzen Spielfeld allgegenwärtig, hilft in der eigenen Abwehr aus, um schon im nächsten Augenblick die Abwehr des Gegners zu narren. So etwas gibt es auf der ganzen Welt nicht mehr." Di Stefano allein bestimmte und veränderte den Spielrhythmus Reals. Selbst ein Ferenc Puskas ordnete sich unter.

Alfredo Di Stefano zehrte nicht wie andere begnadete Ballartisten allein von seinem Talent und seiner Begabung. Ihn trieb ein fast grimmiger Ehrgeiz zusätzlich zu Höchstleistungen. In den ersten sieben Dienstjahren bei Real fehlte der Mittelstürmer in ganzen drei Ligaspielen. Bei Verletzungen zog er sich nicht gleich wehleidig wie viele Fußball-Primadonnen aufs Krankenlager zurück. Dabei wurde der Real-Regisseur von den eigens auf ihn angesetzten Gegenspielern härter als andere getreten und geschunden. Unvergessen ist etwa die Brutalität, mit der der Fürther Herbert Erhardt 1958 beim Frankfurter Länderspiel Deutschland – Spanien (2:0) den großen Spanier bekämpfte. Alfredo Di Stefano war eben nicht nur der Diktator Real Madrids, sondern gleichzeitig sein erster Diener.

Im Armenviertel von Buenos Aires, in Barracas, dort, wo die Boca Juniors und River Plate ihren Anhang haben, hatte Vater Di Stefano, ein Viehzüchter italienischer Abstammung, den 16jährigen Alfredo (geboren am 4. Juli 1926) von der Gasse geholt und in jenen Fußballclub gesteckt, bei dem er einst selbst gespielt hatte: River Plate. Schon mit 17 wurde Alfredo Di Stefano Profi und bald wegen seiner blonden Haare und seiner schnellen Sprints als „saeta rubia" (blonder Pfeil) gefeiert.

Beim Großeinkauf der „Millonarios" von Bogotá unter den ohnehin unterbezahlten und durch einen Generalstreik arbeitslosen argentinischen Nationalspielern war Alfredo Di Stefano der erste, den die Kolumbianer 1949 anheuerten. Die „Millionäre", für kurze Zeit eines der stärksten Teams der Welt, gingen pleite und verkauften Di Stefano für 350 000 DM an den FC Barcelona. Doch auch Real Madrid hatte 1953 Interesse bekundet und den blonden Ballstar von River Plate für 300 000 DM erworben. Denn Di

Grimmiger Ehrgeiz: Alfredo Di Stefano

Stefano „gehörte" immer noch zu einem Teil dem argentinischen Meisterclub. So stand denn Di Stefano in Spanien, mit einem Bein in Barcelona, mit dem anderen in Madrid, und beide gebunden. 200 000 DM Handgeld hatte er auch bereits kassiert. Generalissimo Franco selbst soll den Streit geschlichtet und den in der Geschichte des Fußballs sicherlich einmaligen Kuhhandel vorgeschlagen haben, wonach der zwischen zwei Stühlen sitzende Argentinier wechselweise ein Jahr in Barcelona und Madrid seine Fußballdienste ableisten sollte.

Barcelona war offenbar weniger von der Sonderklasse Di Stefanos überzeugt und überließ Real die kolumbianische Vertragshälfte für 300 000 DM. Die Quittung stellte Di Stefano selber aus, denn der Terminplan wollte es, daß Real Madrid und FC Barcelona bereits im ersten Meisterschaftsspiel aufeinanderprallten. Real zerschmetterte die Katalanen mit 5:0. Vier Tore schoß allein Alfredo Di Stefano. Welch ein Einstand bei Real! Trotz der nahezu 700 000 DM (für damalige Verhältnisse eine „astronomische" Transfersumme), die Real-Patriarch Bernabeu bezahlt hatte, rieb er sich die Hände: „Das war der reinste Gelegenheitskauf."

derspiele, WM-Teilnehmer 1978.

Conny Torstensson, Schweden; geb. 28. August 1949. Clubs: Atvidabergs, Bayern München, FC Zürich. 36 Länderspiele; (72–78). WM-Teilnehmer 1978, mit Bayern Europacup-Sieger der Meister 1974 und 1975.

Tostao, Brasilien, Stürmer; geb. 25. Januar 1947; bürgerlicher Name: Eduardo Goncalves Andrade. Clubs: Cruzeiro; 45 Länderspiele (65–72), WM-Teilnehmer 1966, Weltmeister 1970.

Bernd Trautmann, Deutschland, Torhüter; geb. 22. Oktober 1922. Club: Manchester City. Englischer Pokalsieger 1956, Fußballspieler des Jahres 1960. Wurde als ehemaliger Kriegsgefangener im Tor von Manchester City Nachfolger des legendären Frank Swift.

Marius Tresor, Frankreich, Abwehrspieler; geb. 15. Januar 1950. Clubs: Ajaccio, Marseille. 38 Länderspiele (71–78), WM-Teilnehmer 1978.

Igor Tschislenko, Sowjetunion, Außenstürmer; geb. 4. Januar 1939. Club: Dynamo Moskau (56–70); 53 Länderspiele (63–69), WM-Teilnehmer 1962 und 1966.

Toni Turek, Deutschland, Torhüter; geb. 18. Januar 1919. Clubs: Duisburg 1900, Duisburg 48/99, SSV Ulm (41), Duisburg 48/99 (45). Eintracht Frankfurt (46), Ulm 46 (47), Fortuna Düsseldorf (50–56), Borussia Mönchengladbach (56–57); 20 Länderspiele (50–54), Weltmeister 1954.

Seren Turgay, Türkei, Torhüter; geb. 15. Mai 1932, Club: Galatasaray Istanbul; 51 Länderspiele (50–66), WM-Teilnehmer 1954.

Francisco Valdez, Chile, Stürmer; geb. 19. März 1943. Club: Colo Colo. 72 Länderspiele. WM-Teilnehmer 1974.

Arturo Vasques-Ayala, Mexico, Abwehrspieler; geb. 26. Juni 1950. Club: Universidad. 42 Länderspiele, WM-Teilnehmer 1978.

Vava, Brasilien, Mittelstürmer; geb. 12. November 1934, bürgerlicher Name: Evaldo Izidio Neto. Clubs: Vasco da Gama, Atletico Madrid, Palmeiras, Botafogo; 19 Länderspiele für Brasilien (55–62), Weltmeister 1958 und 1962.

Renzo de Vecchi, Italien, Abwehrspieler; geb. 1894, gest. 1967. Clubs: AC Milan, AC Genua. 43 Länderspiele (10–25). Mit Genua zweimal italienischer Meister (15, 25).

Sirio Vernati, Schweiz, Mittelläufer; geb. 12. Mai 1907 in Italien, Schweizer seit 1936. Clubs: Grasshoppers Zürich, FC Luzern. 34 Länderspiele (36–43), WM-Teilnehmer 1938. Mit Grasshoppers Schweizer Meister 1937 und 1939 und viermal Pokalsieger (34, 37, 38, 40).

Ivo Viktor, Tschechoslowakei, Torhüter; geb. 8. November 1942. Club: Dukla Prag; 63 Länderspiele (64–76), Europameister 1976; mit Dukla CSSR-Meister 1966; 1968, 1972, 1973 und 1975 tschechoslowakischer Fußballer des Jahres.

ERNST STOJASPAL

Knallharte Schüsse

Nomen muß nicht immer Omen sein. Bei dem humorvollen und gemütlichen Wiener Sturmstar jedenfalls traf das beliebte lateinische Sprichwort überhaupt nicht zu. Stojaspal heißt nämlich aus dem Tschechischen übersetzt etwa soviel wie „im Stehen schlafen", und genau das tat der wohl beste österreichische Stürmer der Nachkriegsjahre nicht.

Der Mann, der sich immer wieder in die Torschützenlisten der Liga und des National-Teams eintrug, hatte, obwohl sein Ruhm nicht ganz so groß war, enorme Ähnlichkeit mit Ferenc Puskas: Knallharte und placierte Schüsse – jedoch nur mit dem linken Fuß –, immer neue Tricks im Dribbling, Zielstrebigkeit eines Goal-Getters und – permanente Gewichtsprobleme, die den immer zu Späßen aufgelegten Stojaspal vor der Weltmeisterschaft in Bern 1954 zu der Behauptung veranlaßten, die Buchstaben WM würden bei ihm für „wienerisch-mollert" stehen.

Dennoch war er so beweglich, daß er in der Wiener Austria mit seinem geschickten Sturmspiel eine ideale Ergänzung zum Mittelfeld-Strategen Ocwirk darstellte. Das war die Achse, die die Austria zu Beginn der 50er Jahre so erfolgreich machte, daß man auch im National-Team nicht auf sie verzichten wollte. Tatsächlich bewährte sie sich auch dort und trug mit zum dritten WM-Platz der Österreicher 1954 in der Schweiz bei. Bei diesem Anlaß schoß Stojaspal sein letztes Länderspiel-Tor. Als Profi versilberte er seinen frischen Ruhm in Frankreich, bevor er sich ins Privatleben zurückzog.

EDUARD STRELZOW

Zwei Karrieren

Die Geschichte des vermutlich besten Stürmers, den die Sowjetunion je hatte, ist die Geschichte von zwei unabhängigen Fußball-Karrieren im Leben eines Mannes, der wie in einem Roman mitten aus dem Hoch des Lebens in den Abgrund gerät, um sich wieder hochzuarbeiten.

Eduard Strelzow war ein Fußball-Wunderknabe. Mit 17 Jahren stand er 1954 in der ersten Mannschaft von Torpedo Moskau und gewann auf Anhieb die Meisterschaft. Als 18jähriger schoß er bei seinem Länderspiel-Debüt gegen Schweden die drei Tore zum 3:0-Sieg der Russen.

Die Zeitungen in aller Welt sangen ein hohes Loblied auf den spritzigen Kicker mit den strohig-blonden Haaren. Er wurde „Verdienter Meister des Sports" und Fußballer des Jahres. Zuversicht für die Weltmeisterschaft 1958.

Doch im Aufgebot für Schweden fehlte Strelzow. Er hatte nach einem Budenzauber, im Zustand nahezu totaler Trunkenheit, ein Mädchen vergewaltigt und war zu 12 Jahren Kerker verurteilt worden. Nach acht Jahren wurde er, mittlerweile 28jährig, begnadigt. Torpedo Moskau wagte eine bemerkenswerte Resozialisierung. Man holte den geächteten Ex-Kicker, eigentlich mehr um ihm Halt zu geben, wieder in den Verein. Vier Wochen später war Strelzow wieder Mittelstürmer der ersten Mannschaft. Zwei Jahre später, zehn Jahre nach der letzten Ehrung, wurde er erneut zum Fußballer des Jahres gekürt. Die Jugendsünden des einst verhätschelten Stars waren verziehen.

HEINER STUHLFAUTH
Hände wie Bratpfannen

In der Nähe des ehemaligen „Zabo" in Nürnberg trägt eine Straße seinen Namen. – Mehr eine Ehrung als eine Erinnerung, denn Heiner Stuhlfauth, dem man nachsagt, er sei schon zu Lebzeiten eine Legende gewesen, ist auch denen noch ein Begriff, die ihn gar nicht mehr haben spielen sehen. Und das, obwohl der noch vor der Jahrhundertwende geborene Nürnberger im März 1930 zum letzten Male für Deutschland zwischen den Torpfosten stand.

Er war ein Riese, dessen Hände ihrer Größe wegen oft mit Bratpfannen verglichen wurden. Doch trotz seiner Ausmaße bestach er durch eine unglaubliche Beweglichkeit. Weniger die Paraden auf der Linie als die souveräne Beherrschung des Strafraums, sein Mitspielen und das blitzschnelle Erkennen und Verhindern brenzliger Situationen begründeten seinen internationalen Ruf. Oft wurde er später in einem Atemzug mit Planicka und Zamora genannt. Begonnen hatte seine Karriere noch vor dem Ersten Weltkrieg, mit von seiner Mutter handgestrickten Stutzen in den Farben des FC Pfeil Nürnberg, der sich zu Beginn des Krieges auflöste.

„Der Club", der 1. FC Nürnberg, hatte schon von dem Torwart-Talent gehört, und so war der Übertritt nur noch eine Formsache. Mit dem Club gewann Stuhlfauth fünf deutsche Meistertitel. Der 1. FC Nürnberg war auch Sprungbrett für die National-Mannschaft, zu deren ersten Erfolgen Stuhlfauth einen wesentlichen Beitrag leistete. Der ganz große Triumph blieb ihm zwar versagt, doch als er im September 1966 starb, nahm ganz Fußball-Deutschland von ihm Abschied.

Spielmacher: Luis Suarez

LUIS SUAREZ
Hohe Renditen

Wer die Renditen beobachtet, die im Handel mit Fußball-Profis erzielt werden, muß unweigerlich zu dem Schluß kommen, daß das mitunter ein sehr lohnendes Geschäft sein kann. Luis Suarez jedenfalls war für den FC Barcelona so ein lohnendes Geschäft: ein Fußball-Fohlen von 18 Jahren mit Talent. Kostenpunkt 13 000 Mark, zu zahlen an den Provinz-Club La Coruna.

Sechs Jahre später ist Suarez beim FC Barcelona das beste Pferd im Stall, mit einem Stammplatz in der spanischen National-Mannschaft und dem Prädikat „Europas Fußballer des Jahres 1960" einer der besten Spielmacher der Welt. 1,6 Millionen Mark bringt sein Transfer zu Inter Mailand. Der Gewinn beträgt viele tausend Prozent.

Unter Herreras Trainer-Peitsche hatte sich der FC Barcelona dank Suarez und trotz Kubalas Intrigen zur Spitzen-Mannschaft gemausert. Kolossal intelligent, technisch

Jean Vincent, Frankreich, Außenstürmer; geb. 29. November 1930. Clubs: OGC Lille, Stade Reims; 44 Länderspiele (54–60), WM-Teilnehmer 1954 und 1958 (3.), 20 Tore für Frankreich; mit der Europa-Auswahl 1955 gegen Großbritannien. Mit Lille französischer Meister 1954, Pokalsieger 1953 und 1955, mit Reims dreimal französischer Meister (58, 60, 62) und Pokalsieger 1958.

Eberhard Vogel, DDR, Stürmer; geb. 8. April 1943; Clubs: SC Motor, FC Karl-Marx-Stadt, Carl Zeiss Jena; 74 Länderspiele (63–76), 25 Tore für die DDR. WM-Teilnehmer 1974.

Emeric Vogl, Rumänien, Mittelläufer; geb. 1905, gest. 1971. Clubs: Chinezul Timisoara (23–37), Juventus Bukarest (37–43); 27 Länderspiele (27–34), WM-Teilnehmer 1930. Mit Chinezul viermal rumänischer Meister.

Berti Vogts, Deutschland, Abwehrspieler; geb. 30. Dezember 1946. Clubs: VfR Büttgen, Borussia Mönchengladbach (65–79); 96 Länderspiele (67–78), Weltmeister 1974, WM-Teilnehmer 1970 (3.) und 1978, EM-Finalist 1976 (2.); mit Borussia UEFA-Pokalsieger 1975, deutscher Meister 1970, 71, 75, 76, 77, DFB-Pokalsieger 1973. 1971 Fußballer des Jahres.

Georg Volkert, Deutschland, Außenstürmer; geb. 28. November 1945. Clubs: SpVgg Ansbach, 1. FC Nürnberg, FC Zürich, Hamburger SV, VfB Stuttgart. 12 Länderspiele (68/69 und 77). Mit Nürnberg deutscher Meister 1968; mit dem HSV Pokalsieger 1976 und Europacup-Sieger der Pokalsieger 1977.

Roger Vonlanthen, Schweiz, Stürmer; geb. 5. Dezember 1930. Clubs: Grasshoppers Zürich, Alessandria, Grasshoppers, Lausanne Sports. 27 Länderspiele (51–62), WM-Teilnehmer 1954 und 1962, 8 Tore für die Schweiz. Zweimal Schweizer Meister mit Grasshoppers (52, 56), zweimal Pokalsieger mit Grasshoppers (52) und Lausanne (62).

Bernard Vukas, Jugoslawien, Außen- und Mittelstürmer; geb. 1. Mai 1927; Clubs: Concordija Zagreb, Amatorzy Zagreb, Hajduk Split (48–62); 59 Länderspiele (48–57), WM-Teilnehmer 1950, 1954 und 1958; mit der Weltelf 1953 gegen England, mit der Europa-Auswahl 1955 gegen Großbritannien. Mit Hajduk dreimal jugoslawischer Meister (50, 52, 55).

Fritz Walter, Deutschland, Mittel- und Halbstürmer; geb. 31. Oktober 1920. Club: 1. FC Kaiserslautern (28–62); 61 Länderspiele (40–58), Weltmeister 1954, WM-Teilnehmer 1958, 33 Tore für Deutschland. Mit Kaiserslautern deutscher Meister 1951 und 1953.

Ottmar Walter, Deutschland, Stürmer; geb. 6. März 1924. Club: 1. FC Kaiserslautern. 21 Länderspiele (50–56), Weltmeister 1954, zehn Tore für Deutschland. Mit dem FC Kaiserslautern deutscher Meister 1951 und 1953.

Wolfgang Weber, Deutschland, Abwehrspieler; geb. 26. Juni 1944. Clubs: SpVgg Porz, 1. FC Köln (63–76); 53 Länderspiele (64–74), WM-Teil-

ausgefeilt, aber nüchtern und umsichtig hatte Suarez Regie geführt. Der Preis war gerechtfertigt, und Suarez zögerte nicht lange, als er Herrera, dem er so viel verdankte, für diese Summe nach Mailand folgte. Nicht nur von Geldes wegen – Suarez wurde einer der reichsten Junggesellen Italiens –, sondern auch auf Grund der sportlichen Erfolge begann dort seine eigentliche Karriere: Landesmeisterschaften, zweimal Europa-Pokal und der Weltpokal. Der sachliche, aufs Ziel getrimmte Fußball der Mailänder lag ihm.

FRITZ SZEPAN

Regieren und dirigieren

Für den deutschen Fußball vor dem Zweiten Weltkrieg war er Beckenbauer und Netzer in einer Person. Ein umsichtiger Dirigent, ein begnadeter Techniker, spielentscheidender Mann und eigenwilliger Star. Sechsmal wurde er mit Schalke 04 deutscher Meister, 34mal spielte er in der National-Mannschaft Deutschlands und an zwei Weltmeisterschaften (1934 und 1938) nahm er teil.

Die Statistik wird Fritz Szepan jedoch nicht gerecht, denn der Westfale hätte zwölf Länderspiele mehr gemacht, wenn er sich nicht schon nach dem dritten, bei dem damaligen Reichstrainer Nerz, für zweieinhalb Jahre „empfohlen“ hätte. Szepan wollte kein als Regisseur getarnter „Wasserträger“ sein, der die Arbeit für andere verrichten mußte. Szepan wollte regieren, und genau das war in der Mannschaft, in der noch Richard Hofmann stürmte, nicht möglich.

Also wartete er, bis er „seine“ Mannschaft bekommen würde. Zur Weltmeisterschaft 1934 bekam er sie. Eigenwilligkeit und ein gewisser Sinn für die Mitsprache der Spieler waren immer symptomatisch für Szepan. Im Halbfinale trafen die Deutschen auf die Tschechen. Szepan wollte eine speziell auf dieses Spiel abgestimmte Mannschaftsänderung. Sie fand nicht statt. Deutschland unterlag. Beim Spiel um den dritten Platz gegen Österreich wurden seine Vorschläge berücksichtigt. Deutschland siegte 3:2.

JAN TOMASZEWSKI

Der Held von Wembley

Nicht immer war Polen stolz auf seine Torhüter. Aber der „lange Jan“, mit 1,92 m ein wahrer Hüne, rundete erst das polnische Wunder ab. Ohne ihn wären die Polen wohl nie 1974 zur Weltmeisterschaft gekommen.

Denn als es für die Polen um die Fahrkarte nach Deutschland ging, da wuchs „Toma" zum Retter in der Not einer Schlacht, von der ein britisches Massenblatt tags darauf schrieb, ihr Ausgang bedeute für England das „Ende der Welt". An dieser Götterdämmerung der Ära Ramsey hatte Tomaszewski Riesenanteil, kein Wunder, daß ihn das Vaterland noch unmittelbar vor der Weltmeisterschaft zum Fußballer der Nation erkor, noch bevor Gorski und die Seinen zu ihrem größten Schlag gegen Italien, Argentinien und Brasilien ausholten.

Drei Jahre nach Kriegsende in Breslau geboren, wurde er beim LKS Lodz zum berühmtesten polnischen Torwart aller Zeiten. Vor dem Wunder von Wembley hatten englische Kritiker geglaubt, hier läge Polens Achillesferse . . .

In Polen gilt er als Prophet, denn es ist überliefert, daß er vor der Weltmeisterschaft verkündete: „Die Presse wird im Juni über Fußballer in der Welt schreiben, sie spielten wie . . . und mißt sie dann an uns Polen."

So überzeugt war er von der Kunst seiner Kameraden Gadocha, Lato, Deyna und Gorgon, und wohl auch von sich selbst.

BERTI VOGTS

Hart, zäh – und sensibel

Allzu gut hat das Schicksal den Heranwachsenden nicht bedient: Mit 13 verlor er die Mutter, mit 14 den Vater, und als er bei 1,68 m angekommen war, ging es nicht weiter.

So mußte Berti Vogts recht früh im Leben ohne elterliche Rückendeckung gegen das Vorurteil ankämpfen, daß den Kleinen auch im Leben letzten Endes ein paar Zentimeter fehlen.

Mit fanatischem Eifer stürzte sich der Berti – im Paß steht Hans-Hubert – auf die Verbesserung seiner Fußballkunst, was ziemlich viel Arbeit kostete. Und mit ebenso großem Eifer mied er, was es bei Tante Maria, die den Waisenknaben betreute, in reichlichem Maße zu trinken gab: Bier und andere alkoholische Getränke.

Ein ausgesprochener Glücksfall war es, daß er ins Blickfeld von Hennes Weisweiler geriet. Der Trainer, selbst ohne Kinder, kümmerte sich um Berti wie ein Vater um seinen Sohn.

Mit Weisweiler verbrachte er auch viel Freizeit. Und regelmäßig geht Berti Vogts, ein überzeugter Katholik, in die Kirche. Selbst nach Bundesligaspielen, bei denen er böse Blessuren davontrug, vergaß er am Sonntag die Messe nicht.

Mit dem Alter wuchs das Bankkonto, die Zahl der Länderspiele, das Selbstbewußtsein und letztlich der Anspruch, in der Mannschaft mitreden zu wollen. Als Kapitän hatte er schließlich sogar das Recht dazu. Sein Selbstwertgefühl ging freilich nicht so weit, daß er Ratschläge anderer ignorierte. Von Günter Netzer nahm er vieles an; er ließ sich sogar von ihm beschimpfen. Doch im Auftreten wahrte er die persönliche Note.

Seine sportlich größte Tat vollbrachte er zweifellos im WM-Finale 1974 in München, als er Hollands Stolz Johan Cruyff mächtig ramponierte.

Die Gegenspieler fürchten seine Härte und Zähigkeit. Doch der „harte Hund" kann auch ziemlich weich sein. Bei seiner Freundin etwa oder in der Nähe eines Arztes.

Ein Muster-Profi: Berti Vogts

FRITZ WALTER

Fußball als Kunst

Er nennt ihn einen „Künstler" und ergänzt: „Nur vergleichbar mit den ganz Großen des internationalen Fußballs wie Di Stefano oder Hidegkuti." – Sepp Herberger über Fritz Walter.

Herberger hatte das Glück, in Fritz Walter

nehmer 1966 (2.), 1970 (3.); mit Köln deutscher Meister 1964, DFB-Pokalsieger 1968.

Konrad Weise, DDR, Abwehrspieler; geb. 17. August 1951. Club: Carl Zeiss Jena. 72 Länderspiele (70–79), WM-Teilnehmer 1974, Olympiasieger 1976.

Ernst Willimowski, Polen, Deutschland, Mittel- und Halbstürmer; geb. 23. Juni 1916. Clubs: 1. FC Kattowitz, Polizei Chemnitz (40–42), 1860 München (42–44), Chemnitz West (45–58), Hameln 07 (58), TSV Detmold, BC Augsburg; 28 Länderspiele für Polen; 8 Länderspiele für Deutschland (41–42), 13 Tore für Deutschland.

Peter Wilson, Australien, Abwehrspieler; geb. 15. September 1947. Club: Safeway United. 61 offizielle Länderspiele, 113 Auswahl- Berufungen; WM-Teilnehmer 1974.

Ramon Wilson, England, Verteidiger; geb. 1934. Clubs: Huddersfield Town, Everton FC. 63 Länderspiele (60–68), Weltmeister 1966.

Herbert Wimmer, Deutschland, Mittelfeldspieler; geb. 9. November 1944. Clubs: Borussia Brand, Borussia Mönchengladbach (66–76); 36 Länderspiele (68–76), WM-Teilnehmer 1974, Europameister 1972, EM-Finalist 1976 (2.). Mit Mönchengladbach UEFA-Pokalsieger 1975, deutscher Meister 1970, 1971, 1975, 1976, 1977; Pokalsieger 1973.

Walerij Woronin, Sowjetunion, Außenläufer; geb. 1939. Club: Torpedo Moskau (56–71); 66 Länderspiele (61–69), WM-Teilnehmer 1958, 1962, 1966; EM-Finalist 1964 und EM-Endrundenteilnehmer 1968; mit der Europa-Auswahl 1964 gegen Skandinavien und Jugoslawien.

Billy Wright, England, Mittelläufer; geb. 6. Februar 1924; Club: Wolverhampton Wanderers (41–59); 105 Länderspiele (47–59), neunzigmal Kapitän der Nationalelf; mit Wolverhampton dreimal englischer Meister (54, 58, 59), Pokalsieger 1949.

George Young, Schottland, Verteidiger; geb. 1922. Club: Glasgow Rangers; 53 Länderspiele (47–57). Mit den Rangers sechsmal schottischer Meister, viermal Pokalsieger, zweimal Gewinner des Liga-Cups.

Mario Zagalo, Brasilien, Außenstürmer; bürgerlicher Name: Mario Jorge Lobo; geb. 1931. Clubs: Flamengo, Fluminense, Botafogo; 29 Länderspiele (58–63), Weltmeister 1958 und 1962.

Ricardo Zamora, Spanien, Torhüter; geb. 21. Januar 1901, gest. 7. September 1978. Clubs: Espanol, FC Barcelona (19–22), Espanol (23–30), Real Madrid (30–36), OGC Nizza (36–38; 46 Länderspiele (20–36), WM-Teilnehmer 1934, Olympiateilnehmer 1920 (2.) und 1924.

Branko Zebec, Jugoslawien, Mittelläufer und Außenstürmer; geb. 17. Mai 1929, Clubs: Partizan Belgrad (50–59), Roter Stern Belgrad (59–61), Alemannia Aachen (61–64); 65 Länder-

einen Mann zu finden, den er für die Nationalmannschaft brauchte; dem er seine taktischen Vorstellungen anvertrauen konnte, ohne Gefahr laufen zu müssen, mißverstanden zu werden.

Wer die Leistung des überragenden Spielers, Fritz Walter, zu werten versucht, kann den Mann hinter den Kulissen, Sepp Herberger, schwerlich ausklammern. Hier ging der Kontakt weit über das übliche Trainer-Spieler-Verhältnis hinaus. Im Herbergerschen Management hatte Fritz Walter die Prokura auf dem Spielfeld. Herberger konnte auch als Trainer weitgehend „mitspielen", weil ihm auf dem Platz in Fritz Walter ein Gedankenübertrager zur Verfügung stand.

Herberger: „Es war wohl deshalb, weil unsere Antennen so fein aufeinander abgestimmt waren." Fritz Walter akzeptierte die Autorität Herbergers aus Überzeugung. Aber es wäre völlig falsch, daraus zu schließen, daß der Schüler an den Rockschößen des Lehrmeisters gehangen hätte. Herberger suchte keine Hilfswilligen für eine taktische Schablone, er schickte keine Satelliten auf eine vorausberechnete Umlaufbahn des Erfolgs. Er suchte die Mannschaft, in der sich jeder Spieler im Rahmen einer taktischen Ordnung ohne spielerische Zwänge frei bewegen konnte.

Herberger hatte die Idee eines synchron laufenden Teams, in dem selbst ein so eigenwilliger Spieler wie Helmut Rahn ungebremst funktionieren konnte, 1954 realisiert. Er war mit einer Mannschaft, in der fünf Spieler des 1. FC Kaiserslautern standen, Weltmeister geworden. Fritz Walter wurde dabei zur sportlichen Inkarnation dieser Idee: er interpretierte Fußball als Kunst einer Improvisation, die sich im Rahmen einer taktischen Ordnung verwirklichte.

Fritz Walter, der Bescheidene, der – auch in seiner Meinungsäußerung – vorsichtig Zurückhaltende, wandelte sich auf dem Platz zu einer starken, spielbestimmenden Persönlichkeit. Er dachte meistens einige Spielzüge weiter als seine Mitspieler. Seine Begabung, den Ball präzise wie eine Billardkugel zu adressieren, seine Fähigkeit, Kontrollfunktionen auszuüben, ohne – Blick abwärts – den Ball an seinen Füßen kontrollieren zu müssen, das alles machte ihn frei für den Überblick selbst in verworrenen Spielsituationen. Fritz Walter besaß alle Merkmale einer Spielerpersönlichkeit, deren Kriterium Sepp Herberger klar umreißt: der Umgebung den Stempel des eigenen Spiels aufzudrükken.

Jede Nationalmannschaft von Klasse wird

von solchen Spielerpersönlichkeiten bestimmt, die bereit sind, sich für das Spiel verantwortlich zu fühlen; die – nach Herberger – „die Deckenbeleuchtung einschalten", damit es beim Gegner brennt, oder die sie abschalten, um Kräfte für eine entscheidende Spielphase zu sammeln.

Von Fritz Walter ging die Initialzündung aus. So entschieden sich dieser intelligente Spieler nach den taktischen Wünschen eines Sepp Herberger orientierte, auf dem Platz war er der Freigelassene, der selbst zu entscheiden hatte, was richtig oder falsch war.

Fritz Walter war also damals der Prototyp des modernen Fußballspielers, und er wäre es auch heute noch. Man hätte ihn nur mit einem anderen Titel ausstatten müssen, mit dem des „Mittelfeldspielers".

Fritz Walter wurde in beiden Strafräumen gesehen, im eigenen und in dem des Gegners. Er schoß Tore auf der einen Seite, und er verhinderte sie auf der anderen. Herberger freute sich jahrzehntelang noch diebisch daran, „wie der Fritz dem Hidegkuti im Finale den Ball kurz vor dem Torschuß vom Stiefel schnippelte".

Fritz Walter war auch in der Abwehr der sichere Anspielpunkt für die bedrängten Kollegen, er war auch in bedrohlichen Situationen dem Spiel meistens gedanklich voraus. Man durfte somit – vom Standpunkt des Gegners – einen Fritz Walter auch nicht hinter der Mittellinie aus den Augen verlieren, wollte man keine unliebsamen Überraschungen erleben. Denn der Angriff begann bei Fritz Walter häufig genug in der eigenen Abwehr.

Spielbestimmend: Fritz Walter

Die deutsche Nationalmannschaft von 1954 verkörperte Pflichten und Freiheiten, geplante und improvisierte Aktionen, Mannschaftsspiel und Einzelleistung in einem überraschend bunten Wechsel. Daß in diesem spielerischen Mosaik trotzdem die Farbanschlüsse stimmten, dafür sorgte vor allem Fritz Walter. Es kommt nicht von ungefähr, daß viele der Herbergerschen Weisheiten, die als Gebrauchsanweisung für den modernen Fußball nach wie vor „up to date" sind, wie maßgeschneidert auf einen Mann wie Fritz Walter passen.

Herberger: „Der Reiz des Torgewinns ist eine ständige Ermahnung, den Zweikampf nicht zum Selbstzweck werden zu lassen, sondern in ihm nur einen durch die Umstände aufgezwungenen Aufenthalt auf dem Wege zum Tor zu sehen." Fritz Walter ging Zweikämpfen nach Möglichkeit aus dem Weg; er verbiß sich nicht in hoffnungslose Unternehmungen und sah in einer torreifen Situation immer den besser stehenden Nebenmann.

Fritz Walter lieferte geradezu Musterbeispiele der Fähigkeit, mit dem Ball am Fuß in jedem Tempo gehen zu können, ohne die Übersicht zu verlieren. Der Paßball kam wie an der Schnur gezogen haargenau; bei Freistößen verstand er es, den Ball mit Effet gleichsam um die Ecke zu zirkeln. Eckbälle, Freistöße, Vierzig-Meter-Pässe, Fritz Walter konkretisierte die Ingredienzen des Spiels mit außerordentlicher Präzision. Wer von Fritz Walter „auf die Reise geschickt" wurde, lief kaum umsonst; der Ball wurde ihm meistens maßgerecht vor die Füße gespielt.

Er war ein Meister in der Kunst der Vorbereitung auf einen bestimmten Zeitpunkt hin, auf ein bestimmtes Ziel. Herberger konnte sich darauf verlassen, daß sein Musterschüler topfit am Start erschien. Und er konnte sich darauf sogar noch 1958 bei der Weltmeisterschaft in Schweden verlassen.

Fritz Walter war trotz seines für einen Leistungssportler relativ hohen Alters im schwedischen Weltmeisterschaftsturnier noch einmal „voll da". Mit 38 Jahren erfüllte er tatsächlich die hochgespannten Erwartungen. Es gelang ihm, wieder zur spielbestimmenden Persönlichkeit in der deutschen Mannschaft zu werden. Die neue Generation, durch einen Uwe Seeler repräsentiert, wurde

spiele (51–61), WM-Teilnehmer 1954 und 1958, Olympiazweiter 1952. Mit der Weltelf 1953 gegen England.

Walter Zeman, Österreich, Torhüter; geb. 1. Mai 1927. Clubs: FC Wien (42–44), Rapid (45–60), Salzburger AK (60); 41 Länderspiele (45–60). 1953 mit der Weltelf gegen England.

Zito, Brasilien, Außenläufer; bürgerlicher Name: Jose Ely Miranda, geb. 3. August 1932; Club: Santos; 47 Länderspiele (55–63); Weltmeister 1958 und 1962.

Zizinho, Brasilien, Stürmer; bürgerlicher Name: Tomas Suares da Silva, geb. 1930. Clubs: Bangu, Fluminense, Botafogo, Flamengo; 51 Länderspiele (42–53), WM-Teilnehmer 1950 (2.).

Wladislaw Zmuda, Polen, Abwehrspieler; geb. 6. Juni 1954; Club: Slask Wroclaw, 55 Länderspiele (73–79), WM-Teilnehmer 1974 (3.) und 1978.

Dino Zoff, Italien, Torhüter; geb. 28. Februar 1942. Clubs: Mantua (63–67), Neapel (67–72), Juventus (72–78). 70 Länderspiele (68–78), WM-Aufgebot 1970, WM-Teilnehmer 1974 und 1978, Europameister 1968. Mit Juventus italienischer Meister 1973, 1975, 1977 und 1978.

Gyula Zsengeller, Ungarn, Stürmer; geb. 1915; Club: Ujpest; 39 Länderspiele (36–47), 32 Tore für Ungarn; mit der Europa-Auswahl 1938 gegen England.

Dino Zoff

durch Fritz Walter in das Ensemble der Nationalmannschaft eingeführt.

Die deutsche Nationalmannschaft erreichte das Halbfinale gegen Schweden und verlor in Göteborg mit 1:3 Toren. Fritz Walter wurde in diesem Spiel erheblich verletzt; die deutsche Mannschaft stand schließlich auf verlorenem Posten, als man nach dem Platzverweis von Juskowiak nur noch zehn Mann auf dem Spielfeld hatte. Im Spiel um den dritten Platz – 3:6-Niederlage gegen Frankreich – war Fritz Walter nicht mehr dabei.

Dreimal nahm der sensible Fritz Walter Abschied von der Nationalmannschaft. Zweimal kehrte er zurück. Und jedesmal mußte Sepp Herberger ihn dazu überreden. Beim drittenmal, 1962 vor der Weltmeisterschaft in Chile, mußte auch der „Chef" („ich hätte ihn gern dabei gehabt") passen.

(Dieser Beitrag ist dem Copress-Buch „Hohe Schule des Fußballs" entnommen.)

WALERIJ WORONIN

Ein Fußball-Ästhet

Der elegante Kapitän von Torpedo Moskau galt in den 60er Jahren als einer der bedeutendsten Mittelfeldspieler, die der sowjetische Fußball hervorbrachte. 66mal trug er das Nationaltrikot, wiederholt spielte er mit seinem Landsmann Lew Jaschin – und deutschen Stars jener Epoche, wie Uwe Seeler und Karl-Heinz Schnellinger – in der Europa-Auswahl.

Unvergeßlich bleibt sein Duell mit dem portugiesischen Fußballkönig Eusebio, dem Torjäger des Turniers, beim Spiel um den dritten Platz der Weltmeisterschaft 1966 in England. Es waren Zweikämpfe aus dem Musterkoffer der Ballästhetik, die sich wohltuend von den brutalen Klopfereien der vorausgegangenen Begegnungen abhoben.

Gegen Deutschland hatte Woronin freilich ebenfalls hingelangt, wohl aus der Depression heraus, daß er gegen Helmut Haller an diesem Tag nicht zu seiner Hochform fand und den Russen der Weg ins Finale von Wembley versperrt blieb. Mit einer hohen Mustervorlage hatte Woronin den sicher geglaubten deutschen Sieg zwei Minuten vor Schluß noch einmal in Frage gestellt. In der Zwischenrunde hatte Woronin den Ungarn Albert entzaubert.

Ein schwerer Autounfall beendete die Laufbahn und entstellte das Gesicht des hübschen Burschen aus Moskau, der nicht nur den Fußball über alles liebte.

Phänomenale Reflexe: Ricardo Zamora

BILLY WRIGHT

Stopper für England

Die Notlösung in der englischen Nationalmannschaft führt zur Entdeckung des größten Mittelläufers, den Englands Fußball jemals hatte. Denn Billy Wright versah die Rolle des Stoppers mit den Tugenden des Außenläufers, der er bis dahin gewesen war. Sein Tackling war unübertroffen; wie er seine Gegner vom Ball zu trennen pflegte, wurde in jenen Jahren mit Superlativen beschrieben. Und weil er mit erstaunlicher Sprungkraft und einem imponierenden Kopfballspiel ausgestattet war, blieb er auch gegen weitaus größere Spieler im „Luftkampf" vorwiegend Sieger.

Billy Wright war der Vorläufer des modernen Ausputzers. Er war unübertroffen darin, die Fehler seiner Nebenspieler auszubügeln; gewöhnlich war er der letzte Mann zwischen dem Angreifer und dem englischen Torhüter. Aus dieser Position ließ er sich allenfalls einmal locken, wenn er sich in den Angriff einschaltete und zu weit mit nach vorne ging. Aber er war auch ein Meister des langen Passes, der aus der Verteidigung heraus zum Angriff führte. Der Mannschaftskapitän Wright führte die Mannschaft als Beispiel und nicht als Antreiber. Er wolle nicht Diktator sein, hat er einmal gesagt, er bevorzuge die „Kunst des Führens durch Überzeugen".

Billy Wright wurde zu einer der großen Figuren des englischen Fußballs, auch wenn während seiner Zeit schmachvolle Niederlagen zu verzeichnen waren: das 0:1 gegen die USA bei der Weltmeisterschaft 1950 und die erste Heimniederlage der Engländer (1953 gegen Ungarn). Als erster Fußballspieler der Welt kam Wright auf 100 Länderspiele und beendete seine internationale Karriere nach dem 105. Spiel für England.

Seine größten Vorzüge wurden freilich erst nach dem Ende seiner Spielerkarriere entdeckt; als Jugendtrainer. Der Manager Wright hatte mit Arsenal keinen Erfolg. Aber er schuf das englische Jugend-Trainingssystem, das zu Serien englischer Erfolge im europäischen Jugend-Fußball führte. Später übernahm er einen Direktorenposten in einer Fernseh-Gesellschaft, die sich auf Sportprogramme für Jugendliche spezialisiert hat.

RICARDO ZAMORA

Der „Göttliche"

Göttliche Verehrung genossen in Spanien allenfalls Toreros. In den zwanziger und dreißiger Jahren stieg jedoch ein simpler Fußballspieler zu diesen Halbgöttern der Corrida auf. Ricardo Zamora im Tor von Espanol Barcelona, Real Madrid oder der spanischen Nationalmannschaft, das war für jeden Spanier ein Erlebnis wie Joselito oder Manolete in der Stierkampfarena. So sehr faszinierte und begeisterte Ricardo Zamora mit seinen ans Magische grenzenden Ballparaden die Massen, daß sie ihn bald den „Göttlichen" nannten. Die Stürmer indes fanden nichts „Göttliches" an Ricardo Zamora. Für sie stand er eher mit dem Teufel im Bunde.

Seine phänomenalen Reflexe und seine katzenartige Geschmeidigkeit verdankte er jedoch weder einer Gottesgabe noch einem Pakt mit dem Teufel, sondern dem Pelota, dem Baskenball, einem Schlagballspiel, bei dem ein kleiner Hartgummiball mit Geschwindigkeiten bis zu 250 km/h von einer Granitmauer zurückprallt und unaufmerksame Spieler sogar töten kann. Als sportbegeisterter Schüler in Barcelona liebte Ricardo Zamora dieses schwere und gefährliche Spiel, das von einem Spieler ein Höchstmaß an Konzentration und Reflexen erforderte – Eigenschaften, die auch einen erstklassigen Torwart auszeichnen.

Seinen internationalen Ruhm gründete Ricardo Zamora als 19jähriger beim olympischen Fußball-Turnier 1920 in Antwerpen, in seinem ersten Länderspiel überhaupt, gegen Dänemark, den Zweiten der beiden vorangegangenen Olympischen Spiele. Die Spanier siegten fast sensationell mit 1:0, obwohl die Dänen neunzig Minuten lang nur auf das spanische Tor gespielt hatten. Aber hier stand eben dieser Ricardo Zamora, dieser Hexenmeister, der einfach jeden Ball hielt und jeden Schuß abwehrte. Auf den Schultern trugen sie ihn vom Platz, und wäre Ricardo ein Matador gewesen, er hätte dem getöteten Stier Schwanz und beide Ohren abschneiden dürfen. Derart waren die Zuschauer entzückt, und die belgische Presse schrieb voller Enthusiasmus, noch keinen Torwart seines Formats gesehen zu haben.

In das olympische Turnier von Antwerpen fällt aber auch der dunkelste Punkt in der Karriere dieses sonst tadellosen Sportsmannes. Beim Spiel gegen Italien wurde Ricardo Zamora zehn Minuten vor dem Schlußpfiff vom Platz gestellt, das erste und einzige Mal in seiner 16jährigen internationalen Karriere.

Dem Turnier von Antwerpen folgte das glorreichste Jahrzehnt der spanischen Fußball-Nationalmannschaft und Ricardo Zamoras. Die Spanier eilten von Sieg zu Sieg, Zamora blieb einmal fünf Länderspiele hintereinander ohne Gegentor. Die besonderen Attraktionen waren Elfmeter gegen den spanischen Fangkünstler. Sie verursachten in den Stadien ganze Massenbewegungen hinter sein Tor. Jeder wollte aus nächster Nähe miterleben, wie der spanische Ballakrobat den Schützen hypnotisierte, mit einem Tigersatz nach dem Ball sprang und ihn oft genug auch erwischte.

Höhepunkt der spanischen Erfolgsserie war das Länderspiel gegen England am 15. Mai 1929 im Metropolitan-Stadion von Madrid vor 25 000 Zuschauern. 4:3, nach einem 1:3-Rückstand, siegten die Spanier, der Lehrmeister England bezog seine erste Niederlage gegen eine ausländische Mannschaft, die Spanier durften sich als führende Fußballmacht des Kontinents betrachten. An diesem Triumph hatte Ricardo Zamora jedoch nur geringen Anteil. Im Gegenteil: Er wirkte unsicher, machte Fehler, hatte Gegentore auf dem Gewissen und wurde sogar ausgepfiffen. Erst Tage nach dem Sieg wurde der „Versager" rehabilitiert. Ärzte hatten bei einer Untersuchung herausgefunden, daß Ricardo Zamora mit gebrochenem Brustbein gespielt hatte. Der Geschmähte wurde über Nacht zum Helden.

Denn eines hatte der Torwart mit den Toreros gemein: Mut und Draufgängertum. Zu seiner stattlichen Bilanz von 46 Länderspielen mit nur 42 Gegentoren gehören auch insgesamt zehn zum Teil schwere Knochenbrüche. Zerschlagenes Nasenbein, zertrümmerte Schulter, gespaltene Zunge, genähte Lippen, lädierte Hände, gebrochene Rippen – die Wunden der Fußballschlachten existieren nur in seiner privaten Statistik:

„Einmal erklärten die Ärzte meine Karriere für beendet. In einem Spiel mit Real Madrid hatte ich das Schulterblatt gebrochen. Nahezu alle Rippen waren zerschlagen. Doch nach sechs Monaten stand ich wieder im Tor."